日本料理のコツ

杉田浩一・比護和子・畑 耕一郎

日本料理のコツ　目次

杉田浩一＋比護和子

第1部　知識編

【一】基本調味料のなぜ

塩

酢

酒・みりん

砂糖

味噌

醤油

糠（ぬか）

【三】素材のなぜ

魚介

野菜

卵

肉

麵(めん)

煮る

揚げる

蒸す

第2部　実践編

畑　耕一郎（科学の目＝杉田浩一＋比護和子）

【一】道具と下ごしらえ

【二】おいしいコツあれこれ

【五】煮る・煮物

【六】揚げる・揚げ物

【七】蒸す・蒸し物

【十】和え物・酢の物

【十二】汁物

第1部

知識編

【一】基本調味料のなぜ

塩

食卓塩をすまし汁に使うと白く濁ることがあるのはなぜ?

食卓塩は卓上で湿気を吸ってベタベタしないように、約0・4%の塩基性炭酸マグネシウムが加えてある。

この物質は細かい粒子にはなるが、水には完全に溶けず白く濁るのである。普通の料理では目立たないが吸物のような透明な汁物では濁りが目立つので、普通の食塩を使うようにする。

食塩は1997年までは日本たばこ産業株式会社が製造販売していた。現在は塩事業センターと民間会社が製造・販売しているものと、輸入塩がある。塩事業センターが販売している塩の種類と品質規格を次頁に示す。

食塩の種類と品質規格

塩種	包装量目	品質規格			主な用途	製法
		NaCl純度	粒度	添加物		
食卓塩	100g	99% 以上	500〜300μm 85%以上	塩基性炭酸 マグネシウム 基準0.4%	食卓用	原塩を 溶解して 再製加工
ニュークッ キングソルト	350g	同上	同上	同上	食卓用 調理用	
キッチンソルト	600g	同上	同上	同上	調理用	
クッキング ソルト	800g	99% 以上	500〜180μm 85%以上	塩基性炭酸 マグネシウム 基準0.4%	調理用	
精製塩	1kg	99.5% 以上	500〜180μm 85%以上	塩基性炭酸 マグネシウム 基準0.3%	調理用	
	25kg	同上	同上	なし	加工品用	
特級精製塩	25kg	99.8%以上	同上	なし	加工品用	
新家庭塩	700g	90% 以上	600〜150μm 80%以上	なし	調理用	海水をイ オン交換 膜で濃縮 後、煮詰 める
食塩	500g 1kg	99%以上	600〜150μm 80%以上	なし	調理用	
	5kg 25kg	同上	同上	なし	業務用	
並塩	20kg	同上	同上	なし	加工品用	
	25kg	95%以上	同上	なし	醤油・水産	
漬物塩	2kg	同上		リンゴ酸 基準0.05% クエン酸 基準0.05% 塩化マグネシ ウム基準0.1% 塩化カルシウ ム基準0.1%	漬物用 焼き魚用	原塩を 洗浄粉砕
原塩	25kg	同上			醤油・工業用	輸入天日塩
粉砕塩	25kg	同上			工業用	原塩を粉砕

キュウリに塩を振ると水が出てくるのはなぜ?

新鮮な野菜の組織は生きている状態を保っていて、組織を作っている細胞の細胞膜は「半透性」である。つまり水を自由に通すが、塩や砂糖など水以外の分子はなかなか通過できない。

半透性の膜の両側に濃度の違う液体を置くと、両者の濃度が近付くように、濃度の薄いほうから濃いほうに水だけが通過する。野菜に塩を振るかまたは濃い食塩水に漬けると、水が細胞の外へ引き出されて野菜はしなびてくる。キュウリの振り塩やレタスの脱水、漬物の塩などはこれを目的としている。和え物に早くから和え衣をかけると水が引き出されるのも同じ理由である。

逆に野菜を真水に漬けると、内部の細胞液のほうが濃度が高いので外部から水が浸入して細胞は膨らみ、ピンと張った状態になる。サラダ用の野菜や刺身のつまを、冷水に放って張りを持たせるのはこれを利用している。

このように濃度の高い液を半透性の袋に閉じ込めて水に漬けたとき、浸入した水のために内部に生じる圧力を「浸透圧」という。この値は液の濃度に比例するので、濃度が高いことを「浸透圧の高い液」という言い方をする場合がある。しかし浸透圧はすべて生きた組織だけが示す現象で、加熱して生理活性を失った野菜への調味料の浸透はすべて拡散による。

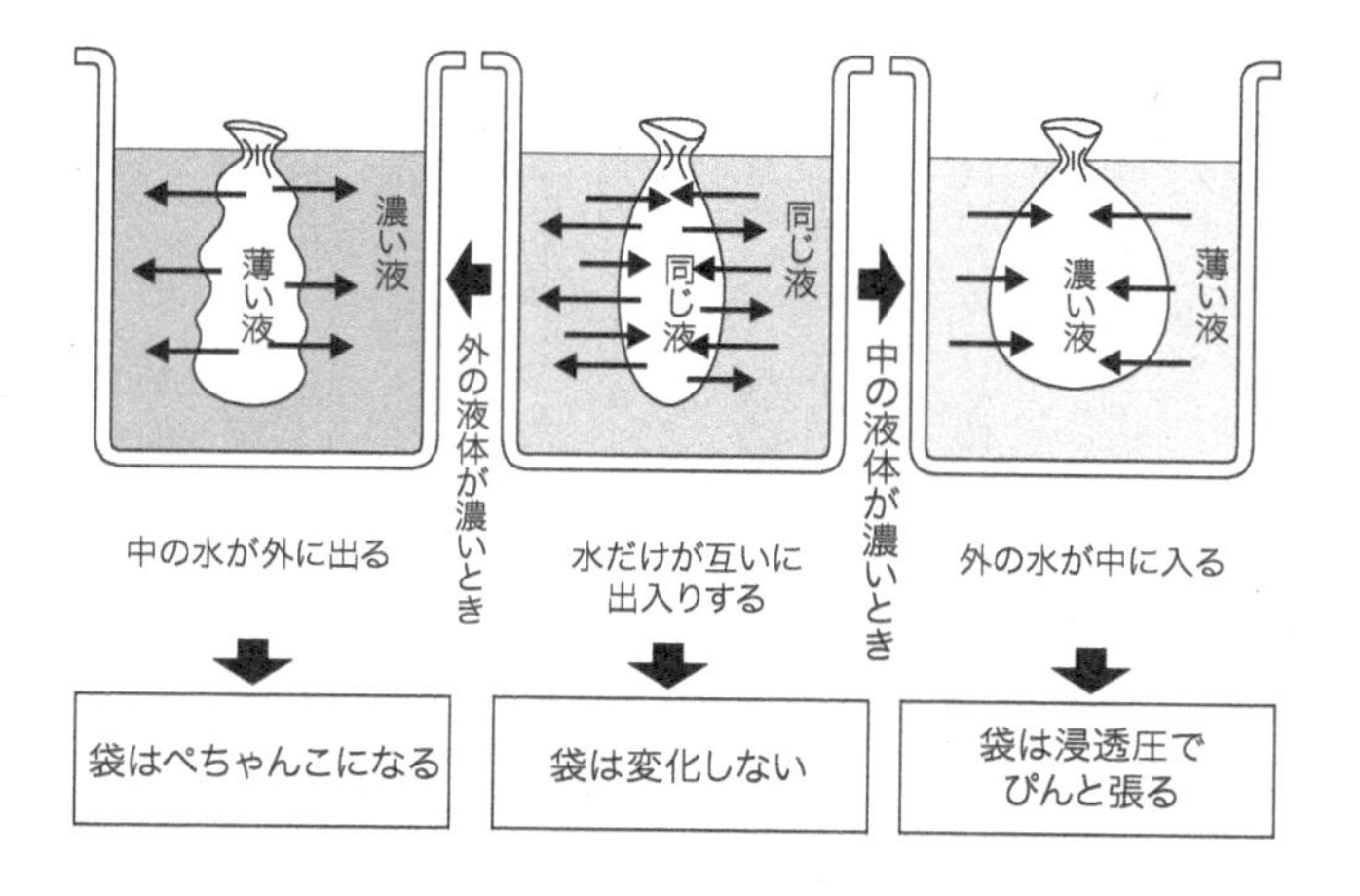
浸透圧の原理（半透性の膜でできた袋）
濃い液
薄い液
外の液体が濃いとき
同じ液
同じ液
中の液体が濃いとき
薄い液
濃い液
中の水が外に出る
水だけが互いに出入りする
外の水が中に入る
袋はぺちゃんこになる
袋は変化しない
袋は浸透圧でぴんと張る

調味料を加えるとき「さしすせそ」の順で加えるのはなぜ?

濃度の異なる溶液が接触すると(例えば、濃い砂糖液と水または薄い砂糖液)、双方の濃度が等しくなるような方向に力が働き、薄い方から濃い方へ水が移動し、濃い方から薄い方へは砂糖が移動しようとする。この現象を「拡散」という。浸透とよく似た現象であるが、「浸透」が生野菜などの半透性の膜を通して水だけが移動するのに対し、拡散は水と砂糖の双方が移動する点が異なる。

煮物のように加熱をする場合は、拡散現象によって調味料はしみ込む。拡散速度は移動する物質の分子量が小さいほど速い。

食塩の分子量は58・5、しかも水に溶けて浸入しやすいナトリウムイオンと塩素イオンに分かれている。砂糖は分子量342で食塩の6倍近くも分子量が大きい。だから当然食塩のほうが砂糖より先に材料にしみ込む。塩は一般にタンパク質の熱凝固を促進するなど、食品の組織を硬く引き締める作用がある。逆に砂糖はデンプンやタンパク質など食品の成分を軟らかくする。

塩を先に加えると速くしみ込んで材料を引き締め、あとの砂糖の浸入を妨げる。砂糖と塩を同時に加えても塩のほうが先に吸収されて結果は同じである。だからまず砂糖「さ」を入れてゆっくりと吸収させ、軟らかく煮えたところで必要な分量だけ塩「し」を加えるのである。

食酢の主成分は酢酸で加熱により蒸発する。また食酢の香りも熱で失われる。このためあまり早くから酢「す」を加えるのは好ましくない。また、醤油(しょうゆ)「せ」（古いかな遣いでせうゆ）、味噌(みそ)「そ」はいずれも香りを大切にする調味料で、普通は火から下ろし際に加えるものである。

これが「さしすせそ」の順である。しかし全部の煮物がこうだというわけではなく、また「せ・そ」は多少こじつけ気味なのであまりこだわらず、砂糖と塩の順序が大切と覚えておけばよい。

青菜をゆでるとき塩を加えるのはなぜ？

野菜の緑色の本体はクロロフィル（葉緑素）という色素で、水に溶けないので、ゆでても水にさらしても色が溶け出すことはない。その代り長い加熱には弱く、ゆで過ぎると色があせて褐色になってしまう。ゆでたらすぐ冷やすのはそのためである。クロロフィルは酸に弱く酸性では急速に退色するので、酢を加えて長く煮るのは禁物である。醤油も数％の酸を含むので同じように色を悪くする。

食塩はクロロフィルの緑色の安定化に役立つので、ゆで汁に少し塩を加えると退色を遅らせることができる。逆に重曹のようなアルカリを加えると色は鮮やかになるが、繊維が軟化し歯ざわりを損なうので、青菜に重曹を加えるのは禁物である。しかしワ

クロロフィルの性質

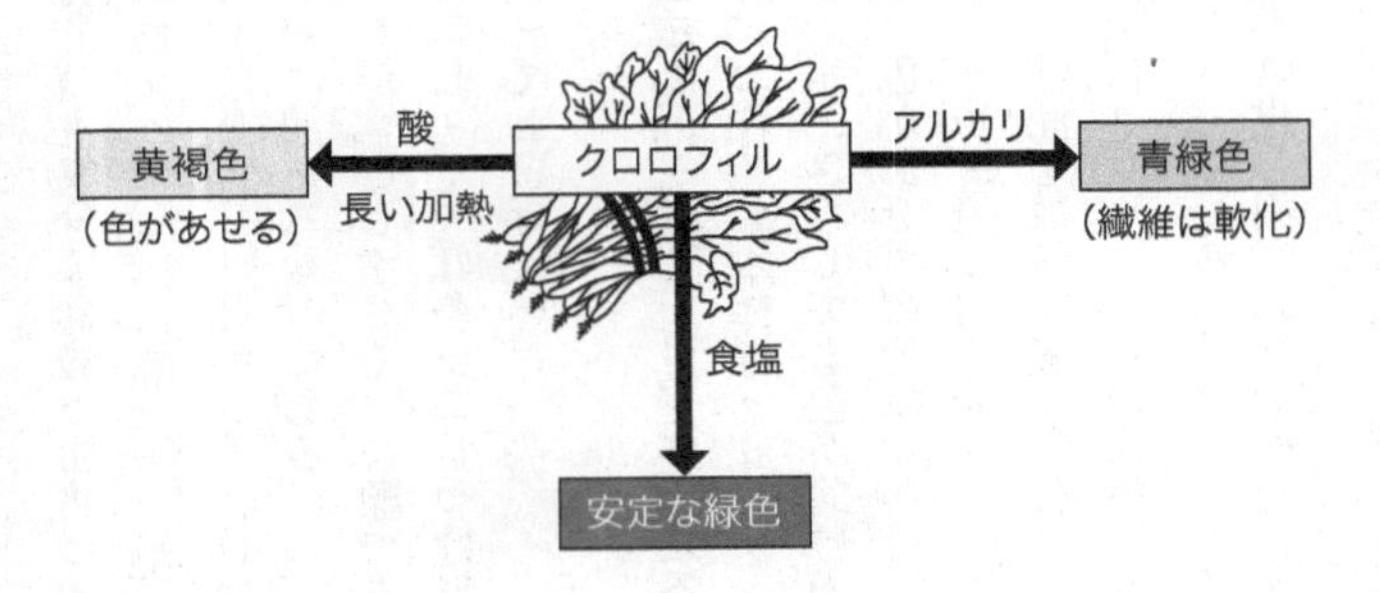

ホウレンソウをゆでたときのビタミンCの残存率

条　件	ゆで汁とホウレンソウ	ホウレンソウだけ
水ゆで(強火3分)	53%	31%(約7割が損失)
塩ゆで(塩10g、同上)	60%	41%(約6割が損失)
ゆでて水さらし (強火3分、24時間水につける)	26%	9%(約9割が損失)

○ホウレンソウ500g、ゆで水1500ml、丸のままゆでたもの(森本、林、足利:調理とビタミン、P.146、1971)

ラビ、ゼンマイのように組織の丈夫な野菜は、重曹で軟らかく色がきれいになりアクも抜けるので一石三鳥である。

クロロフィルは溶出しないが、水溶性のアク成分はゆでると溶け出し、同時に水溶性のビタミン（B_1・B_2・Cなど）もかなり汁に溶けて失われる。緑の野菜は使う目的（色どりか、歯ざわり優先か、栄養価重視かなど）を考えて、なるべく短時間で加熱、水さらしの条件を選ぶようにする。

むいたリンゴを食塩水に漬けると色が変わらないのはなぜ？

野菜や果物には、ポリフェノール系物質と呼ばれる何種類かの化合物が含まれている。この化合物は、空気に触れると酸化されてメラニンなどと呼ばれる褐色の物質になる。皮をむいたり切ったりした野菜・果物を放っておくと褐変が起こるのはそのためである。

この反応は同じ野菜・果物のなかに、一緒に含まれている酸化酵素（ポリフェノールオキシダーゼ）によって進められる。だから褐変が起こるには、基になるポリフェノール系物質、空気中の酸素、それに酸化酵素という三者が出会うことが必要である。したがって褐変を防ぐには、その三者のどれか一つでも除いてやればよい。

切った野菜をすぐ水に放つだけでも、空気中の酸素を一時的に遮断して褐変が抑え

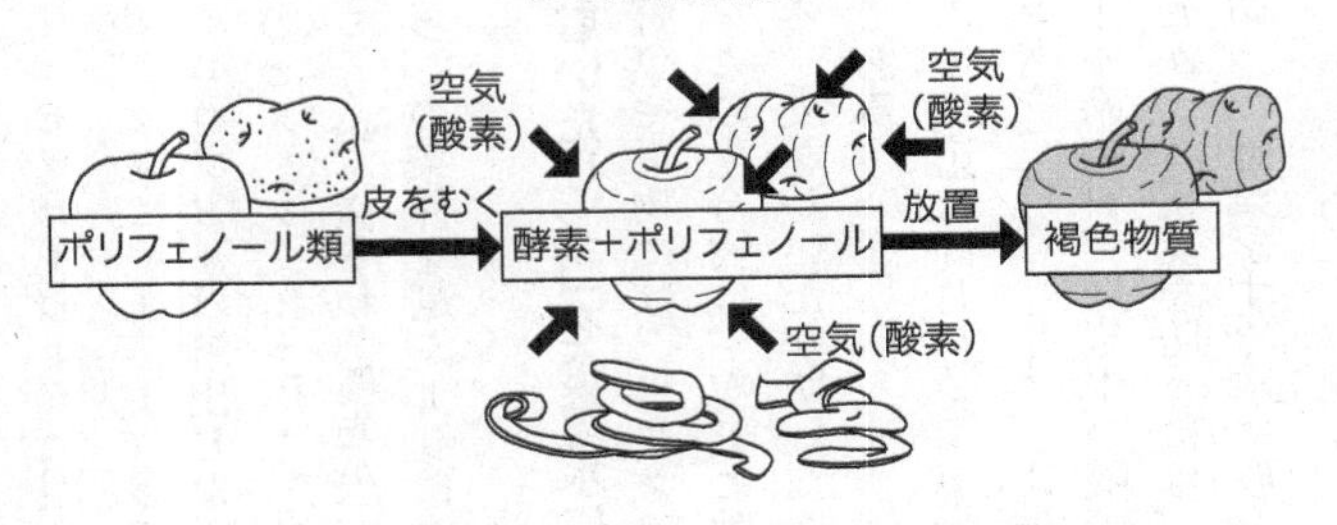

褐変しやすい食品	褐変しにくい食品
ジャガイモ、里イモ、山イモ レンコン、ゴボウ、ナス モモ、リンゴ、バナナ	サツマイモ 大根、ニンジン ナシ、イチゴ、ミカン

られる。食塩は酸化酵素の作用を抑えるので、リンゴなどは食塩水に漬けたほうが褐変も起こさず味もよい。

スイカに塩を付けると甘味が強くなるのはなぜ？

食べ物や調味料の味をただ一種類だけで味わうことはない。たとえ塩だけで味付けした料理でも、そこに素材の持ち味があり、それと一緒に味わっているわけである。

二種以上の異なる味を同時に味わった場合、一方または両方の味が他方を強める現象を味の対比効果という。スイカに塩を付けると甘くなるのは、甘味と塩味の対比効果の例である。

逆に二種以上の異なる味を同時に味わったとき、一方または両方が弱まる現象を抑制効果という。調理ではこのような複数の味の混合効果をうまく利用して、複雑な味わいを作り出していくことが大切である。

他に同じ味を持つ異なる物質を同時に味わうと、双方の味を合わせた強さの数倍も味が強まる現象が知られており、これを相乗効果という。グルタミン酸とイノシン酸との相乗効果はよく知られ、昆布とカツオ節の混合だしやうま味調味料に利用されている。

2種以上の呈味物質の混合効果

対比効果	甘味と塩味 うま味と塩味 苦味と酸味	スイカに塩 だし汁に塩 清酒と酸
抑制効果	苦味と甘味 酸味と甘味 酸味と塩味	コーヒーと砂糖 果汁と砂糖 梅酢と塩
相乗効果	うま味とうま味 甘味と甘味	グルタミン酸とイノシン酸 砂糖と他の甘味料

日本農林規格品質表示基準（ＪＡＳ）による食酢の分類

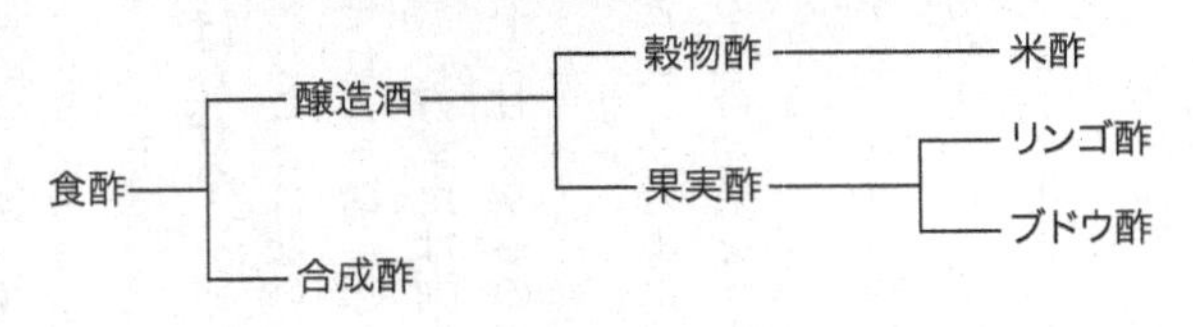

酢

米酢とポン酢とでは香りだけではなく酸味も違うのはなぜ?

米酢は食酢の一種である。食酢は穀物や果実などの糖質原料から醸造によって作られ、酸味の成分は「酢酸」である。穀物酢は米をはじめとする穀類を、果実酢はリンゴ、ブドウなどの果実を原料に、ともに糖質から酵母によるアルコール発酵を経て、酢酸菌による酢酸発酵で製造する。

一方ポン酢はダイダイ、ユズ、スダチ、カボスのような柑橘類から絞った果汁に醤油などを混合したもので、発酵とは関係なく、酸味の成分は純粋な「クエン酸」である。

酢酸の酸味がどちらかといえば単純な刺激性の味であるのに比べて、クエン酸は一見おだやかな、しかし押しの強い酸味である。レモンの果汁も果実を絞った汁で食酢とは異なる。

落とし卵を作るとき酢を加えるのはなぜ?

食品のタンパク質は、加熱をしたり強く攪拌したりすると、分子の形や存在状態が変化して性質が変わってくる。これをタンパク質の変性という。多くのタンパク質は加熱による変性の結果、分子が絡み合った状態になって運動の自由を失い固まってしまう。これがタンパク質の熱凝固である。

熱凝固は肉、魚、卵などすべての動物性食品に起こるが、なかでも卵は、どうやって望む通りの熱凝固状態を作り出すかが調理のポイントになる代表的な素材である。タンパク質の熱変性は食塩や酸によって促進されるので、ゆで卵の鍋の湯に塩や酢を入れておくと、もしひびが入ってもそこがすぐに固まって流れ出しにくい。落とし卵の湯の中に酢を加えておくのも同じ理由である。

大根おろしに酢を加えると辛味が出ないのはなぜ？

ワサビ、カラシ、大根などの辛味成分は、アリル化合物と呼ばれるイオウを含んだ物質で、植物体内では糖と結合して配糖体という形になっており、このときには辛味はない。この配糖体がミロシナーゼという酵素の作用で分解すると、初めてイソチアネートという辛味物質になってツーンと鼻へ抜ける辛味を出す。だから大根おろしもワサビと同様に、細かいおろし金でゆっくりすりおろすと辛味が強い。酢を加えると酵素作用が止まり、辛味が抑えられる。

イソチアネートは大根の部位によって含有量が違っている。先端部に行くほど多く

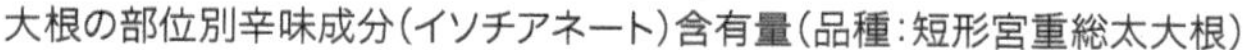
大根の部位別辛味成分(イソチアネート)含有量(品種:短形宮重総太大根)

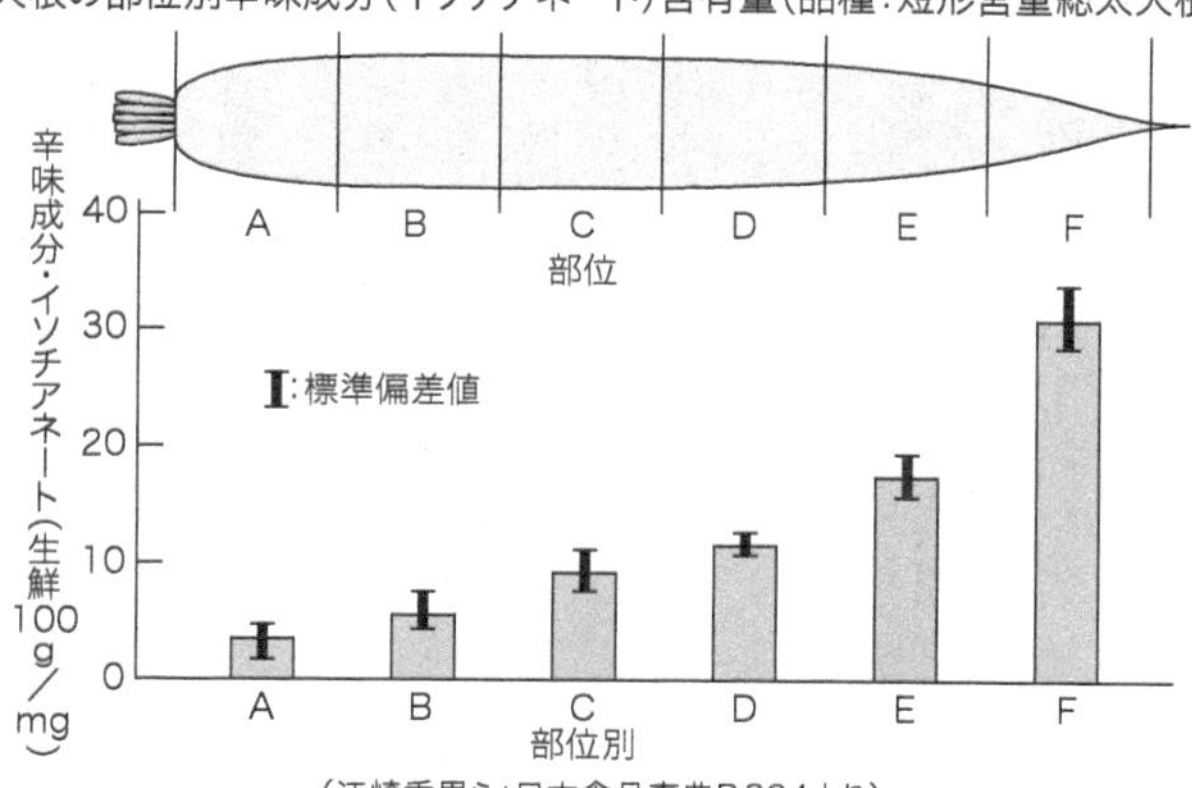

(江崎秀男ら:日本食品事典P.364より)

なり辛味が強い。また成育の初期ほど多く、成熟すると辛味が減る。

レンコン、ゴボウ、ウドなどを酢水に漬けるのはなぜ?

目的の第1は食塩の場合と同様に、ポリフェノール系物質の酸化を進める酵素の作用を抑え、褐変を防ぐことである。次に多くの野菜に含まれるフラボノイドという色素は、酸性では無色、アルカリ性では黄褐色になる。したがって酢水に漬けたり酢を入れたりして煮るとフラボノイドは無色になる。このように白くなる条件が重なって色が白く仕上がるのである。さらにレンコンではムチンという糸を引く成分が酢で粘りを失い、歯切れがよくなるのも酢を加える理由の一つである。

酒・みりん

白身魚を蒸すとき酒を振りかけるのはなぜ？

酒はそのまま飲むだけではなく調味料としても使われる。料理に用いる酒は、日本では圧倒的に清酒、それに次いでワインで、ワインのほうは西洋料理の下味がほとんどである。それにひきかえ料理への清酒の用途は想像以上に広い。調味料としての清酒は、味噌や醬油のような強い呈味成分がなく、一方では複雑なうま味や香りの成分が総合された「風味料」なのである。多量の塩や砂糖を使えない料理があっても、清酒を使えない料理はほとんどない。ほとんどすべての日本料理の味付けに清酒が入るばかりでなく、酢豚、カニ玉のような中国料理にも、当然のように清酒が使われている。

白身魚の蒸し物のように持ち味の淡白な素材を料理するとき、味噌や醬油のような濃い味の調味料ではなく、うま味料として清酒が使われるのは当然である。蒸し物の初期段階では材料の表面が水で濡れて、味が逃げたり表面の舌ざわりが悪くなったりするが、清酒の中のアルコールはタンパク質の凝固を促進して表面を引き締め、しかも風味を増すことができる。

味付けにみりんを使うときあらかじめ煮立てておくのはなぜ？

みりんは蒸したもち米と米麴（こうじ）に、焼酎（しょうちゅう）またはアルコールを合わせて仕込んだもろみを熟成させたもので、強い甘味と複雑なうま味を持つ伝統的な調味料である。砂糖が普及しないころの甘味料として日本料理には不可欠であり、しかも清酒と並ぶうま味料でもあった。みりんには約14％のアルコールが含まれ、これが調理ではいろいろな働きを果たしている。

しかし料理によっては強いアルコールの作用を排除したいこともある。そこで「煮切り」という煮沸処理でアルコールを揮発させ、残った甘味と風味を利用するのである。

清酒は飲用にも調味料にもなり、みりんは調味料にしか使わないのはなぜ？

清酒はウイスキーや焼酎のような蒸留酒と違って、自然発酵でアルコール濃度が約15％まで高まる珍しい酒である。原料の糖分は効率よくアルコールに変化してわずかしか残らない。しかも練り上げられた伝統技術で極めて品質のよい多種多様な清酒がある。つまり清酒を醸造する主目的は、酒として飲用することになる。

一方みりんはその味の強さからも、飲用のために作られたものではない。江戸時代前半に発明されたころは、アルコールもエキス分も薄く飲用されたという。しかし元禄のころに今のようなエキス分の濃いみりんになり、もっぱら調味料になった。みりんを直接飲むことは少なく、昔は清酒に屠蘇散を入れて正月に飲んでいたが、現在では口当たりのよいみりんに替えて新年を祝うときぐらいのものである。

みりんを使ったタレは酒と比べて濃く色付くのはなぜ？

みりんの成分は糖分は約50％、アルコール分約14％で、ほかにアミノ酸を中心とするエキス分や有機酸と、香り成分などに分けられる。この各成分が料理の色や光沢（つやと照り）、香りを作り出している。さらに濃い糖分やアルコールは、料理の粘り、硬さ、弾力などの物理性を支配している。

みりんを使った料理が濃く色付くのは、これらの成分のうち、糖類とアミノ酸とが結合して起こるアミノ・カルボニル反応によるものである。

この反応は味噌、醬油の色や牛乳と砂糖を使ったケーキの焼き色などにも見られるが、照り焼きのタレにみりんが入っていると、その多量の糖分と魚のほうのタンパク質やアミノ酸が結合して、色の生成が著しい。この反応でできるメラノイジンという褐色物質は特有の香りも持っているので、蒲焼きや照り焼きのよい香りも、この反応によるところが大きい。

砂糖

卵焼きに砂糖を加えると軽くふわっと仕上がるのはなぜ?

砂糖の本体はしょ糖という糖類で、甘蔗（サトウキビ）からとるのでこの名がある。しょ糖は非常に水に溶けやすく、特に100℃近くでは、100gの水に500g近くの砂糖が溶けることができる。

卵を加熱するとタンパク質が熱凝固する。この反応には水が必要である。乾燥したタンパク質の熱変性は、水分を含む場合に比べて遅くなかなか進まない（これが食品の乾燥貯蔵の原理である）。

卵焼きを作るのに塩を入れると変性が促進され、凝固物は硬くなるが、砂糖は逆に水の働きを抑えて熱変性を遅らせ、凝固物を軟らかくすることができる。

砂糖を入れた卵焼きが軽くふわっとするのはそのためである。

栗の甘露煮や黒豆（黒大豆）を煮るときに砂糖を分けて加えるのはなぜ?

甘露煮や煮豆には、元の材料と同量近くかそれ以上の砂糖が加えてある。これだけの砂糖を一度に加えると、その砂糖が周囲の水と急速に結び付くため、栗や豆から水分を吸い出すかたちになってしまう。いったん水が出ていった材料の組織は引き締まり、砂糖の溶けた煮汁はなかなか材料のほうに吸収されない。したがって栗は硬くなって煮崩れしやすく、豆にはしわが寄ってしまう。

砂糖を数回に分けて加えると、汁の砂糖濃度がゆっくりと少しずつ上昇し、材料からの急速な脱水は起こらず、汁の成分と材料の成分とはゆっくりと交代していく。どうしても一度に加えたいときは加熱を始める前の汁に砂糖を入れ、一晩置くようにする。こうすれば温度が低いので成分の交代は遅く、加熱前の組織は崩れにくいので、煮崩れやしわも起こりにくい。

梅酒を作るとき氷砂糖を使うのはなぜ？

梅酒は青梅に焼酎と氷砂糖を加えて作るが、溶けやすい粉砂糖を使うと砂糖濃度がすぐに上がって、甘露煮や煮豆に白砂糖を一度に加えたときと同様な理由で梅にしわが寄り、香りや味も十分には引き出せなくなってしまう。氷砂糖は入れた直後はかたまりの状態で、何日もかかってゆっくりと焼酎に溶けていくので、結果的には何回にも分けて加えたのと同じになり、味の複雑な風味のよい梅酒になる。

砂糖が十分入った羊羹（ようかん）やあんが乾燥しないのはなぜ？

羊羹には約50～60％、小豆（あずき）あんには約20～30％の砂糖が入っている。この砂糖は羊羹やあんの中の水分を捕捉（ほそく）し離さない、これが乾燥しにくい理由である。水分を保持する力を保水力という。砂糖は羊羹やあんの中のデンプンの保水力を高める。

デンプンは水とともに加熱されると糊化（こか）が起こり、分子のすき間に水が入り込んで消化のよい状態になっているが、糊化デンプンを水分を含む状態でそのまま放置すると、糊化前の生デンプンの状態に戻ろうとする（デンプンの老化）。大量の砂糖が加えてあると、水の働きが奪われて乾燥したのと同じ結果になり老化は起こらない。これも羊羹やあんが乾燥しない一つの理由である。

味噌

味噌煮は白味噌より赤味噌を使うことが多いのはなぜ？

味噌は蒸した大豆に米麹または麦麹と塩を混ぜて仕込み、熟成させて作る。大豆に対して米麹の割合（麹歩合という）が多いほど、また熟成期間の短いほど、味噌の色は白く味は甘い。わずか一週間そこそこの熟成で作る京都の白味噌（西京（さいきょう）味噌）がその代表である。

味噌の種類と主な銘柄、産地

	原料による分類	味、色による区分		食塩（%）	主な銘柄もしくは産地	醸造期間
普通味噌	米味噌	甘	白	5～7	白味噌、西京味噌	5～20日
			赤	5～7	江戸甘味噌（東京）	5～20日
		甘口	淡色	7～11	相白味噌（静岡）、中甘味噌	5～20日
			赤	10～12	中味噌（瀬戸内沿岸）、醍醐味噌（徳島）	3～6ヵ月
		辛	淡色	11～13	信州味噌	2～6ヵ月
			赤色	12～13	仙台味噌、佐渡味噌、越後味噌、津軽味噌、北海道味噌、秋田味噌	3～12ヵ月
	麦味噌	淡色系		9～11	九州、四国、中国	1～3ヵ月
		赤系		11～12	九州、埼玉、栃木	3～12ヵ月
	豆味噌	辛	赤	10～11	八丁味噌、名古屋味噌	6～12ヵ月
	調合味噌	甘口、辛口	淡色、赤		全国	
加工味噌	醸造なめ味噌				金山寺（経山寺）味噌、醤味噌	6ヵ月以上

（好井久雄：調味料・香辛料の事典P.226より）

白味噌は当然素材の持ち味を生かしたり、味噌そのものを味わう料理に用いられる。味噌煮のように、味付けと同時ににおい消しや有害物質の吸着まで期待する料理では、十分に熟成が進みコロイド性の物質を多く含む赤味噌を用いるほうがよい。においの少ない上品な白身魚、たとえばサワラには白味噌が合う。

サバを味噌煮にすることが多いのはなぜ？

味噌には大豆のタンパク質が分解してできたうま味成分が多く含まれている。タンパク質は完全に分解するとアミノ酸になるが、醤油と違って味噌には、タンパク質の巨大分子が分解されてアミノ酸にまで到達する途中の、ペプチドという状態にとどまっている分子が多い。

ペプチドはアミノ酸に比べて分子が大きいコロイド状態になっていて、水やその他の物質を吸着しやすい。

サバのようにじんましんを起こすアレルギー物質を含むこともある魚を料理するのに、冷蔵庫もなく水も不自由だった昔は、衛生的な調理が困難だった。そういう中で魚臭を抑え、有害物質を吸着し、風味を高めてくれる味噌の存在は貴重だったといえる。アジやサバをムニエルにするとき牛乳に浸すのも同じ理由である。

味噌汁の具の水分が多くても少なくてもあまり味が変わらないのはなぜ？

味噌汁は味噌が汁に溶けているのではなく、実はかなり大きな粒子が単に分散浮遊しているだけで、時間がたつと鍋底や椀に沈んでくる。溶けているのは主にアミノ酸、分子量の小さいペプチド、いろいろな有機酸、さらに糖類である。こういう物質が汁の中に共存すると、緩衝能という働きが生まれる。

たとえば水に酸を一滴たらすとたちまち酸性になり、アルカリを入れると全体がアルカリ性になってしまうが、味噌の中に酸やアルカリを入れても性質が変わりにくく、はじめの状態を保つ。これが緩衝能である。緩衝能のある液体は、濃度が多少変わってもその性質が変わりにくいので、豆腐のように水分の多い具でも、イモのようにあまり水分が出ない具でも、同じような味噌の味を味わうことができるのである。

醬油

薄口醬油の塩味が、濃口醬油より強いのはなぜ？

醬油は大豆、小麦、塩という三つの原料から作る。大豆のタンパク質から発酵によってできたアミノ酸がうま味の本体になり、小麦のデンプンからできた糖分が基になって、甘味、酸味、香りなどが作られる。このアミノ酸と糖分とが結合してアミノ・

カルボニル反応という化学反応が起こり、きれいな褐色が出る。これらの変化は食塩が少ないほど早く、逆に多いほど遅い。したがって食塩含有量のやや少ない濃口醬油のほうが色が早く濃くなる。濃口、薄口という名は色の濃さ・薄さであって、塩味の濃い薄いではない。

薄口醬油は関西ではだし味を生かしたい料理、特に吸物などに、季節の素材の彩りを保ちながら、うま味や風味を付けるために使われてきた。だから製造の際にも色が出にくいように（大豆・小麦の比率を下げるように）、米を加えたりときに大麦を使ったりする。また前記のように塩味が濃いほうが色が出にくいので、濃口醬油より食塩濃度が高めである。

しょうゆの種類（日本農林規格）と食塩量

しょうゆの種類	原　料	特　色	食塩量
1. こいくちしょうゆ（濃口醤油）	大豆、小麦		15.0g
2. うすくちしょうゆ（薄口醤油）	大豆、小麦	もろみに蒸し米	16.3
3. たまりしょうゆ（溜醤油）	大豆	こうじづくりに、小麦は加えても少量	15.0
4. さいしこみしょうゆ（再仕込醤油）	大豆、小麦	もろみは、食塩水の代りにきあげ（生揚げ）を使う	12.4
5. しろしょうゆ（白醤油）	小麦	大豆は少量使ってこうじをつくる	15.0（100g中）

吸物の最後に醤油を落とすのはなぜ?

調味料として醤油をみると、塩味を付けるという主目的よりも、むしろうま味や香りなど、食塩にはない特性を目的に使われることが多い。吸物はその代表的な例で、塩味そのものは食塩で十分に間に合う。むしろそのほうが素材の色や風味を生かすのによい。そして香り付けの醤油は最後に加えるようにしないと、せっかくの香りが揮発して失われる。このため塩で適度に味を調えた汁の仕上げに、塩の強さにほとんど影響のない程度のごく少量を加えて終わるのである。

煮物の醤油は最後に加えるのはなぜ?

煮物の味付けは「さしすせそ」の順に加えるのがよいといわれる通り、食品の内部まで十分に味をしみ込ませたい煮物の場合は、まず砂糖を加えそのあとで食塩を加える。熱で揮発する成分の多い酢「す」や、香りを大切にする醤油「せ」はあとから加えるのが原則である。また豆、イモ、大根などを同じ食塩濃度の食塩水と醤油液で加熱すると、醤油のほうが常に材料が硬くなるという実験報告もあり、醤油中の酸が影響しているとも考えられる。

このように、香りと硬さの両面から、最後に加えるのがよいとされるが、これはあくまでも中までよく味をしみ込ませたい煮物の場合であり、煮魚のように短時間で表面に味を付ければよいもの、おでんのようにきちんと調えられた汁の味をそのまま食品に浸入させたいものはこの順序にこだわらない。煮物によっては初めから醤油の味をしみ込ませるために大部分を使い、香りのために一部を残して最後に加えるやり方もある。

糠（ぬか）

大根を米のとぎ汁でゆでるのはなぜ？

米粒はもみ殻を除くと薄緑色の外皮（果皮・種皮）に包まれた玄米になる。普通の炊飯米はそれを精白して外皮や胚芽（はいが）の部分を除いた胚乳の部分で、糠というのはこの除かれた部分である。

玄米１００から白米92が取れるので糠の

米と米糠の比率とビタミン

部　分	重量比	ビタミンB1 mg／100g	比率
全粒（玄米）	100	0.4	100
胚乳（白米）	92	0.02	5
胚芽（糠）	3	7.5	66
外皮（〃）	5	2.0	29

量は約8％である。精白米には糠がたくさん付着して残っているが、炊飯の際に米を洗うと水のほうに移行してくる。これが米のとぎ汁である。糠にはビタミンやいろいろな酵素が多い。表のように米のビタミンの95％は糠に含まれている。一方とぎ汁のほうにも同様の成分が含まれるが濃度は薄く、むしろ洗ったとき米から溶け出したデンプンの比率が高い。

大根を糠やとぎ汁でゆでると、ただの水中でゆでたときと違ってこれらの成分が大根の中に入っていく。その結果、酵素の作用で組織が軟らかくなったり、デンプンが組織にしみ込んで、その粘りで形が崩れにくくなったり、糠の成分が大根のアクやえぐ味の成分を吸着して取り除くなど、いろいろな働きが期待できる。ただし、酵素作用は加熱すると失われるので、米糠やとぎ汁は必ず水から加えておかなければならない。

タケノコをゆでるとき糠を加えるのはなぜ？

タケノコは発芽直後の激しい成長期の植物で、代謝作用も活発なので、掘り上げて放置すると1分きざみで成分が変化する。掘り立てのタケノコは軟らかく味もよいのでゆでずに食べられるが、少し時間が経つと硬くなり、えぐ味も出てくる。特にえぐ味の主成分であるシュウ酸は、放置24時間で2～3倍にも増える。

タケノコをゆでるとき水量の2～3割の糠を加えておくと、このシュウ酸が水だけでゆでたときの10倍以上も多く溶け出し、タケノコに残留するシュウ酸は約半分に減ることが知られている。前の大根と同様、糠の酵素がタケノコの組織を軟化し、糠のデンプン質がタケノコを覆って内部の成分を保護するなど、いろいろな効用も期待してよい。

【三】素材のなぜ

魚介

魚に白身と赤身があるのはなぜ?

海水や淡水中には多種類の魚類が生息している。

魚類は筋肉部を食用にするが、筋肉の色によって大きく赤身の魚と白身の魚に分けることができる。マグロやカツオのような赤身の魚の筋肉には、食肉にも含まれるミオグロビンという赤い色素が多く、タイ、ヒラメ、カレイのような白身魚にはそれがない。ただし赤身の魚でもアジ、サバ、イワシなどは色素の量が少なく加熱後は白く見えるものもある。

白身魚には一般に沿岸または深海に生息している比較的運動量の少ない魚が多く、赤身魚には外洋を回遊する筋肉質の魚が多い。皮の下や骨の周囲にある赤黒い血合(ちあい)も

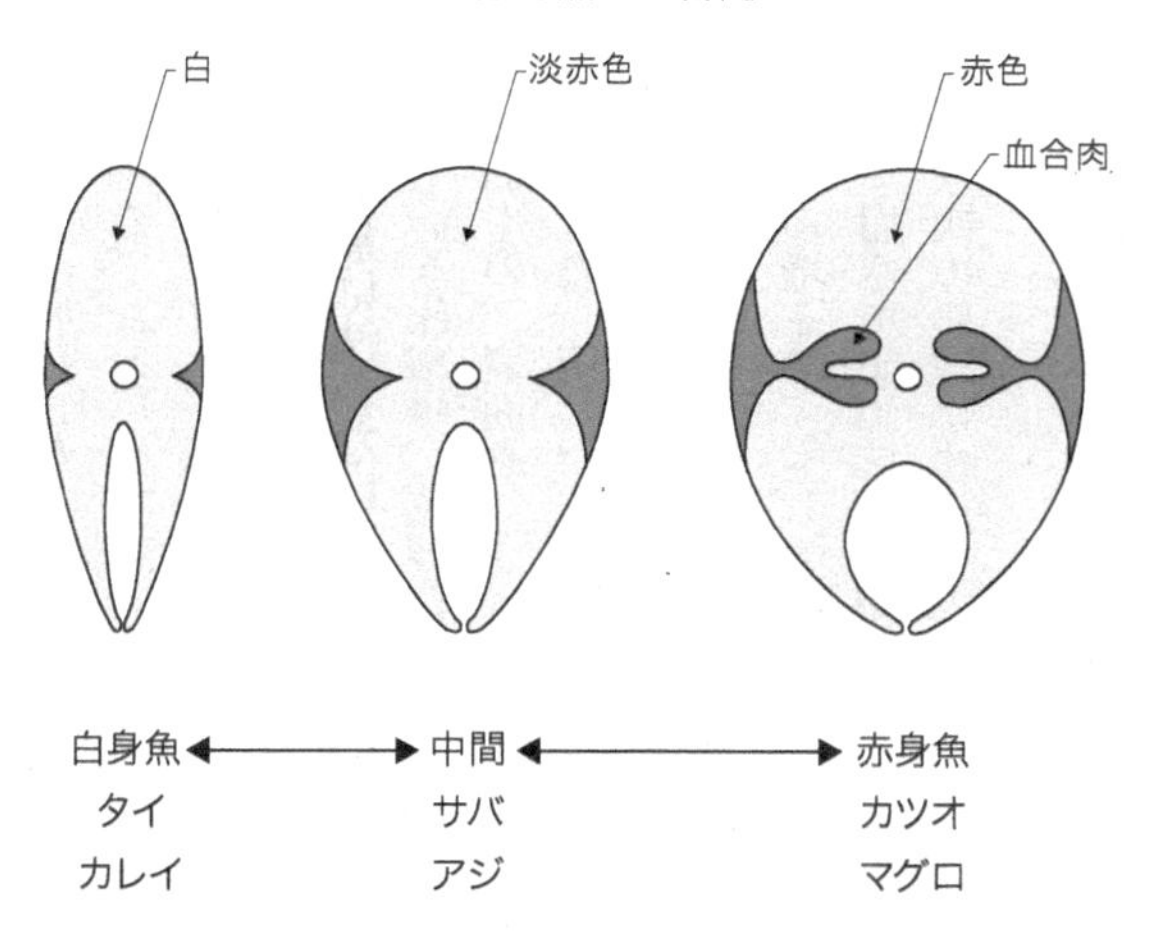
白身・赤身魚の血合肉
白
淡赤色
赤色
血合肉
白身魚
中間
赤身魚
タイ
カレイ
サバ
アジ
カツオ
マグロ

赤身魚には多く、内部の骨のほうまで入っているが、白身魚には少なく表層部だけである。白身魚は加熱したとき肉質が軟らかく色は純白、赤身魚は加熱後筋肉組織が硬く引き締まる。なお、サケや一部のマスの身はピンク色だが本来は白身魚で、紅色色素はカロチノイドの一種でありミオグロビンではない。

切り身の魚は洗わないほうがよいのはなぜ?

「洗う」という仕事は、調理作業の出発点として大切である。しかし汚れが水だけでは取れないもの、表面をこすって洗えないもの、洗ったとき味や栄養成分が水のほうへ出ていくもの、使った洗剤などが浸透するものなどは、そのままでは洗えない。

切り身の魚は、この「洗えない条件」をすべて満たしている。切り身の魚に付着した汚れは、表面にぴったり食い込んで離れないばかりでなく、増殖性の細菌などが付くとどんどん増えて、もし一時的にきれいにしても時間が経てば元通りである。

魚はまず塩水でよく洗い、切り身にしたら衛生的に取扱い、なるべく早く切ったり加熱したり次の処理に移ることである。

新鮮な魚はあまり味を付けないほうがよいのはなぜ?

肉と違って魚は種類が多い。季節ごとに旬の魚がありその味わいに変化がある。

肉が死後硬直を経て軟化しうま味を増してから食べるのに対して、魚は硬直中のほうがむしろ歯切れよく、軟化が始まるとトリメチルアミンという物質の生臭みが出てくるので、一刻も早く食べるほうがよい。

肉は牛・豚・鶏・羊と種類が少なく、下味、スパイス、加熱法やソースなどの変化で料理を多様化しているが、魚は何もせずに切るだけで、素材そのものの違いに加え、季節や産地によっても異なる多様な味を味わうことができる。

新鮮な魚には濃い味付けをせず、刺身、塩焼きなど素材を味わう料理法を選ぶのがよい。

煮魚の汁が冷えると固まるのはなぜ?

魚の皮には筋肉の繊維状タンパク質とは異なるコラーゲンという水に溶けない丈夫なタンパク質が含まれている。コラーゲンは皮、骨、筋など動物組織の保護部分に多く、そのままでは消化作用も受けない。

ところが水分とともに長く加熱を続けていると、分子がほぐれてしだいにゼラチンに変化し、消化されるようになる。蒸し鶏(どり)や肉の煮込みが筋まで軟らかく食べられるのはこのためである。

煮魚の皮のコラーゲンから汁のほうに溶け出したゼラチンは、汁が濃く煮詰まったところで冷やすと、固まって煮こごりになる。はじめから煮こごりを目的にした料理では、ゼラチンの出やすいアンコウ、フグ、タイ、ヒラメ、アナゴなどの引き皮を集めて軟らかく煮たところへ、ゼラチンを加えて寄せ物にする。

エビ、カニをゆでると赤くなるのはなぜ?

エビ、カニなど甲殻類の甲羅には、ニンジンやミカンの色と同様の色素カロチノイドの一種でアスタキサンチンという物質が含まれている。しかし、この物質は生のときにはタンパク質と結合して青黒い色をしている。

エビ、カニを加熱すると、まずタンパク質が熱変性を起こして凝固し、結合してい

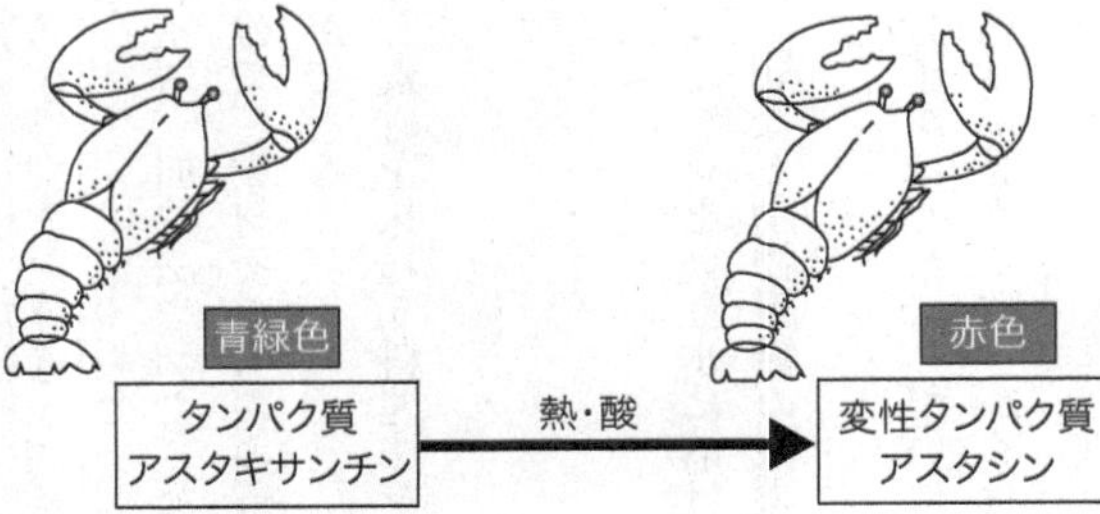

たアスタキサンチンが離れる。続いて空気中の酸素により酸化が起こり、アスタキサンチンはアスタシンという鮮やかな赤色の色素になる。

加熱したときだけでなく、長く酢に漬けたり鮮度が落ちたりしたときにも、タンパク質が変性して色が赤みを増すことがある。

野菜

切ったジャガイモを水に漬けるのはなぜ？

ジャガイモに含まれているチロシンというアミノ酸は、空気中の酸素に触れると、やはりジャガイモに含まれるチロシナーゼという酸化酵素の作用で酸化が進み、黄褐色のメラニンという色素になる。

ジャガイモの褐変

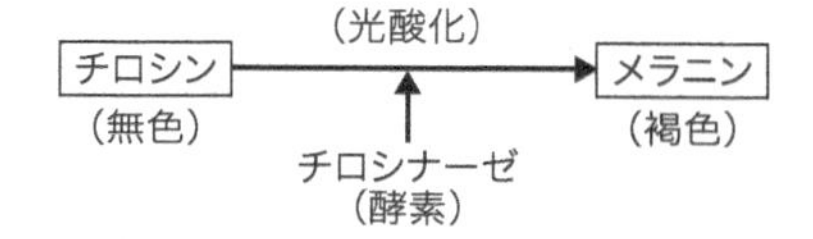

この変化は光に当たると急速に進むので「光酸化」とも呼ばれ、メラニンができるという結果まで、人間の日焼けとよく似ている。

この変化はリンゴの褐変と同様に、酸素を遮断するか酸化酵素の作用を抑えることによって防止できる。切ったジャガイモをすぐ水に放つのは、一時的に空気中の酸素を遮断する手段である。

しかしいつまでも漬けておくと、畑で冠水したジャガイモと同様に、組織の細胞膜にあるペクチンという物質が、水中の無機質と結合して細胞膜を強化し、細胞内部のデンプンが煮えなくなってしまう。切って水に漬けたら早めに次の処理に移ることが大切である。

せん切り野菜を冷水に浸すのはなぜ?

新鮮な生野菜の細胞膜は、水は通過できるがその他の物質は通過しにくい半透性の膜である。これを水に浸すと水は細胞膜を通って内部に浸入するが、内部の物質は外へ出られない。細胞内外の物質濃度が等しくなるように、薄いほうから濃いほうへ水が移動しようとするため、細胞内部は浸入した水で圧力が高まり(浸透圧)、ピンと張った状態になる。

せん切り野菜を水に漬けるのはこうして野菜の歯ざわりをよくするためで、温度が高いと細胞自身がしんなりと軟化してしまうので必ず冷水に浸す。

ふろふき大根にかくし包丁を入れるのはなぜ?

ふろふき大根は、厚切り大根の形を生かしたまま、中まで軟らかく煮上げる煮物である。熱が内部まで伝わるのも、味がしみ込むのも、すべて材料の表面から行われるので、材料の表面積は広いほどよい。ふろふき大根のような大切りの素材は、中心部まで熱が伝わる間に表層部は加熱が過剰になり、崩れたり歯ざわりを失ったりする。中心部まで包丁で切り込みを入れておきたいが、見た目の姿を重視する日本料理では、あまり目立つ切り込みを入れたくない。そこで裏側から目立たぬよう十文字に包丁を入れ、見た目の美しさと表面積の広さを両立させる。これがかくし包丁で、魚の姿焼きなどにも行われる。

ナスの漬物に古釘(くぎ)を入れるのはなぜ?

野菜や果物の天然色素のうち、ナスの紫色はアントシアンの系統でナスニンと呼ばれる色素である。アントシアンは緑色のクロロフィル、橙(だいだい)色のカロチノイドとは違って水に溶けるので、味噌汁などで長く煮過ぎると汁の色がどす黒くなる。

アントシアンは酸性で赤く、アルカリ性で青くなるという共通の性質があるが、そ

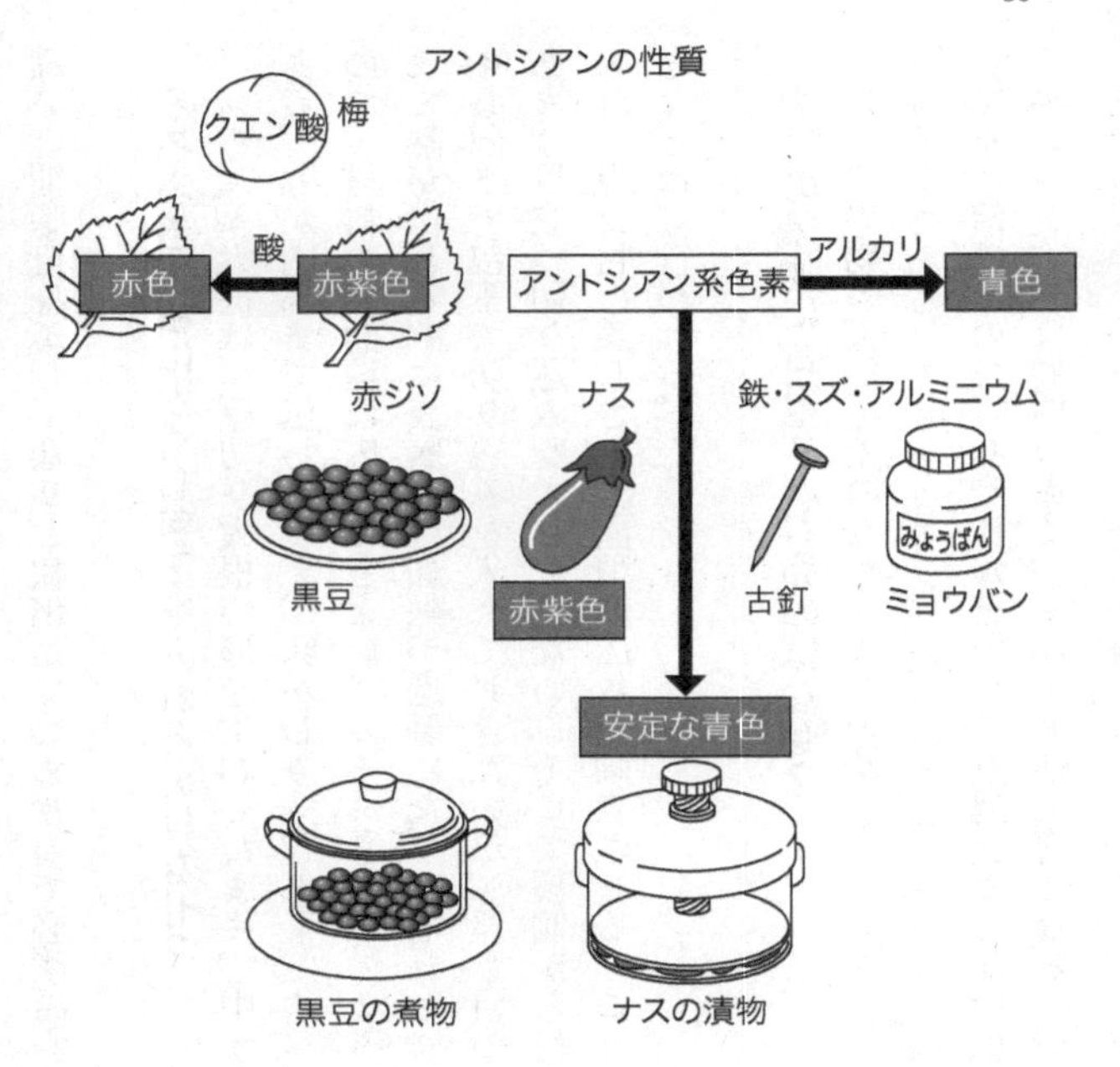
アントシアンの性質
クエン酸
梅
酸
赤色
赤紫色
アントシアン系色素
アルカリ
青色
赤ジソ
ナス
鉄・スズ・アルミニウム
みょうばん
黒豆
赤紫色
古釘
ミョウバン
安定な青色
黒豆の煮物
ナスの漬物

のほかに黒豆（黒大豆）のアントシアンであるクリサンテミンやナスのアントシアンであるナスニンには、鉄やアルミニウムに出会うと紫色が鮮やかになり、しかも安定化する性質がある。古釘は鉄分を供給する材料として使われ、ほかにミョウバンがアルミニウムの供給材料として使われている。

卵

ゆで卵の卵黄が青黒くなるのはなぜ？

卵を長時間ゆで続けると、卵黄の表面が青黒く発色してくる。ゆで時間が長いほど色は濃く、卵が古いほど色が付きやすい。

卵白のタンパク質にはイオウが含まれている。卵を長い時間ゆでているとタンパク質の一部は分解し、このイオウが硫化水素という気体になって出てくる。ゆで卵は外から固まってくるので発生した硫化水素は内部に押しやられ、そこで卵黄に含まれる鉄分と結びついて硫化第一鉄ができる。この物質が黒色の本体である。この反応はアルカリ性が強いほど急速に進む。古い卵の卵白は多少分解してアルカリ性になっているため、この反応が起こりやすい。

ゆでた卵をすぐに冷水で冷やすと内部の圧力が下がり、硫化水素の内部への拡散が止まるため、色の変化を多少とも遅らせることができる。

古い卵を塩水に入れると浮き上がるのはなぜ？

卵は生き物なので、生み立てと時間が経った卵では状態が違っている。新鮮なときはこしが強かった卵白がしだいに軟らかくなって流動性を増し、ゆでると卵黄が片寄ってくる。また平らな板に卵を割ると卵黄の盛り上がりが減って広がりが大きくなる。水分は多少蒸発し、さらに時間が経つと呼吸作用で生じた二酸化炭素が、卵の丸い方の端にある気室という部分に集まって比重が軽くなる。

水1L（リットル）に食塩60gを溶かし比重約1・027の食塩水を作ると、新しい卵（比重1・08～1・09）は沈み、古い卵（比重1・02以下）は浮く。そこで左頁の図の4、5のように底につかない卵は避けたほうがよい。

温泉卵は黄身が先に固まるのはなぜ？　ゆで卵の鍋に塩を入れておくのはなぜ？

ゆで卵は卵を加熱してタンパク質を熱凝固させるだけの単純な料理だけに、熱凝固が少しでも行き過ぎたり不足だったりすると、価値や用途がまったく違ってしまう。

卵の熱凝固温度は卵黄と卵白とでやや異なるので、65～70℃を保つと卵黄も卵白も

ゆで卵の卵黄の黒変の原理

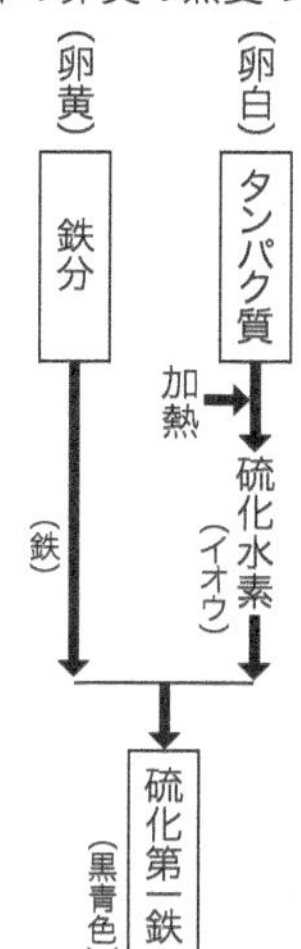

食塩による卵の新鮮度の鑑別

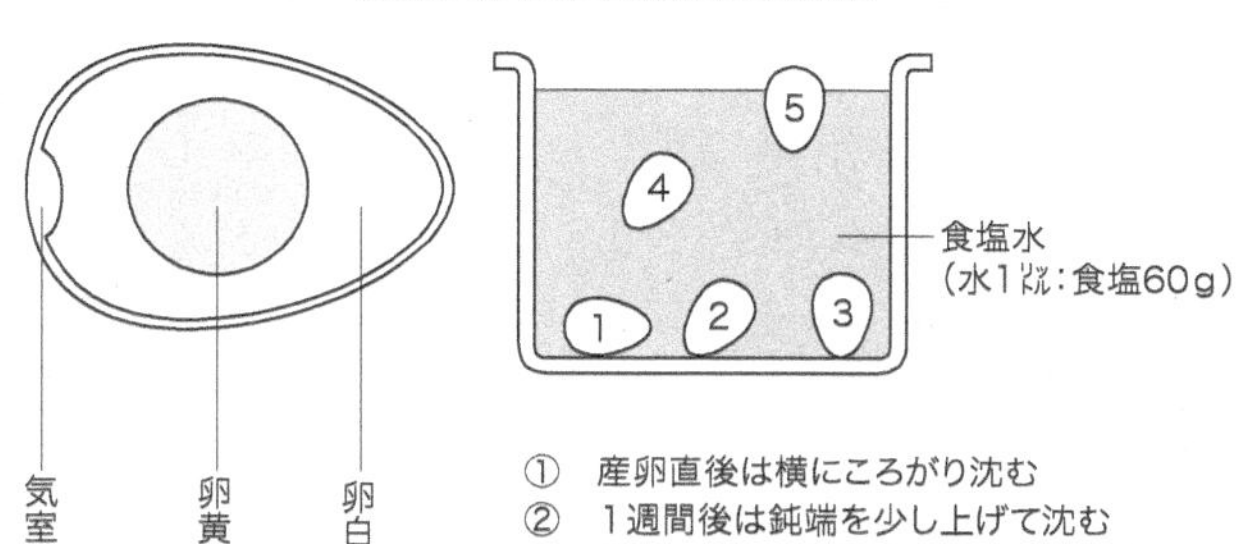

① 産卵直後は横にころがり沈む
② 1週間後は鈍端を少し上げて沈む
③ 普通の卵で鈍端を上方に上げて沈む
④ 古い卵で鈍端を上方にして浮く
⑤ 腐敗卵で鈍端を水面から出して浮く

ほぼ同じ状態かまたは卵黄がほぼ固まり、卵白は流動性を持ったゆで卵になる。これを温泉卵または温度卵という（実践編283頁参照）。

一方、固ゆでを作るには沸騰水で12～13分加熱して、中心部を70～80℃以上の温度に上昇させればよい。食塩はタンパク質の熱凝固を促進するので、大量の卵をゆでるときは、鍋の湯に1～2％の塩を入れておくと、ひびが入ってもすぐに凝固して、中身の流出を防ぐことができる。

肉

大和煮の肉は筋の多い部分を使うのはなぜ？

大和煮というのは主に牛肉を、醬油、砂糖、みりん、ショウガなどを混合した調味液で煮て、缶詰にしたものである。缶詰の牛肉はほとんど冷たいまま食べるので、脂身があると白く固まって口に入れても溶けない。しかし脂身のない部分を用いると肉質がぱさつく。そこで筋の多い部分を加えると、筋のタンパク質コラーゲンは加熱によってゼラチンに変わり、軟らかくとろみのあるものになる。

大和煮に限らず牛肉を長く煮る料理（シチューなど）、低温で食べる料理（コールドミート、コンビーフなど）は、いずれも脂身のない筋の部分を用いている。コラーゲンのゼラチン化は高圧で加熱すると短時間で起こるので、高圧加熱殺菌を行う大和煮缶詰には筋の部分は最適である。

しゃぶしゃぶが煮え過ぎると、おいしくないのはなぜ？

牛肉は主として明治時代以後に日本料理に取り込まれたもので、すき焼き、しゃぶしゃぶなど薄くスライスした肉を、外国にはない食べ方で味わう独自の調理法である。

本来上等な肉を味わうには、ビーフステーキやローストビーフのようにかたまりの表面を焼き固めて内部のうま味を保持する、また肉の味を汁や他の素材に移すには、スープ、シチューのように長く煮込むのが原則である。

ところがわが国では、薄切り肉を使いながら肉そのものを味わう料理として、すき焼き、しゃぶしゃぶが発達した。すき焼きは肉の味を主体にしながらも、加熱が進むにつれてネギ、豆腐、シラタキなど、他の材料にも肉の味が移されていく。これに対してしゃぶしゃぶは、まったく肉そのものの味だけを味わうもので、加熱も湯通しするだけという単純なものである。

しゃぶしゃぶの薄切り牛肉をいつまでも湯の中に入れておくと、広い表面からたちまちうま味が逃げてしまい、煮過ぎてしまうと舌ざわりもだいなしになってしまう。しゃぶしゃぶの肉は箸（はし）から離さず、さっと湯通しして食べるようにしたい。

すき焼きの肉がシラタキに触れると硬くなるというのはなぜ?

肉のタンパク質の熱凝固はカルシウムによって促進され、肉は硬くなる。シラタキは細かい糸状のコンニャクで、コンニャクイモの粉をぬるま湯でこね、石灰水(水酸化カルシウム)を加えてできたかたまりを、普通のコンニャクと違って熱い石灰水の中へ縫い穴から滝のように押し出して作るので「シラタキ」という。

肉の味の大部分は軟らかさで決まるといわれる。カルシウムを含んだシラタキが肉と触れ合うと、せっかくの肉が硬くなってしまうので好ましくない。

またカルシウムは肉の色を多少どす黒くする作用もあり、この面からもシラタキが肉と触れ合うのは避けたほうがよい。

鶏肉は皮付きのほうがおいしいのはなぜ?

動物の脂肪は皮下に貯えられるので、鶏肉も「皮付き」か「皮なし」かは脂肪の含有量に直結している。

牛、豚のような大動物は脂肪組織を残して皮だけを取り除くこともできるが、鶏肉の場合は皮を除くと脂肪の量も半分から数分の一に減ってしまう。

あっさりした和え物などには、白身で軟らかく脂肪が少ないささ身が適している。焼き物、揚げ物、煮物などには、味にこくがでる皮付きを用いるのがよい。

鶏肉の脂質含有量の比較

（単位：100g中のg数）

種　類		皮なし	皮付き
むね	若鶏	1.9	5.9
	成鶏	1.9	17.2
もも	若鶏	5.0	14.2
	成鶏	4.8	19.1
ささ身	若鶏	0.8	−
	成鶏	1.1	−

（七訂日本食品標準成分表より）

麺（めん）

うどんを作るとき塩を加えてこねたあと、ねかしておくのはなぜ？

小麦粉に水を加えてこねたり混ぜたりすると粘りや弾力を増すのは、小麦粉中のタンパク質であるグリアジンとグルテニンが、水を仲立ちとして大きな網目状の分子のかたまりを作るためである。

この網目状の分子（現実に分子が見えるわけではなく、弾力のあるガムのようなかたまりになり、それを取り出したものが生麸（ふ）、焼いたものが焼麩である）は、グルテンと呼ばれる。

グルテンが形成されるとき食塩を加えると、タンパク質の凝集性（分子が集まろうとする性質）を高め、分子の網目構造が強まり、こねたかたまり（ドウ）のこしが強くなる。網目構造による分子の絡みあいは、室温に放置するとゆっくり進んでいくので、ねかしておくとこしの強い弾力のある麵（めん）ができるのである。

そうめんを直接汁に入れると、塩味が濃すぎるのはなぜ？

そうめんやうどんには生で約1・5％、乾燥品では約3％の食塩が含まれている。さらに手延べそうめんのように、多量の食塩と油を練り込んで手作りにした伝統的なそうめんでは、乾物で5〜6％の食塩が入っている。

乾麵をゆでると塩は大部分ゆで汁のほうへ抜け、ゆで麵に対して0・3％くらいに減少するが、手延べそうめんではそれでも約0・7％と普通の麵より多い。これを直接汁の中に入れれば、塩味が濃すぎるのは当然である。吸物などにそうめんを入れるときは分量に注意するか、または一度湯通しをしたほうがよい。

米

米を炊くとき、必ず蒸らしが必要なのはなぜ？

米の炊飯は十分に水を吸収した米粒中のデンプンを、消化のよい煮えた状態にする

（デンプンの糊化という）調理法である。しかし米が芯（しん）まで煮えたあと、米粒が崩れたり余分な水が残ったりしないように、ふっくらと炊き上げることが要求される。いわばデンプンの糊化に必要な最低限の水分で加熱をしているようなものである。このようにぎりぎりの水量なので、加熱が一応終わるころには加えた水はほぼ米粒に吸収され、デンプンの糊化があともう一歩というところで水は引いてしまう。ここで炊飯を止めると糊化が不十分で、ときには芯が残ったりする。

水が引いて火を止めてもすぐには蓋（ふた）を開けず、昔はかまどの残り火で少なくとも15～20分保温を続け糊化を完成させた。これが蒸らしである。デンプンの完全な糊化には98℃で少なくとも20分の加熱が必要である。蒸らしをしないとこれだけの時間が取れない。自動炊飯器の場合もかまどに合わせて、蒸らしに必要な時間保温されるように作られている。

冷えたご飯に粘りがなくなるのはなぜ？

加熱前の生デンプンは、鎖のように長く伸びた分子が一方向に揃って束のように締まっている。加熱により分子運動が激しくなると束がほぐれ、分子のすき間に水が入り込んで水中で絡み合い、糊（のり）のように粘りが出る。これがデンプンの糊化である。生デンプンをβ-デンプン、糊化された消化のよいデンプンをα-デンプンという。

α‐デンプンを水を含む状態でそのまま低温に放置しておくと、分子どうしが互いに引き合って束を作り、元のβ‐デンプンに近い状態に戻ろうとする。これを老化という。冷やご飯の粘りがなくなってぽろぽろになるのは、米デンプンの老化が起こるためである。

α‐デンプンから乾燥などで急速に水を奪うと、網目状の分子間にすき間ができて引き合う力が起こらず、老化を防ぐことができる。これがα化デンプンで、一部の加工米飯などに利用されている。

豆

大豆は一晩水に浸し、小豆(あずき)は洗ってすぐ火にかけるのはなぜ?

デンプンの糊化の模式図

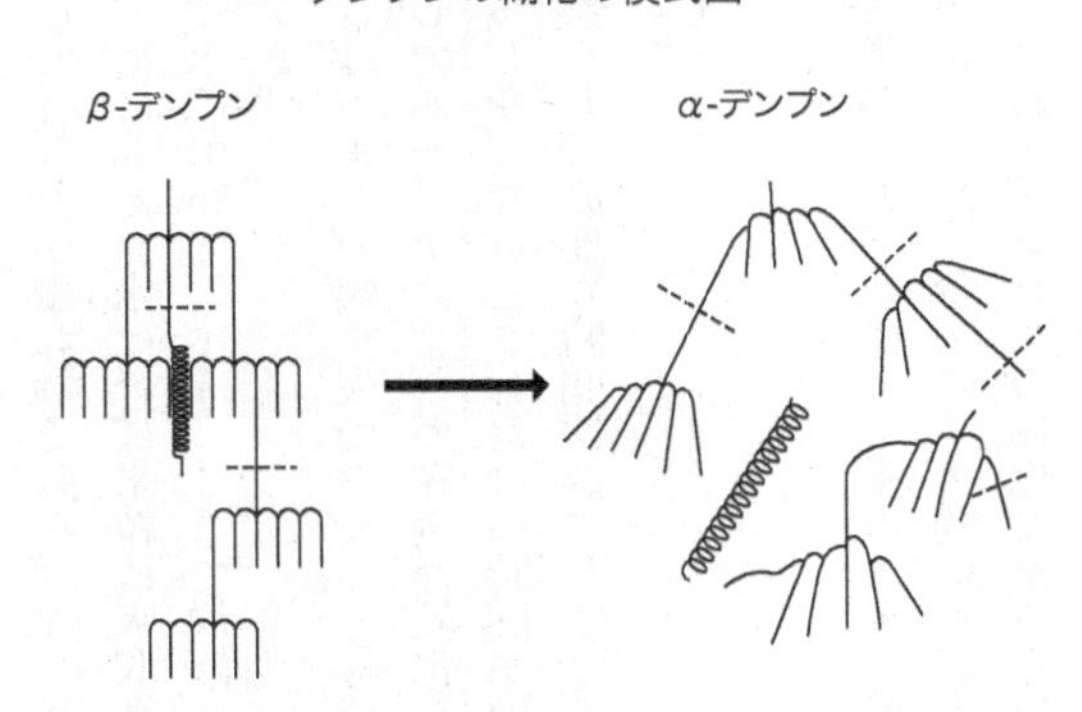

大豆も小豆も一晩水に浸しておくと、同量以上の水を吸収して重量、容積とも2倍以上に増大する。しかし大豆は初めの5～6時間は急速に、その後ゆっくり表皮全体から吸水していくのに対し、小豆は皮が硬く初めはほとんど吸水しないが、胚座（いわゆるへそ）の部分から少しずつ内部に直接吸水して、その圧力で表皮がさけると急速に吸水が始まる。これを胴切れという。

胴切れが起こると形が崩れたり、水が濁って腐敗しやすくなったりするので、それ以上水に漬けておくのは好ましくない。しかし胴切れの前には吸水しないので漬けておく意味がない。むしろ初めから火にかけてゆるやかに加熱を始めるほうが、皮も早く軟化して吸水も均一に起こる。大豆は一晩水に浸し、小豆は洗ってすぐ火にかけるのはそのためである。

小豆は鉄鍋で煮るのはなぜ？

小豆の色は昔から赤飯として祝い事に欠かせなかった。これは黒豆（黒大豆）などと同じアントシアン系統の、クリサンテミンやカリステフィンという色素である。アントシアンは水溶性で、皮の丈夫な小豆も長く水に漬けておくと水中に色が溶け出す。赤飯はその色を利用して米に色を移す。アントシアン、特にクリサンテミンは、黒豆でもそうだったように、鉄に会うと色が安定化する。これが小豆を鉄鍋で煮る理由の

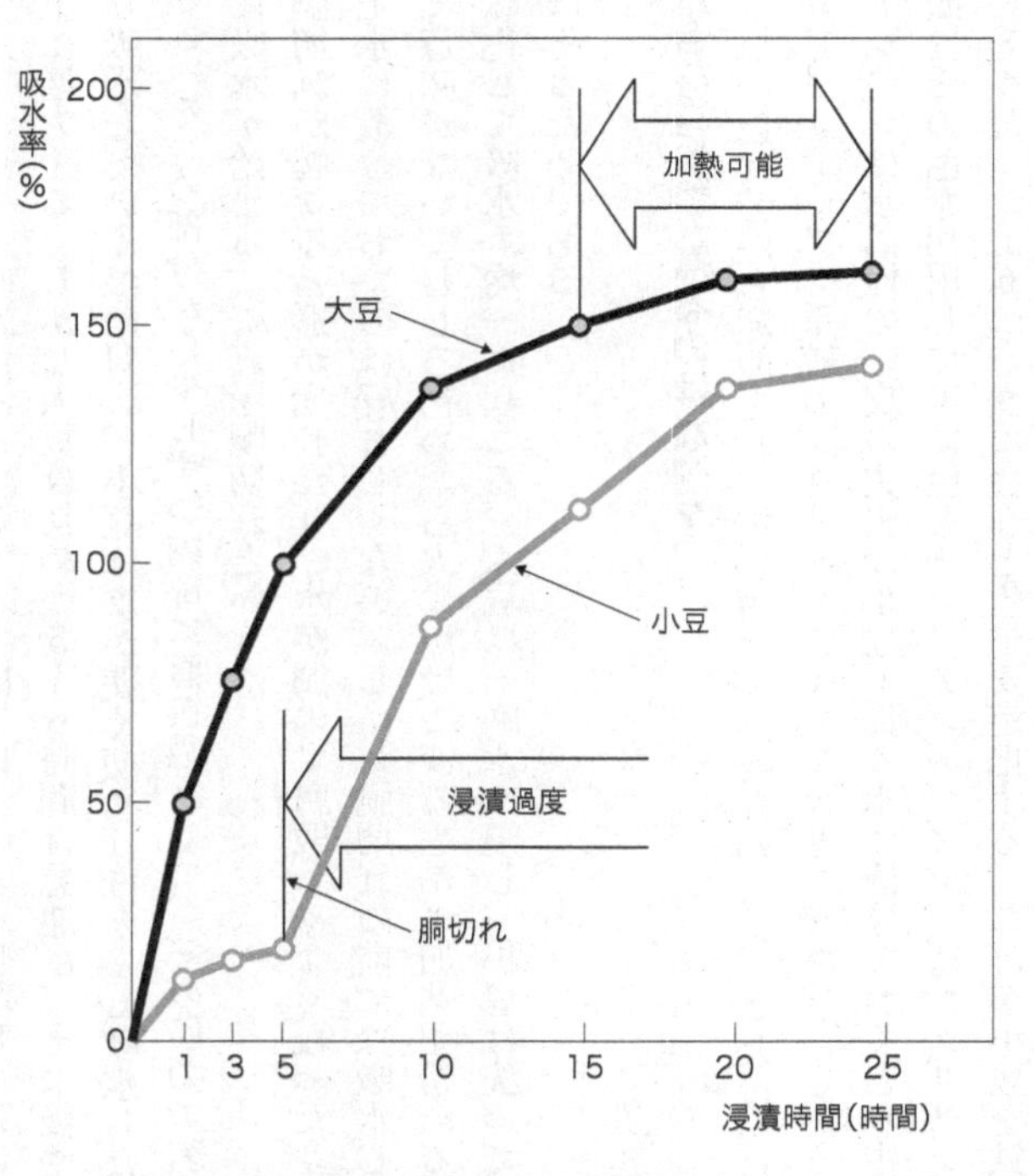

大豆は吸水完了後加熱、小豆は皮がさける前に浸漬をやめる

一つである。

鉄鍋のほうがよいもう一つの理由は、全体をおだやかに沸騰させて、鍋全体の小豆が均一に加熱されていくようにするためには、熱の変動の激しいアルミ鍋より、熱容量の大きい厚手の鍋で加熱したほうがうまくいくからである。

煮豆に重曹を使うとよいのはなぜ？

黒豆の色素クリサンテミンは、酸性では赤く、アルカリ性では黒紫色に変色する。鉄鍋を用いると色が安定化してより濃くなる。重曹を加えると黒色を増すほか、アルカリのため表皮の繊維が軟らかくなり、内部の子葉のタンパク質もアルカリのために膨潤性を増してよく膨らみ、調味料が内部まで浸透しやすくなる。このように重曹を加えて煮るといろいろな利点があるが、一方ではビタミンB_1がアルカリのために減少することに注意が必要である。

油脂

揚げ物に使った油がしだいに粘りを増してくるのはなぜ？

油脂の分子構造はグリセリンという物質と各種の脂肪酸が結合したもので、脂肪酸には飽和と不飽和の2種類がある。

飽和脂肪酸は比較的変化しにくく熱にも安定だが、不飽和脂肪酸は、分子の中に空気中の酸素を結合しやすい二重結合の部分が多く、揚げ物を続けると酸化が進む。そこで不飽和脂肪酸の多い油脂は、長く加熱を続けると色、味、香りが悪くなり粘りも出てくる。同じ植物油の中でも紅花（サフラワー）油や大豆油は不飽和脂肪酸の比率が高く、こういう油脂を空気中に放置すると、乾いたゼラチンのように固まってしまうので乾性油という。菜種、コーン、ゴマなどはこの性質がやや弱い半乾性油、オリーブや椿油は不飽和脂肪酸の比率が低く（二重結合が少なく）、いつまでもしっとりしている。これを不乾性油と呼ぶ。

揚げ油は空気や光により酸化が起こる（自動酸化）。また、加熱されることにより酸化はさらに進み、揚げ材料や衣、崩れた材料が油中に混ざり、揚げ油は粘度が大きくなり泡立ちが起こる。

【三】調理法のなぜ

焼く

焼き魚に必ず塩をするのはなぜ？

食塩は生魚の筋肉タンパク質の溶解性を高め、水分を保持する力（保水性）を増す。一方加熱時には食塩がタンパク質の熱凝固を早める。つまり食塩は魚を焼く前には軟らかく、かつ水分の流出などを防ぎ、焼くときには逆にタンパク質を固めて、やはりうま味の流出を防ぐ働きをする。魚体に塩を振りかけると表面近くの水分に溶けて、いわば濃い食塩水の状態になり、魚の表層部は脱水が起こった状態になる。内部へしみ込んだ食塩はタンパク質を軟らかくする。加熱を始めると表面の食塩はタンパク質の熱凝固を早め、固まったタンパク質が壁のように内部の軟らかい部分を保護する。

このように塩は、味付け以外にタンパク質に作用して焼き魚の硬さや歯ざわりなどの物理的性質を支配する役割が大きい。塩を振る時期は、まるごとの魚は皮があるので30分か1時間前、魚の約2％を用いる。大きな切り身で皮の少ないものは、切り口からしみ込んでいくのが早いので、それに応じて時間を短縮する。

焼き魚は「強火の遠火」で焼くのはなぜ？

火を発見した人類の、最古の加熱調理は焼くことだった。そのときの加熱法はもちろん「直火焼き」で、熱源から出る放射熱が材料に直接伝えられた。この方法は素材の持ち味を生かすのに最適で、現代でもすたれずバーベキューや炭火焼きの形で残されている。

加熱調理の第一の要点は「一定温度を保つ」ことである。直火焼きも時代とともに火力の安定した熱源が使われるようになった。日本料理では高熱を持続できる堅炭（備長炭（びんちょうたん）など）がこれに当たる。

焼き物は水を直接の熱媒体としない乾式加熱に属し、300℃以上の高温になるため表面が焦げる。適度に焦げたとき内部が食べられる状態になっていることが条件で、焼き物の第二の要点は、表面の焦げ方と内部への火の通り方がうまく調和することである。

堅炭の火力を急に変えるのは難しいが、焦げ方の速度は調節したい。こういうとき炭火からの距離を遠ざけて調節するのが「強火の遠火」である。この場合、焼き物の特徴は表面全体を一様に加熱できる放射熱にあるので、ガス火のように強弱自由な熱源も、強火のまま鉄灸などに乗せて強火を保っておくのがよい。

サツマイモを石で焼くのはなぜ?

焼き物の材料は、内部が生でも食べられるもの（肉、魚、卵、野菜など）、形が薄く内部まですぐに熱が伝わるもの（のりや薄く切ったイモなど）、すでに一度加熱されたもの（パン、餅、おにぎりなど）が適している。まるごとのイモや大切りのカボチャのように、生では食べられず、しかも火の通りにくい大型のデンプン質食品は、そのまま焼いて食べるのには向かない。

それを承知で焼いて食べようというのが焼きイモである。この場合、とるべき方法は表面の焦げ方を遅らせるしかない。石焼きはその手段で、熱い石の中に大型のイモを埋めて加熱する。直火や熱風に直接さらされることがなく、表面の焦げの進行を遅らせ、その間にゆっくりと内部まで温度が上昇する時間の余裕が得られる。

このように表面と内部の温度上昇の調和を図る例は石焼きだけではなく、鉄板、鍋、オーブン、アルミ箔の包み焼き、揚げ物の二度揚げなどいろいろな例がある。

四角い卵焼き鍋が銅製なのはなぜ?

卵料理のほとんどは、タンパク質の熱凝固を目的通りに起こさせることが技術の基本である。なかでも卵焼きは、卵を溶いた液が高温の鍋に直接触れて熱凝固を起こすので、ごく短時間に勝負がついてしまう。このとき四角い卵焼き鍋を丸い熱源にのせて加熱すると、部分による温度ムラを生じやすい。四角い鍋に卵を流し込んだ瞬間、全部が同じように凝固するためには、各部分の温度が完全に均一でなければならない。したがって卵焼き用の鍋には熱伝導率のよい材質が必要である。銅は鉄の約8倍、アルミニウムの約2倍近く熱伝導率が大きい。つまり熱の伝わり方が早い。これが銅製の卵焼き器を用いる理由である。

煮る

おかゆは土鍋、ゆで物はアルミ鍋がよいのはなぜ?

おかゆの鍋は均一な加熱と保温力が、またゆで物の鍋は短時間に全体に熱が行きわたる熱伝導のよさが求められる。おかゆとゆで物は、材料を水中で煮るという点では共通だが目標は正反対で、ゆで物の場合はある程度短時間で材料に熱を伝え、食べられる状態になったら速やかにゆで汁を分離し、素材の形、歯ざわり、味などを失わないようにすることが望ましい。これに対しておかゆは味が付かない一種の汁物と考えてもよく、過度な粘りが出ない範囲で、米の成分が汁のほうへ溶け出して一体化するのが望ましい。

ゆで物は鍋を火にかけたり冷えた材料を入れたりして温度が下がったときなどに、すぐ全体が温まり再沸騰が始まるように、熱伝導のよいアルミ鍋が望ましく、ゆでこぼすときも薄めで軽く扱いやすいものが理想である。一方おかゆは温度を急上昇させる必要がなく、その代り所定の温度に到達したあとその温度を保つことが必要である。

土鍋は熱伝導率がアルミ鍋より低く、しかも厚くて熱容量が大きく、一度温まれば冷えにくい。さらに重い蓋が蒸気を閉じ込めて多少内圧を高め、米を芯まで軟らかくする。またできたあとの保温力は抜群によく、熱いままおくことができるのも土鍋の強みである。

煮魚は丸底の鍋のほうがよいというのはなぜ？

煮物は汁の中で加熱しながら同時に味を付けたり、ある材料の味を汁に引き出して他の材料に移したりできるのが特徴である。炒(いた)め物は別として、焼く、揚げる、蒸すのどれをとっても、加熱しながら同時に味付けのできる調理法はない。

ただしこの特徴は煮汁がたっぷりあればの話である。普通の煮物は汁を飲まないので、煮汁は一般に少ないほどよく、煮汁への成分の溶出を抑えるには加熱が短いほどよい。煮魚は少ない汁で短時間にきちんと味を付けたい煮物の代表である。少量の煮汁で均一に味を付けるためには、落とし蓋などを用いる工夫がある（実践編194頁参照）。このようなとき平底の鍋では、少ない煮汁の層がさらに浅くなり落とし蓋をするにも不便である。汁の量が同じなら底にやや丸みを持った鍋を使うほうが汁の層も深くなり、落とし蓋をしたときの空間もせばまる。

揚げる

揚げ鍋は平らで分厚いものがよいのはなぜ？

揚げ物は食用油の中に材料を入れて、油の対流により熱を伝える調理法である。油は水と違って200℃近い高温になるので、材料の表面には焦げ色が付く。すなわち揚げ物は乾式加熱の一種である。

焼き物と同様に乾式加熱は、表面の焦げ色と内部が可食状態になる速度とが一致しなければならない。したがって実践編にもあるように、揚げ物の成功のコツは温度を上手に制御することにある。水よりも温まりやすく水より冷めやすい油の温度を一定に保つには、まず油量を多くすること、さらに油の深さが十分あることが大切である。

油が少ないと温度の変動が大きい。また同じ直径なら丸底鍋のほうが平底より油の量が少なく、しかも中央部と周辺部の深さが違うため、たねを入れたときの温度の変動も、場所によって違ってくる。つまり一定温度の保持と温度分布の均一化の二点から、平底で厚手の鍋を用いるほうがよい。

揚げ物は揚げる前より軽くなるのはなぜ?

揚げ物にまず起こる変化は、高温による水の蒸発、すなわち脱水とそれに続く油脂の吸収である。材料に水分が多く含まれているとそれが蒸発するまで油は吸収されず、蒸発したあとのすき間に初めて油が吸収されると考えてよい。つまり「水と油の交代」である。

衣付きのふつうの揚げ物では脱水量より吸油量のほうが大きい。したがって揚げ物は揚げる前よりも揚げたあとのほうが軽くなる。

食パンなどのように、初めから水分が少なくしかもすき間の多い材料を揚げると、脱水量より吸油量のほうがはるかに大きくなり、重量は揚げる前よりも増加する。こういう吸油量の大きい材料の揚げ上がり後の油脂量は20～30%以上にもなるので、揚げ菓子を食べるときはエネルギー過剰に気をつける必要がある。

揚げ物を続けると細かい泡が消えなくなるのはなぜ?

揚げ油は容器を開封しない限り何年も保存できるが、いったん開封して空気にさらすと酸化が始まり、やがて色、香り、味などが低下してくる。揚げ油は高温で加熱するためこの変化は急速に進行する。酸化を防ぐには「空気に触れない、光を当てない、熱をかけない、不純物を混ぜない」ことが必要だが、揚げ油として使う限りこれらの条件を避けるのは無理である。そこで揚げ物に使った油を保管するときは、少しでも酸化を抑えるように、油漉しで不純物を除いてから保管容器の口元まで入れ、密栓して冷暗所に保管する。

酸化が始まると、油がやや酸性に傾くのと同時に、油脂に酸素が結合した過酸化物というものが油の中に増えてくる。これが油の劣化現象の始まりで、さらに進むと一方は分解、もう一方は重合という二つの変化が並行して起こってくる。分解によってできるアルコール、アルデヒド、ケトンなどは油の風味を悪くし、一方の重合によって生じた分子量の大きい重合物が油の粘りを強める。こうして劣化の進んだ油は、食味も低下し、揚げ物に使うと細かい泡がじわじわと出て消えなくなるのである。

天ぷらの衣は冷水で溶き、あまりかき混ぜないのはなぜ?

天ぷらの衣は、材料から離れない程度の粘着性は必要だが、たねにあまりしっかりと密着したものは好まれない。むしろさくさくした衣の内部に適度の水蒸気がこもって内部の材料を蒸しているような状態がよい。

小麦粉をこねると弾力とこしが出るのは、麺の項で述べたようにグルテンの網目構造による。天ぷらの衣はグルテンを必要とするが、あまり粘りが出過ぎるのは好まれない。

したがってグルテン量の少ない薄力小麦粉を用い、グルテンの形成を抑えるような条件、つまり低温であまりかき混ぜないように溶いて、長時間おかないようにするのである。

蒸す

蒸し物は蒸気が立ってから材料を入れるのはなぜ？

蒸し物は、沸騰水から発生する水蒸気の熱を利用して食品を温める加熱法である。水蒸気が冷たい食品の表面に触れると、蒸発するときに持っていた蒸発熱を放出してその分だけ食品の温度を上昇させ、自らは水滴となって食品の表面を濡(ぬ)らす。暖かい室内の水蒸気が、冷たいガラス窓に触れて水滴になるのと同じ現象である。

蒸気の対流で食品を加熱するので、容器の隅々まで温度分布を均一にすることができ、焦げる心配がなく食品内部が温まるまで安心して長時間の加熱ができる。煮物、ゆで物に比べて形崩れや成分の損失もなく、素材の持ち味を生かすのに最適な加熱法である。その代り生臭みやアクの成分もそのまま残るので、魚なら白身魚、野菜ならアクの少ないものなど、材料の範囲は多少限られる。蒸し物に最も適した材料は再加熱品で、電子レンジの出現以前にはご飯の温め直しは蒸し器の仕事と決まっていた。

このように素材の状態を保ちながら加熱するためには、表面を水滴が流れて水っぽくなったり、組織が崩れたり、成分が流出したりする時間を極力短縮するのがよいことはいうまでもない。これが蒸気が立ってから材料を入れる理由である。

茶碗(ちゃわん)蒸しや卵豆腐は、蓋をずらして蒸すのはなぜ?

蒸し物の温度管理は、100℃で加熱を続ける限り難しくないが、それ以外の温度に保ったり、温度を上下させたりするのは難しい。火を弱めれば蒸気が発生せず、強めれば温度は100℃に到達してしまうからである。

茶碗蒸しや卵豆腐は材料を直接蒸気にさらして蒸すのではない。特に茶碗蒸しは容器に入った汁物の一種で、水蒸気は単におだやかな熱源として使われているだけである。100℃で加熱すると、卵液の中にできた気泡の抜け場がないうちに卵が凝固を始めるために、内部に「す」が立ってしまう。これを防ぐ適切な方法はなく、蒸し器の蓋をずらしたりして、内部温度を90℃以下に保つよう調節する。

蒸し器には木製のせいろがよいというのはなぜ？

金属製の蒸し器は、水蒸気の熱以外に蒸し器の底がガスなどで加熱され、金属を伝わって直接に中板まで及ぶ可能性がある。どこまでも温めさえすればよいという料理ならともかく、過熱したくない微妙なでき上りを求める料理の場合には、内部の温度差が無視できない場合がある。

特に小さな蒸し器に多量の材料を入れた場合にはこれが問題になる。木製のせいろにはそういう心配がなく、各部分をまったく同様に加熱することができる。

第2部

実践編

【一】道具と下ごしらえ

包丁は最低3本はそろえておく

家庭では、包丁は何種類備えられているだろう。薄刃包丁1本ですべてをこなす達人もいるかもしれないが、せめて薄刃、出刃、刺身の3種類はそろえておきたい。プロは、それぞれにさらに何種類か、長さや刃の厚みの違う包丁を持っている。これは、材料の違いによって、おのおの適切な形の包丁を用いる必要があるためである。

薄刃包丁は野菜全般に使う。刃先がまっすぐで平らなため、皮をむいたり刻んだりするのに便利である。出刃包丁は、魚介や肉を切るとき。おろしたり、骨をたたいたりする。刺身包丁は、刺身を切るだけでなく、料理の仕上げに切り分けるときにも用いる。細身で薄く、長いので、引くだけで材料が崩れずにきれいに切れる。

簡便ないわゆる文化包丁は、製造過程の効率性から両刃のものが見受けられる。また洋包丁や中華包丁も両刃である。これに対して日本料理の包丁はほとんど片刃で、全体が鋼(はがね)でできた本焼きと、刃の部分だけに鋼を付けた霞(かすみ)がある。片刃のほうが刃先

包丁各部の名称

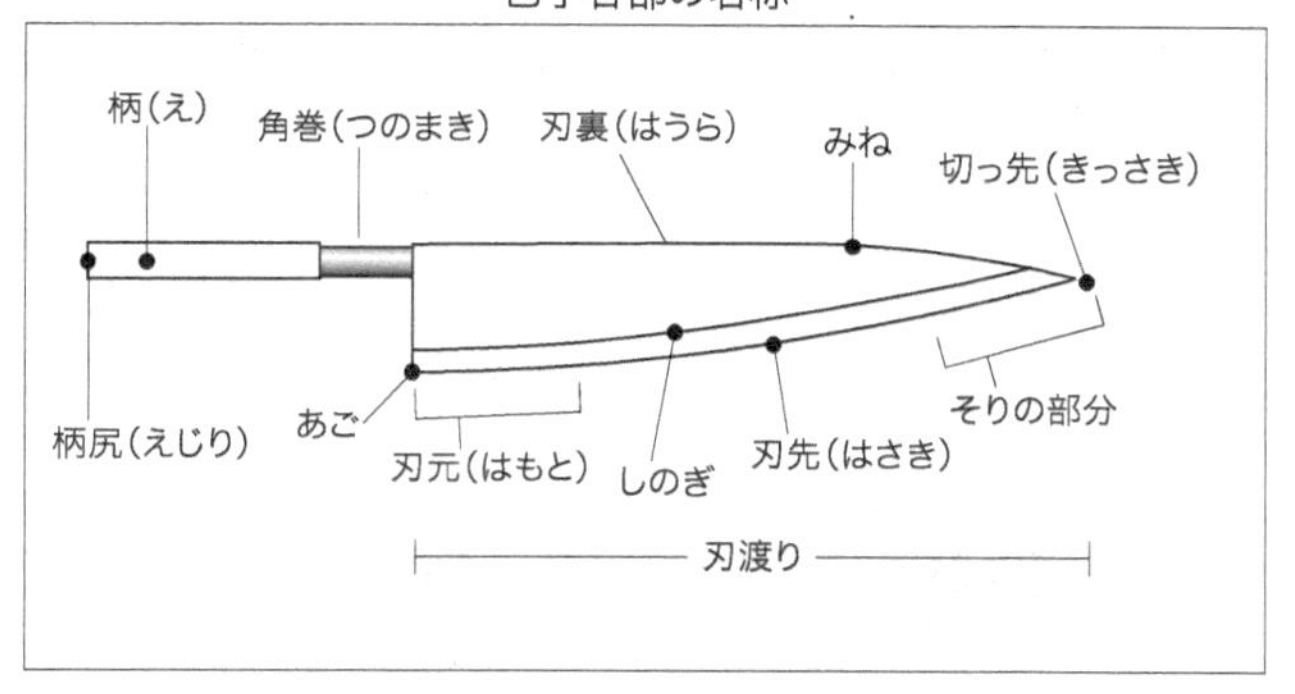

材質による分類

和包丁には全体が固い鋼でできている本焼きと、刃の部分だけに鋼を付けたかすみがある。本焼きのほうが切れ味がいい、さびにくいなどの利点がある

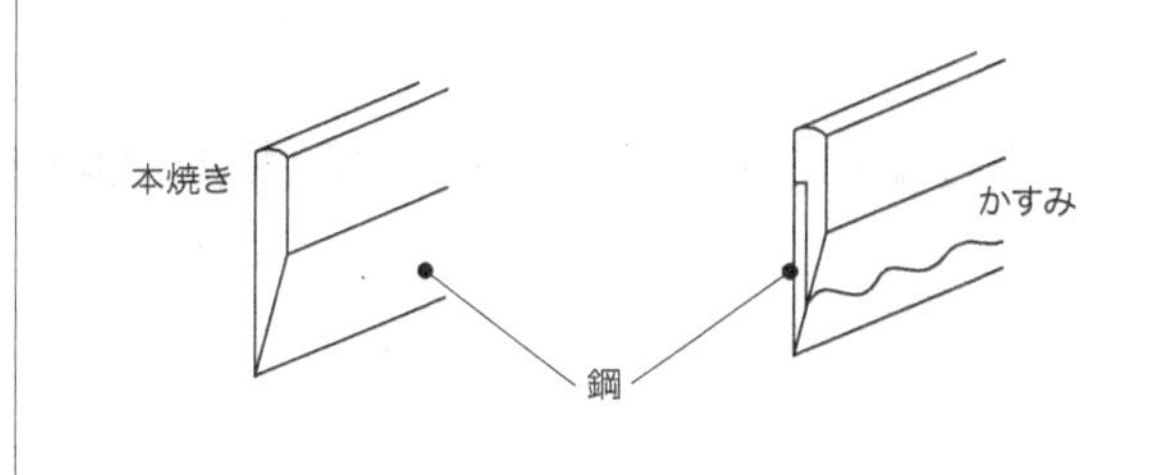

用途による分類

薄刃包丁（菜切り包丁）

主に野菜を切るのに使う。刃先がまっすぐで、まな板に均等にあたるようになっている。包丁全体の幅が広いので、刻みやすく、むきやすい

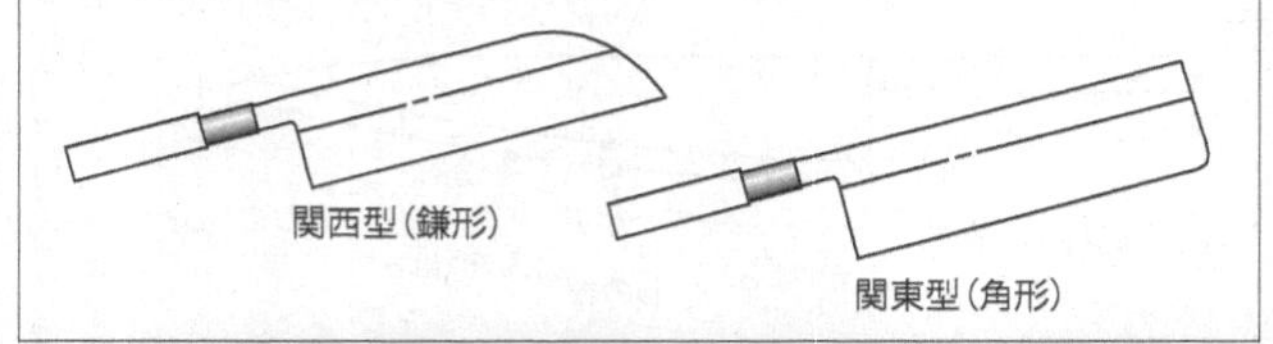

刺身包丁

刺身を切るだけでなく、仕上がった料理を切り分けるときにも用いる。刃は薄くて鋭い。先のとがった柳刃は主に関西で、先の四角い蛸引は関東でよく使われる

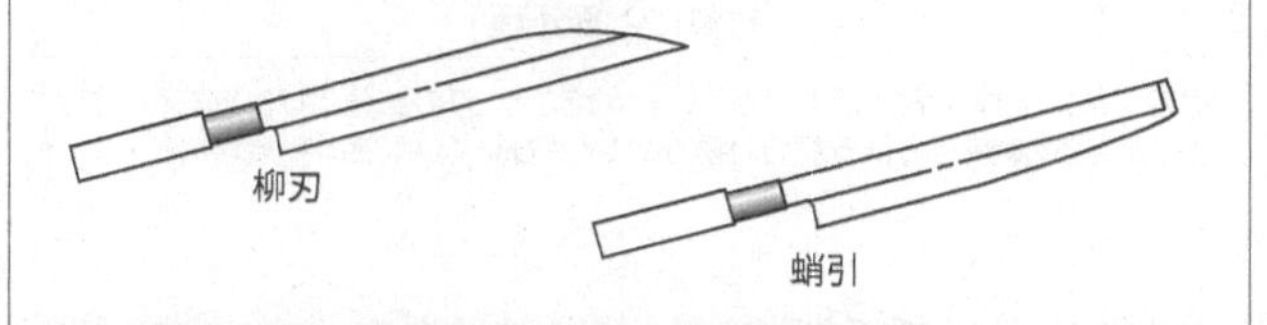

出刃包丁

主に魚介、肉類用。おろしたり、さばいたり、骨をたたいたりするのに用いる。刃渡りの長さによって中出刃、小出刃もあり、材料の大きさによって使い分ける

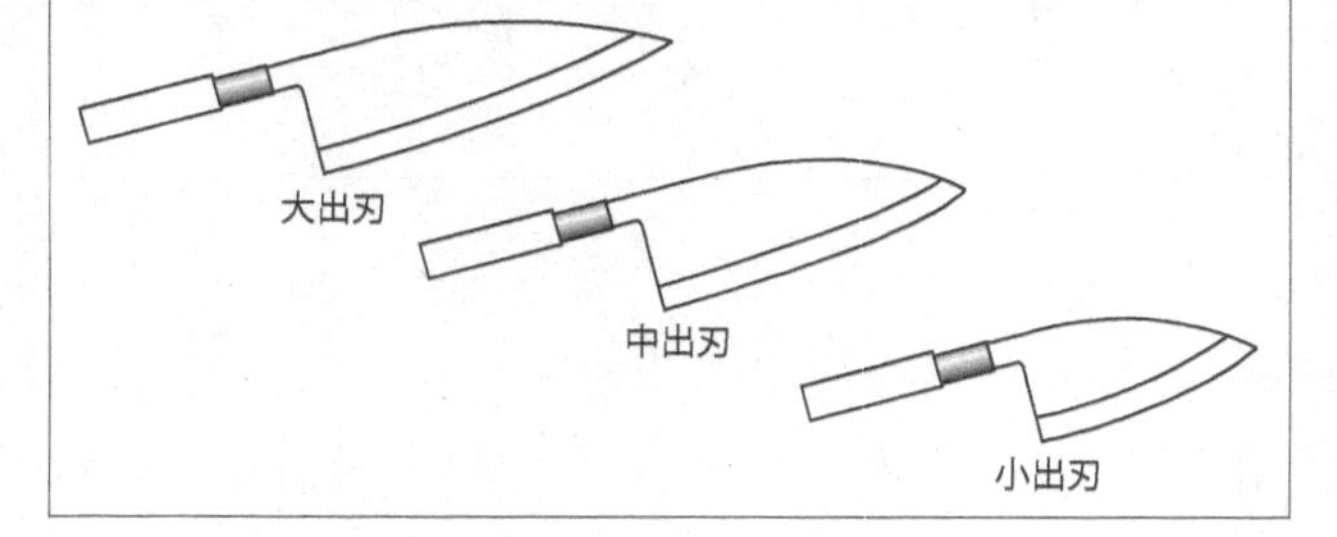

が鋭く、材料を押さえるほうの指に当たる側がまっすぐなため、垂直におろすことができるので、刻みものの幅がきれいにそろう。

包丁を研いだあとは大根でみがく

どんなによい包丁も、手入れを怠っては用をなさない。料理店では1日1回、仕事の終わりに包丁を研ぐ。仕事を始める前に研ぐと、金気が出て材料ににおいが移るからである。

砥石(といし)は使う前に必ず水を含ませておく。さっと濡(ぬ)らすだけではだめで、できれば10分以上は水に漬けておきたい。水分を十分吸っていない砥石で研ぐと、包丁に熱が発生して、刃が柔らかくもろいものになってしまう。砥石を常時水に漬けている店も多い。研ぐときは砥石の面全体を使うようにしたいが、使うにつれて真ん中のあたりが減ってくぼんでくることも多い。そんなときは別の砥石やコンクリートの床などでこすって、平らにする。

さていよいよ包丁を研ぎ始めるが、刃先を砥石に当てる角度が難しい。片刃の角度にピタッと沿うようにしなければならない。包丁の持ち方は、刃が手前にくるようにし、押して研ぐ。このほうが体重がかけやすい。砥石に対して60度くらいの角度をつけて包丁を持ち、押すときに軽く力を入れてリズミカルに研ぐ。刃がまっすぐな薄刃包丁は、まっすぐ押して研げばよいが、わん曲している出刃や刺身包丁を研ぐときは、そのカーブに合わせて砥石の上で包丁を動かす。

　また、片面を研いだあと、刃が向こうにくるように刃の裏を砥石に当て数回引く。これを「返りを取る」といって、研ぎの仕上げに必ず必要な動作。片面を研ぐと、刃先がほんのわずか裏側に出てくるので、これを取り除くのである。

　研いだあとは、大根の切れ端にみがき粉を付けて刃をみがく。こうしておくと、金気が出ず、においも取れてつるつるになる。また、案外なおざりにされているのが柄の部分。なまものやにおいのある材料を扱った手で始終触れているので、柄もタワシですみずみまでよく洗っておきたい。

　そして、もう一つ大切なことは、洗ったあと水気を完全にふき取ること。少しでも残っていると、さびる原因になる。刃先を向こうにして持ち、乾いたタオルなどで刃をはさんで、包丁を柄の方向に引き抜くようにふく。

　これをタオルの場所を替えながら数回繰り返すと、水気は完全になくなる。このようなふき方を「ふき流し」という。

タコやアワビは大根で軟らかく

タコやアワビを軟らかく仕上げるために、プロはよく大根を利用する。例えばアワ

包丁を砥石に当てる角度（側面図）

（良い例）

包丁

砥石

（悪い例）

研ぎ方

❶刃を砥石に対して60度の角度で、中央（しのぎ）まで、ぴったり当てて置く

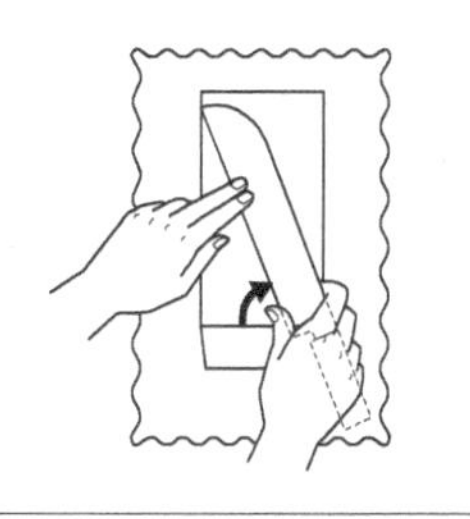

❷包丁を軽く手前から向こうへ砥石全面を使って、力を入れてまっすぐすべらせるように動かす

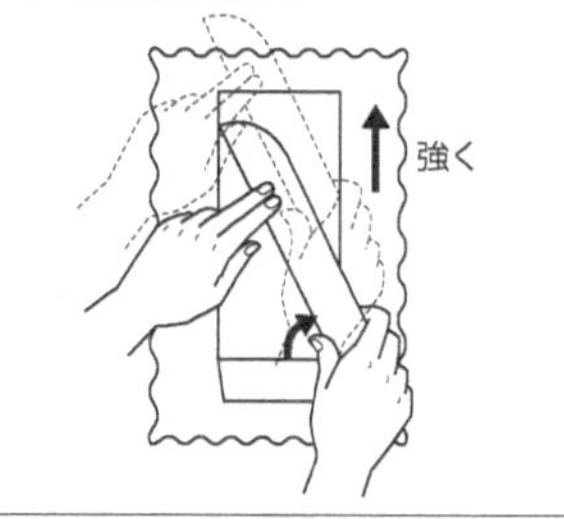

❸力を抜いて、手前に軽く引き戻す。2～3を繰り返す

❹刃裏を砥石に斜めに当て、手前に軽くすべらせるように、2～3回引いて、返りを取る

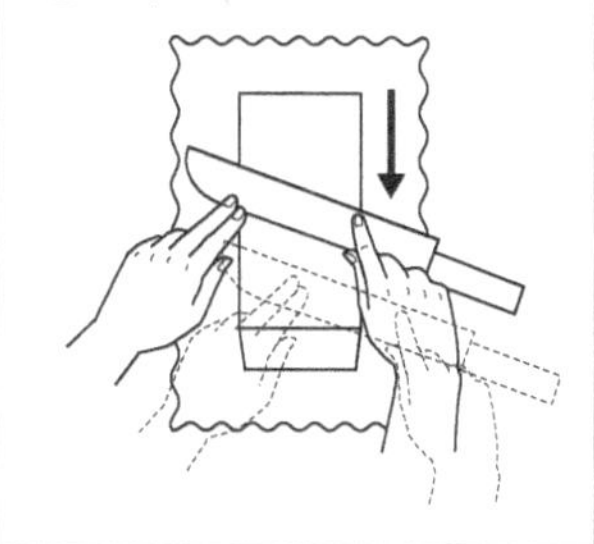

ビ。薄切りにして醤油やポン酢で食べたり、だしで「やわらか煮」にして食べたりするが、下ごしらえとして蒸したりゆでたりする。ゆでるより蒸すほうがうま味が逃げないので、こちらを例に説明しよう。

殻から取り出したアワビの身の上に、まず香り付けに酒を振りかけてから、輪切りにした大根かまたは大根おろしをのせて蒸すのである。

「びわ貝」と呼ばれる肉の黄色っぽいアワビなら、肉質が軟らかいのでおよそ2～3時間、「青貝」と呼ばれる肉の青っぽいアワビは肉質が硬いので「びわ貝」よりも時間がかかるが、これで軟らかく蒸し上がる。大根の代りに砂糖をのせても軟らかく仕上がるようである。この段階で十分軟らかくなっているので、このあと煮る場合は、砂糖や醤油を合わせた薄味のだしで数分さっと煮て、あとは火からはずして冷めるまでそのまま漬けておくようにする。

タコの足は、調理する前に大根おろしでもみ洗いしたあと、適当に切った大根の切り口でたたく。こうすると汚れやぬめりが落ちると同時に、身が軟らかくなる。ただしあまり強くたたきすぎると、ゆでたときに皮がむけて汚くなるので注意しよう。

サザエを壺焼きにするときも大根を利用するとよい。サザエの身は硬いので、殻付きのままいきなり焼いても、あまり軟らかくならない。そこで、いったん身を取り出し、身だけを大根の切れ端とともに十分軟らかくなるまで気長にゆでるのである。そして軟らかくなったところで殻に戻し、だし汁を張って網焼きにする。このように下ゆでしたサザエは、吸物用としても出せるくらいに軟らかくなっている。

科学の目

▼大根にはいろいろな酵素が含まれていて、最も作用が強いのはデンプンを分解するアミラーゼ（ジアスターゼ）であるが、ほかにもタンパク質を分解するプロテアーゼや脂肪を分解するリパーゼなどの作用があることが経験上知られている。

▼タコやアワビの筋肉は緻密なタンパク質で、大根の汁に触れるか漬けておくと、多少とも消化作用を受けて軟らかくなると思われる。

タコやナマコは番茶で下ごしらえ

タコに真水で火を通すと色が次第に変化してくるが、番茶で下ゆでをすると、きれいな赤褐色になってその色が定着し、はげにくくなる。

ナマコは家庭で扱うことは多くないと思うが、酢の物や和え物、あるいは吸物の具にしたり揚げ物、煮物にしたりと用途は広い。調理する前に水洗いして塩を振り、70～80℃の湯の中で揺すって塩を洗い落とす。このとき湯の代りに番茶を使うと軟らかく仕上がり、赤褐色の色が鮮やかになる。

ナマコはまず、両端を少し切って腹を開き、わたや筋を取る。次に、1㎝ほどの厚さに切って少量の塩をまぶし、20分ほどおく。これをザルに入れ、熱湯に番茶の葉を入れて一度漉したものの中で揺すってすぐに水に取ればよい。「きんこ」とか「いりこ」といわれる乾燥のナマコを戻すときも、沸騰させた番茶に漬けてそのまま冷ますと、同様の効果が得られる。

身欠きニシンを戻すときにも番茶を使うとよい。米のとぎ汁に何回か漬け直して戻したニシンは(97頁参照)、戻しの仕上げに、沸かした番茶に漬けてそのまま冷ましておくのである。こうすると、渋味が取れて軟らかくなる。

科学の目

▼番茶にはおよそ12～13％のタンニン系の物質が含まれている。

▼番茶は高温で入れるので、かなりの量のタンニンが湯のほうへ出てくると思われるが、それがタンパク質と結合したり、ほかの苦味物質と結び付いたりして渋味をやわらげたり、タンパク質系の色を安定化したりする。ゆで汁に番茶を入れて煮立てれば、いっそう効果がある。

貝はザルに受けて砂出しする

アサリやハマグリなどの貝は、調理する前に砂出しをしなければならない。砂を十分吐き出させるためには、その貝が棲んでいたときとなるべく近い状態にしてやるのがよい。

つまり、海水に近い濃度、すなわち3%程度の食塩水に貝を漬ける。水2カップに大さじ1弱の塩を溶かせばだいたい海水程度の濃さになる。

このとき気をつけなければならないのは、容器の底に直接貝を置いてしまっては、吐いた砂をまた吸ってしまって、砂出しが完全にできない。そこで、貝はザルに受けて水を張ったボウルに重ねるようにする。こうすると砂だけがボウルの底に沈み、貝は砂を再び吸うこともない。

注意する点は、食塩の濃度をあまり濃くしないこと。貝はもともと河口近くの真水が混じりやすいところに棲んでいる。塩を入れ過ぎると貝が脱水症状を起こしやすくなり、身がやせたり死んだりするので、海水程度といってもやや薄めのほうがよい。また貝を重ね過ぎると下の貝が呼吸しにくくなるので、貝は大きめのザルに入れて、なるたけ重ならないようにするのがよいだろう。

砂出しの時間は、暖かいときで2～3時間、寒いときで4～5時間。水が冷たくなり過ぎてもよくないので、冷蔵庫には入れないほうがよい。静かで、温度変化が少ない場所に置いておく。つまり、前述したように「貝が棲んでいたときに近い状態に」

してやるわけである。

また、ハマグリは表面がつるつるしているので調理する前に水でざっと洗うだけでよいが、アサリは殻にひだがあって細かい砂が付着しているので、貝どうしをこすりつけてよく洗うこと。

なお、淡水の貝であるシジミの砂出しは、真水で行えばよい。シジミには殻の色が黒いものと、黄色っぽいものがある。黄色っぽいものはジャリ地に棲んでいたもので、あまり砂を吸い込んでいないが、黒いものは砂地や泥地に棲んでいたもので、上に述べた方法で十分に砂を吐かせておこう。

科学の目

▼貝や魚が棲んでいる海水の中には、約2・7%の食塩（塩化ナトリウム）のほかに、塩化マグネシウム（にがり）や硫酸マグネシウム、硫酸カルシウムなど、合わせておよそ3・4%の無機質が含まれている。

▼そこで貝を「海水に近い濃度」「棲んでいたときに近い状態」の水中に入れるには、約3%の食塩水を作ればよい。これは正確にいえば食塩3gを水97gに溶かすべきだが、それに近い濃度でよいのだから、水は1000㎖、つまり1Lの水に約30gの食塩を溶かせばよいことになる。

貝をザルに受けてボウルに重ね、砂がボウルの底に沈むようにする

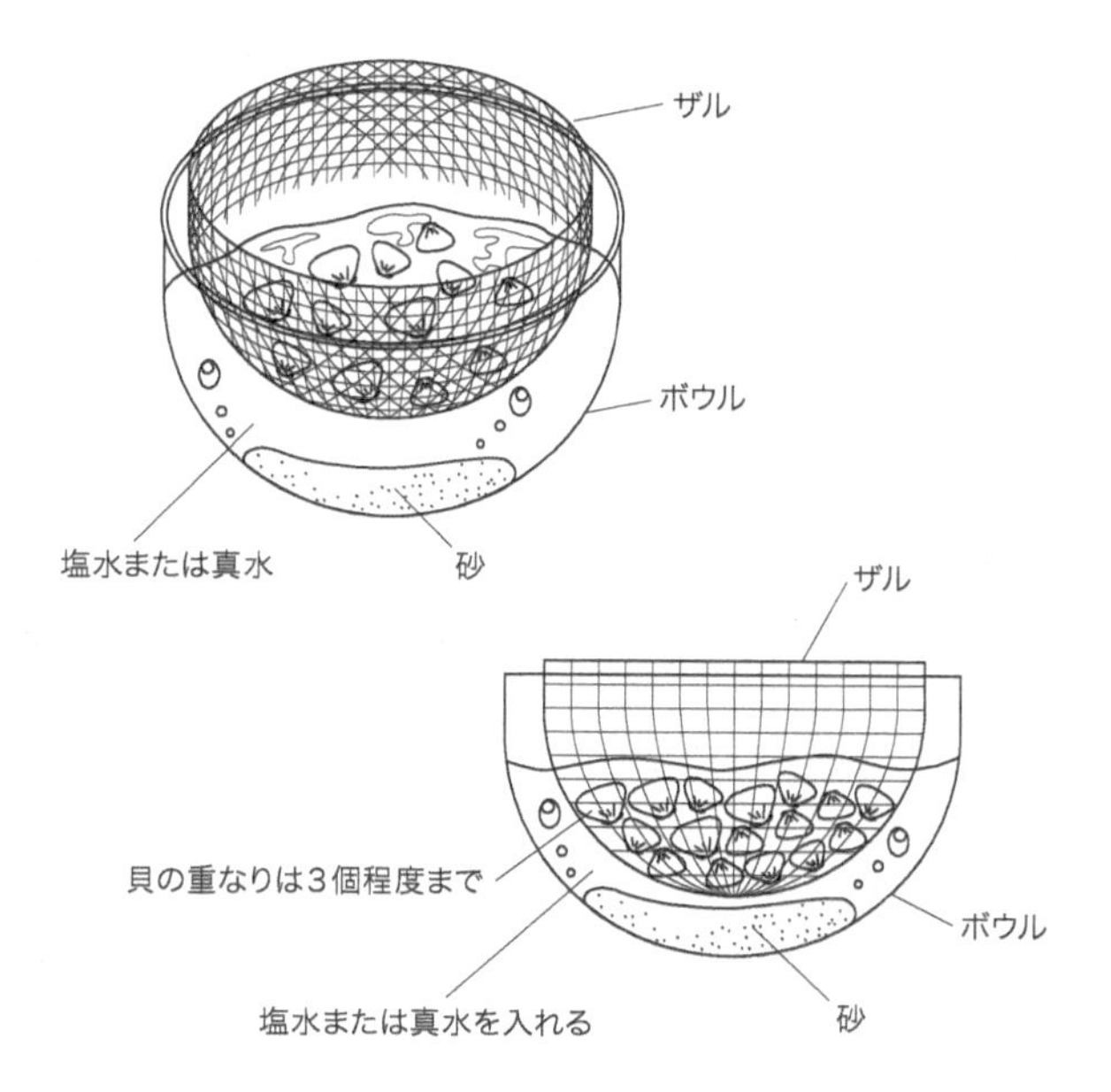

▼食塩濃度が濃すぎると、それを薄めようとして貝の体液が外に出され、脱水症状を起こし弱ってしまう。約3%というのは貝の体液の濃度ともほぼつり合う濃度である。

牡蠣の汚れは大根おろしで洗う

牡蠣はひだの間に汚れが付着しているので、調理の前にきれいに洗い落としておきたい。ただし、牡蠣は水分が多いので、塩でもみ洗いしたり塩水の中で振り洗いしたりする場合は手早く処理しないと牡蠣の水分が抜け、身が小さくなってしまう。特に加熱調理するときは身が硬くなりやすい。だが大根おろしを使うとその心配はなく、汚れもきれいに取れて身もやせない。

ボウルに牡蠣と大根おろしを入れて、手で軽くもむように洗う。大根おろしが黒ずんできて身がきれいになったら、水で手早く洗い、大根おろしや殻を洗い落とす。大根おろしは牡蠣の1/3量もあればいいだろう。また、たまたま手元に大根がないときは、片栗粉を使ってもよい。

タコを洗うときも同様である。タコのぬめりにはにおいがあるので、よく洗い落としておきたいが、塩で洗うと身が締まって硬くなりやすく、また塩味がきき過ぎたりしがちである。だが大根おろしを使えば吸盤と吸盤の間の汚れがよく落ち、身が硬くなるのも防げる。大根おろしで洗ったあとは、90頁で述べたように大根でたたくと、より軟らかくなる。

科学の目

▼新鮮な動植物の組織は、多量の水分を含んでいる。牡蠣も約82％の水分を含んでいるが、その水分に溶け込んでいる物質の濃度より薄い液（または真水）に浸すと、牡蠣の細胞膜を通して外側の水が体内に入っていこうとし、逆に濃い液に浸すと体内の水分が外に出ていこうとする。つまり細胞内外の濃度が同じになる方向へ、水だけが移動する。濃い塩水で牡蠣を洗うと脱水作用が起きるのもそのためである。

▼大根の汁は真水より牡蠣の細胞液の濃度に近いだけではなく、おろした大根の破片が、こすって洗えない牡蠣の、ひだの部分などに付いた汚れを吸着して除いてくれる。

▼タコを洗うときは、さらに、前に述べたプロテアーゼの作用で軟らかくなることも期待できる。

ニシンや棒ダラは米のとぎ汁で戻す

ニシンや棒ダラを戻すときは、米のとぎ汁や糠（ぬか）を多く加えた水を使うとよい。糠にはタンパク質や脂質を分解して繊維を軟らかくする酵素がある。この酵素の働きによって効果的に戻すことができるのである。

ニシンも棒ダラも、涼しいところで、朝夕新しいとぎ汁に漬け直しながら戻す。ニシンは3～4日、棒ダラは1週間ほどかかる。

ニシンは戻したあと、さらにとぎ汁でゆでる。崩れやすいので弱火で静かにゆでること。そのまま冷まし、そこに流水を注ぎ入れてさらし、糠臭さを除く。軟らかくなったかどうかを確かめながら、何度かゆでては冷ますことを繰り返す。最後に熱い番茶に漬けると、さらに軟らかくなり、渋味も取れる。

棒ダラはとぎ汁に漬けて戻したあと、ひれや腹の黒い膜を除き、新しいとぎ汁でゆでる。このとき崩れないように、適当な大きさに切って一つずつガーゼで包むようにするとよい。数時間ゆでたら、指で強く押さえるとぽろっとつぶれるくらいになるので、そうなれば水に1日さらして糠臭さと棒ダラ特有のにおいを取り除く。そのあとさらに30～40分、水でゆでて残った臭みを取り除く。いずれも、干した魚独特の、脂が酸化することによる臭みや渋味を取り除きながら、軟らかく戻す方法である。多少面倒だが、これらの下ごしらえはしっかりやっておく必要がある。

科学の目

▼魚の成分は、水分以外は主にタンパク質と脂質である。このうち脂質は空気中に長く置くと、分子内の二重結合の部分に空気中の酸素が結合して酸化が起こり、さらに

進むと分解して渋味や臭気も出てきて、いわゆる干し魚の「油焼け」という現象が起こる。

▼米糠は玄米を精米したあとの外皮や胚芽(はいが)で、タンパク質や脂質を分解するさまざまな酵素や、渋味や臭気を吸着するコロイド物質を含んでおり、濃い糠の汁で干し魚を戻すと渋味など不要な成分が吸着される。また真水に漬けたときより、成分の拡散を防いでうま味の溶出も抑えられるので味よく仕上がる。これが米のとぎ汁で戻す理由である。

ゴボウの皮はむかずにタワシで洗う

ゴボウは外国ではほとんど食べない日本独特の野菜で、「きんぴらごぼう」に代表されるように、歯ごたえと独特の香りを楽しむものである。

皮を包丁の峰でこそげ落とす人が多いが、ゴボウは皮にこそ独特のうま味や香りがあって、皮だけを食べる料理もあるほどである。包丁で皮をむくことはもちろん、こそげ落とす必要もない。タワシでこすって洗うだけで十分なのである。表面を真っ白にしようと思わなくてよい。洗ったあと水にさらせば、アクが抜けてある程度白くなる。それに、たいていはきんぴらや煮物に使うのでいずれ醤油の色が付くし、「たたきごぼう」にするにしても白く仕上げることにそんなに神経質になる必要はない。それよりも皮の香りを生かすことに気をつかうほうがよいのである。
「笹がき」などにするときは、切ったそばから水を張ったボウルに入れさらしていく。水が黒っぽくなったら新しい水に替える。2回ほど水を替えれば十分である。あまり長くさらしすぎると香りが抜けてしまう。酢水にさらす人もいるが、特別白く仕上げなければならないとき以外は、水で十分である。

このごろはスーパーなどで表面の泥を洗い落としたものが売られているが、皮の香りを逃がさないためにもできるだけ泥付きのものを買い求めたい。

「皮だけを食べる料理もある」といったが、参考に紹介しておこう。

代表的なものは「管(くだ)ごぼう」といって、ゴボウの中心をくり抜いて管のようにして調理するものである。適当な長さに切ったゴボウを米のとぎ汁でさっとゆでたあと、皮と芯(しん)の境に串を差し込んでゴボウを回し、芯を抜く。吸物程度に味付けしただしで煮て椀(わん)づまにしたり、中にエビや魚のすり身を詰めて煮物にしたりする。

科学の目

▼ゴボウの皮と内部の組織を比べると、皮のほうが繊維が多く緻密な分だけ水分も少なく、香りやアクの成分が多い。そこでゴボウらしさを味わうには皮をあまり捨てないほうがよい。独特の歯ざわりも皮があったほうが感じられる。

▼ゴボウには空気に触れると褐色になるポリフェノール系の成分が多く、褐変を進める酵素ポリフェノールオキシダーゼも強力なので、切って放置すると酸化が進み褐色になる。
▼酢水にさらすと白くなるのは、この酵素作用を酸によって防ぐためと、ゴボウにもう一つ含まれるフラボノイドという色素が、酸性では無色になるためである。

イモ類は熱いうちに裏漉しする

ジャガイモなどをゆでて裏漉しにかけるとき、冷めてからしようとしても粘りが出て裏漉ししにくくなる。

イモ類はたくさんの細胞がぎっしり集まってできているが、裏漉しするのはその細胞を壊し、バラバラに離すのが目的である。熱い間は細胞膜が軟らかくなっているため、細胞どうしが離れやすいが、冷めると硬くなって組織の結び付きが丈夫になるため、離れにくくなる。これを無理に裏漉しすると細胞膜が破れ、中から糊(のり)状になったデンプンが押し出されて粘りが増し、裏漉ししにくくなるのである。

科学の目

▼イモ類の組織は細胞の集まりで、細胞内には多量のデンプンが貯蔵されている。ゆ

でて裏漉ししたイモの組織がバラバラになり、細胞どうしが離れた状態になるようにつぶれれば、ほこほこした舌ざわりを味わえる。

▼しかし細胞そのものが壊れると、中から飛び出したデンプンが一体となってつながり、全体が餅のようなかたまりになってしまう。

▼デンプンに限らずいろいろな物質の粘りは温度が高いほど小さく、低温になるほど増す。熱いイモは細胞どうしを結び付けているペクチンの粘りが少ないので、細胞どうしが離れやすいが、冷めると粘りが増加してくっつき合い、細胞膜を壊さない限りつぶれない。このために熱いうちに裏漉しする必要がある。

子イモは洗って乾かしてから皮をむく

子イモなどの里イモ類は泥を洗い落としてから皮をむくが、洗ってすぐむこうとすると、ぬめりが出て非常にむきにくい。特にぬめりの出やすい子イモなどは、水で泥をよく洗い落として一度乾燥させ、表面が乾いてから皮をむくとむきやすく、手もかゆくならない。あるいは、まず皮にさっと火を通すくらいにゆでて水に落とすと、手で皮がむける。

直煮にするときは、こうして皮をむいたイモを下ゆでせずに、だしで煮ていけばよい。また新ものは皮が薄く軟らかいので、布巾で皮をつまむようにむいたり、あるいはすり鉢の中で、水少量を加えて手でこすれば簡単にむける。

なお、皮をむく前にイモの尻の部分は切り落としておく。ここは繊維が詰まっているため非常に硬く、煮てもなかなか軟らかくならない。

むいたイモは水にさらしてアクを抜く。また、子イモなどぬめりの多いものをゆでるときは、たっぷりの水でゆでること。水が少ないと、ぬめりのせいで対流が悪くなって、うまくゆで上がらないからだ。

里イモの皮をむいて売られているものがあるが、色変わりを防ぐためにミョウバン水に漬けられているので、軟らかくなりにくいから、便利でも避けたほうがよい。

また、乾燥すると味が落ちるので、泥を洗い落としてあるものより泥付きの湿ったものを選ぶほうがよい。

科学の目

▼里イモのぬめりはガラクタンという糖質の一種で、それにタンパク質が結合しているともいわれる。このぬめりの中にアクの成分であるシュウ酸も含まれていて、皮膚に触れるとかゆくなる性質がある。

▼里イモを加熱するとタンパク質が熱で変性して粘りを失う。また乾いて水気がなければぬめりは出ない。

▼里イモにも褐変の元になるポリフェノール系の物質が含まれているため、皮をむいて空気に触れると褐色になるが、ジャガイモほどではない。

長イモはすりおろさずに包丁でたたく

長イモは、何種類かある山イモの中でも肉質が粗いので、すりおろすと非常に水っぽくなる。それよりも、薄切りにして包丁で細かくたたいたほうが粘りが増す。それに、口に入れたときに粒がたくさん残り、シャリシャリした歯ざわりが損なわれない。歯ざわりをもっと味わいたいなら、短冊に切っていただくのも結構。

一般に山イモといわれるものの中には、この長イモのほかに大和イモ（イチョウイモ）、ツクネイモ、ジネンジョなどがある。長イモ以外のものは、粘りが非常に強くてアクも多いので、皮をむいたら水にさらしてアク抜きをしなければならない。また、長イモに比べてきめが細かく、すりおろすときにおろし金を使ったのではその特徴が生かされないので、すり鉢の筋目をおろし金の代わりに使ってすりおろす。

一方長イモの多くは砂地で栽培しているので、山イモと違ってアクが強くなく、水にさらしておく必要がない。水にさらすとかえってぬめりが出て切りづらくなってしまう。

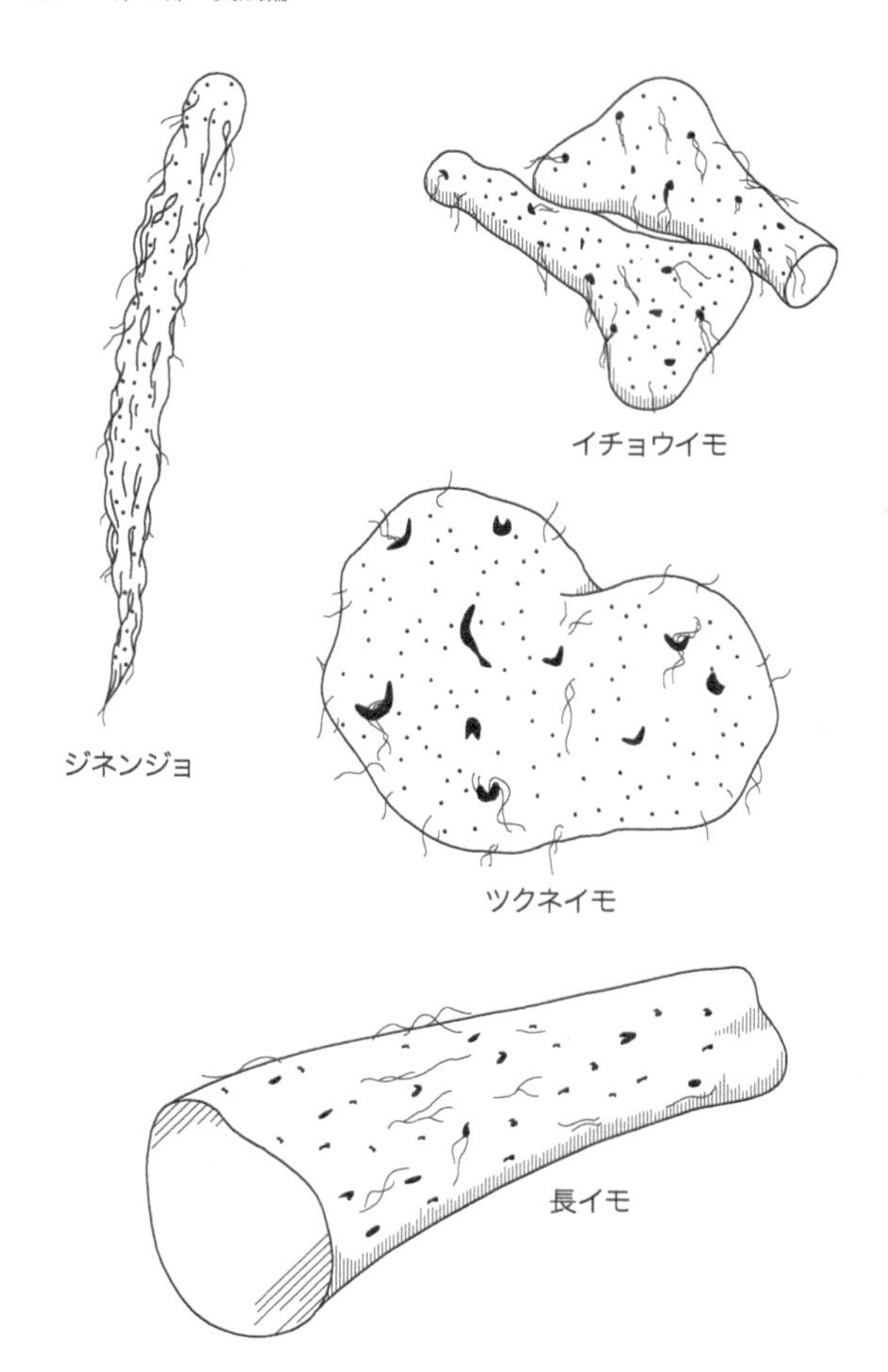
イチョウイモ
ジネンジョ
ツクネイモ
長イモ

科学の目

▼山イモの粘りやこしは、マンナンという糖質の一種とタンパク質がゆるやかに結合したもので、この成分が多いほど粘りやこしが強い。
▼長イモは水分が82・6％と多く、イチョウイモの71・1％やジネンジョの68・8％に比べて、糖質や粘質物が少ない。粘りが最も強いのはジネンジョ、アミラーゼの消化作用の最も強いのはイチョウイモである。（水分量は七訂 日本食品標準成分表）

ズイキは酢水で色止め

ズイキは夏に出回る里イモの茎で、赤ズイキと白ズイキがある。おひたしにしたり味噌（みそ）汁の具にしたりして食べるが、強いアクがあるので、あらかじめ取り除いておかなければならない。特に赤ズイキのほうがアクが強い。一般に出回っているのは赤ズイキのほうで、アクが弱く見た目もきれいな白ズイキは主に料理店で使われる。

ズイキのアクやえぐ味を抜くには、酢水を使う。まず、ズイキの外側の筋を手で取って、1cm角程度に縦に裂き、バラけないように竹の皮で何か所か結んでおく。

これを、酢水に1～2時間浸す。こうしておくと酢がズイキのアクを止め、色変わりが防げる。

ゆでるときも、色を白く仕上げるために酢を少量加えておけばよい。しゃきしゃきとした歯ざわりがおいしいので、ゆでるときはその歯ざわりを残すようにしてすぐに水にさらす。

あとは味付けしただしでさっと煮て、ショウガやユズの皮の香りでいただいたり、あるいはごま和(あ)えや白和(しら あ)え、三杯酢などをかけていただいたりする。

山菜は灰アク汁でアク抜き

ワラビやゼンマイのような山菜はアクが強いため、あらかじめ下ゆでしてアク抜きをする必要がある。このとき灰アク汁を加えてゆでると、アクが抜けて緑色が鮮やかになり、繊維も軟らかくなる。

「灰アク汁」といってもわからない人が多いかもしれない。水に木やわらの灰を加えて混ぜてから静かに置いておき、灰を沈澱(ちんでん)させる。この上澄みが、灰アク汁である。混ぜる灰の分量は、その灰がもともと何を燃やしてできた灰かによって違ってくる。灰アク、すなわちアルカリ成分の含有量が木の種類によって異なるためだろう。ではどうするか。水に、灰を1つかみ、2つかみと加えながら混ぜて、沈澱させる。その上澄みに手を漬けてみて、ぬるぬるした感じが強いほど、灰アクがよく出ているとみる。灰は自分で用意するしかないが、山菜を買うとビニール袋に入った灰が付いていることもある。

おもな味	有機物質	無機物質
苦味	アルカロイド 配糖体	カルシウム塩 マグネシウム塩
えぐ味	ホモゲンチジン酸 シュウ酸	カリウム塩
渋味	タンニン類	

※このほかに①野菜、くだものが空気にふれたときにできる褐色物質（メラニン）
②スープストックをとるときに浮いてくる成分なども「アク」とよばれる

<table>
<tr><td>そのまま水にさらす</td><td colspan="2">ウド・レンコン・ゴボウ・ジャガイモなど</td></tr>
<tr><td rowspan="3">ゆでてから
水にさらす</td><td>塩１%を加える</td><td>ホウレンソウ・キクナ（菊菜）など</td></tr>
<tr><td>米糠（または米のとぎ汁）10%を加える</td><td>タケノコ・大根・カリフラワー
など</td></tr>
<tr><td>アク・重曹
0.2%を加える</td><td>ワラビ・ゼンマイ
など</td></tr>
</table>

　ワラビやゼンマイのアク抜きの仕方を具体的に説明していこう。いずれも、洗ってできるだけ早く処理していく。でないとアクが回って黒ずみ、えぐ味が増すからである。ワラビの場合は、蓋（ふた）のできる容器にワラビを入れて灰アク汁を加えた熱湯を注ぎ、蓋で密閉して冷めるまでそのまま置いておく。火にはかけない。加熱するとワラビの先の軟らかいところが崩れてしまうからである。ゼンマイは硬いので、火にかけたほうがよいだろう。
　灰アク汁の代わりに重曹を用いてもよいが、煮崩れしやすくなるので、灰アク汁のほうが安心である。

科学の目

▼木やわらを焼いた灰には、カリウム、カルシウムなどアルカリ性の無機質が含まれ、水に溶かすとその液はアルカリ性になる。
▼緑の野菜の色素クロロフィルはアルカリ性で色が鮮やかになり、また植物の繊維はアルカリで軟化する。緑色の山菜を灰アク汁に漬けると、色が鮮やかになり同時に軟らかくなる。さらにシュウ酸などのようなアク成分をも除くことができる。
▼灰アク汁だけでなく、重曹を使っても同じアルカリの作用が期待できるが、灰アク汁のほうが作用はおだやかで、組織が軟らかくなっても崩れない。

フキノトウは揚げるとアクを感じない

フキノトウは早春に出回るフキの花茎で、独特の香りがある。出始めの、つぼみの小さいものが軟らかい。ただアクが強いので、下ゆでしてアク抜きをすることもあるが、つけ合わせなどに用いる場合は、油で揚げたほうがアクが抜ける。このとき下ゆでする必要はなく、きれいに洗ったあと油で揚げる。

こうすると高温で処理するため水分が抜けやすく、同時にアクも抜けるので、ゆでて調味したものに比べるとあまりアクを感じない。揚げたものは、田楽味噌で食べてもおいしい。

一般的な食べ方としては、醬油で辛く煮て、酒のあてやご飯のともに食べられることが多い。この場合は下ゆでしてアク抜きする必要がある。灰アク汁と塩を加えた熱湯で軟らかくなるまでゆで、水に十分さらす。灰アク汁にはアクやえぐ味を除く作用があるが、詳しくは前項を読んでいただきたい。このあと蒸して水分を抜き、あとの調味料のしみ込みをよくする。これを鍋に敷き詰めて、醬油と酒でゆっくり煮詰めていけば、でき上がりである。

科学の目

▼フキノトウの香りやアクの成分は、精油という油の中に含まれて、水に溶けにくく

しかも揮発性である。そのため高温の油で揚げると、揮発したり分解したり油に溶け出したりする。
▼アクの主成分である苦味成分は水溶性なので、灰アク汁などを使った下ゆでが有効だが、油で揚げて水分を蒸発させると口中で溶けないため、苦味を感じにくくなったり、さらに油の味がアクの苦味を隠して感じにくくすると考えられる。

コンニャクは手でちぎる

コンニャクはそれ自体にはあまり味がなく、味も付きにくい。また製造過程で石灰を使っているので、石灰臭が残っている。そこで下ごしらえのポイントとなるのは、あらかじめ水分をよく抜いて、石灰臭を除くとともに味を含みやすくさせておくことである。

まず使いたい大きさに切るが、形を構わなければ、ちぎるほうがよい。そのほうが表面積が大きくなって、水分が出やすくなると同時に味も浸透しやすくなるからである。ちぎるときは、表面をたたいてひびを入れてから引きちぎる。包丁で切るときには、表面に鹿(か)の子包丁を入れたり手綱(たづな)コンニャクにしたりして、表面積を大きくする工夫をしなければならない。

次に、塩をまぶして混ぜる。すると水分が出てきて、石灰臭も抜ける。これを強火で5分ほどゆでたら、ザルに上げて湯気を出しながら水分を飛ばす。冷めたら鍋(なべ)で乾煎(からい)りしてさらに水分を飛ばせば十分である。ただ手綱コンニャクは、煎ると形が戻るので、これは省略したほうがよい。

科学の目

▼コンニャクはコンニャクイモをすりつぶしたものや、それを乾燥した粉末を、ぬるま湯でよく練ってアルカリを加えて固めて作る。

▼食用にするふつうのイモは細胞内にデンプンを貯(たくわ)えているが、コンニャクイモはデンプンの代りに、グルコマンナンという一種の食物繊維を貯え、これがアルカリの作用で強い弾力のあるかたまりを作る性質がある。

▼コンニャクイモの粉末に30~50倍の水を加えてコンニャクができ上がる。したがってコンニャク100gの97~98%は水分である。これを煮るときは味付けと弾力のある舌ざわりが勝負で、手でちぎったり、いろいろな形にして、表面を広げるのもそのためである。

高野豆腐はぬるま湯で戻す

高野豆腐は豆腐を凍らせて乾燥させたもので、凍り豆腐、凍(し)み豆腐ともいう。もともと自然の寒気で凍らせていたが、現在では多くが急速冷凍で人工的に凍らせてある。高野山で冬、保存食として作られたことから高野豆腐の名がある。

スポンジ状になっているので、吸水力が強く大量の水を吸う。水よりも軽いのでそのままでは浮き上がって戻り方にムラができるので、落とし蓋をする必要がある。戻すときは、熱湯ではなくぬるま湯で戻す。熱湯だとブヨブヨになって形も崩れてしまうからだ。

沸騰した湯に差し水をしたものか、あるいは沸騰する手前の湯を、高野豆腐を並べた容器に注ぎ、落とし蓋をして十分湯を含ませる。途中押さえてみて、上側と下側で戻り方が違えば、裏返してさらに戻す。

だいたい10分くらいで戻るが、まだ硬ければさらに湯を足したり軽く火にかけたりして調節しなければならない。

十分に軟らかくなれば、水をどんどん注ぎながら、濁り水が完全に出なくなるまで手で軽く押さえておく。そのまま使うと煮汁が濁ることがあるので、この作業が必要である。また、新しいものは戻りやすいが、日にちのたった古くなったものは、湯の温度を上げるなどの工夫が必要である。

一方、天然ものはアンモニアを加えていないので、戻りが悪い。これは、熱湯に重曹を加えたもので戻す。

科学の目

▼豆腐は大豆タンパク質を豆乳の形で取り出し、にがり（塩化マグネシウム）などの凝固剤で固めたもの、つまり大豆タンパク質のかたまりである（脂肪も包み込まれている）。

▼豆腐を凍ったまま乾燥させていくと、タンパク質は変性してスポンジ状になり、水に漬けても元の豆腐には戻らない。変質を防ぐには真空凍結で即席味噌汁の具のような状態に乾燥させなければならない。ただし最近はふつうの高野豆腐も急速冷凍で極力変質を防いでいる。

▼乾燥状態の高野豆腐は約55％のタンパク質と25％の脂肪を含んでいるが、元の大豆の組織を失っているため、熱湯で強く煮ると形が崩れてしまう。軟らかいスポンジ状態を保つには、ぬるま湯で戻さなければいけない。

【三】おいしいコツあれこれ

白身魚は昆布締めにするとおいしい

白身魚の刺身はそのままいただいてももちろんおいしいが、昆布に挟んで昆布のうま味を移して食べるという食べ方もある。「昆布締め」といって、甘鯛のように水分の多い魚や、キス、サヨリなど小さく比較的うま味が少ない魚に用いることが多い。

昆布締めは、もともとは新鮮なものが手に入りにくかった時代の方法。魚を腐らせないために塩漬けにして運び、食べるときに塩抜きしたのだが、そのとき同時にうま味も抜けてしまう。そこで昆布に挟んでおいしさを補い、食べたのである。現在では、魚をよりおいしく食べる手だてとして、この方法が残っている。

昆布締めにする場合は、三枚におろして腹骨をすいた身にまず薄塩をする。サヨリなどの小さい魚は塩を振ると塩味が回り過ぎるので、立塩(たてじお)（昆布をひと切れ加えた海水程度の塩水）に15分程度漬けるとよい。あるいは、より小さい魚や薄い身のときは、立塩にしても水にうま味が溶け出してしまう。こんなときは「紙塩」といって、塩をしみ込ませた紙で挟むという方法がある。やり方は、まな板に塩を振って半紙を置き、霧吹きで水をかける。紙に塩がにじみ出したところでその上に身を置いて、さらに紙をのせて霧を吹いてから塩を振るというもの。

このように、昆布で挟む前に塩をしておくことによって、余分な水分を抜き、身を締めるのである。

使う昆布は、白板昆布といわれる白っぽい昆布が最適。これは真昆布からおぼろ昆布を薄く削ったあとに残った昆布で、味が上品なため魚の味が生き、色も付かない。使うときは固く絞った濡れ布巾(ぶきん)で昆布の表面をふく。これは魚に粘りが強く付かないように表面の粉を取り除くため。次にこの昆布で魚を挟むが、このとき皮と皮を合わせて身の側が昆布に当たるようにして挟む。これには、身にうま味をしみ込ませることのほかに理由がいくつかある。皮目を昆布に付けておくと、皮が昆布に張り付いてはがれ、見た目が悪くなる。また皮目を合わせておくと皮の湿り気が失われず、あとで皮を取りやすい。

昆布に挟んだら、冷蔵庫に入れて、小さいもので2時間ほど。大きい身でも4〜5時間が限度である。長く置けば置くほど味が強く付き、また魚の身が硬くなってしまうので、むしろ2〜3時間で昆布締めの効果が出るくらいに切っておくことが大切である。

サバやアジなど背の青い魚でも昆布締めにすることがある。それは、酢で締めた場合で、主に寿司（すし）にするとき。酢締めにした背の青い魚は、だし昆布で十分で、締める時間も多少長くて大丈夫である。

科学の目

▼昆布のうま味の主成分がグルタミン酸であることはよく知られている。

▼カツオやサバの筋肉には、やはりうま味成分であるイノシン酸が多く含まれ、カツオ節、サバ節のようにだしの材料にもなるが、白身魚にはそれほど強いうま味成分が含まれていない。

▼昆布で締めるとそのうま味の補強になる。乾いた昆布は魚体から水分を引き出し、膨潤してやがて魚の方にうま味を移してくれる。

▼現在ではグルタミン酸に関しては、工業的に作られたうま味調味料があるが、天然物である昆布のうま味の代役には完全にはなりえてはいない。

夏においしい貝はアワビ

昔から貝類を夏に食べることは避けられており、食べ始めを八月十五夜とし、食べ収めを三月三日のひな祭りとした風習もあった。

夏は産卵期に入る貝が多く、産卵のために体内の栄養分が消化されて味が落ちている。またこの時期、生殖巣が熟して毒化しやすくなっているため、中毒を起こす危険もあって、夏の貝は避けたほうが無難なのである。

しかしアワビは例外である。アワビの産卵期は秋から冬なので、その前の6月から8月の暑い時期が旬となる。そのおいしさを味わうために刺身にして生で食べることはもちろんだが、「水貝」という見た目にも涼しげな一品がある。

冷たい塩水に漬かったアワビを、三杯酢や柚子（ゆず）味噌でいただく料理である。冷やかなガラスの器に入れられて、キュウリやウドなどが添えられていれば、なお結構というもの。また、生のままおろしてトロロイモと合わせ、薄味を付けただし汁でのばしたり醬油で食べたりする「とろろあわび」、あるいはこのとろろあわびにゼラチンを混ぜて冷やし固めた「あわび豆腐」も、夏ならではの料理である。

アワビのほかに、秋から冬に抱卵するサザエも、その前の春から夏にかけてが食べごろで、アサリやハマグリも産卵前の春が旬である。反対に牡蠣は英語でRのつく月、すなわち9月から4月が食べる時期といわれているように、暑いときは避けられている。特に旬は冬場で、産卵後からだを回復させている時期なので、身も肥えていておいしい。

青み野菜はゆでたあと冷めただし汁に漬けておく

青み野菜は鮮やかな緑色とシャキッとした歯ごたえが命である。加熱し過ぎると水分が抜けるため、身がやせて繊維が目立ってしまい、口当たりが悪くなる。

だから青み野菜に味を含ませようとして、だし汁で煮てしまうと、色の悪いぐんにゃりしたものになって、せっかくのみずみずしさがだいなしになってしまう。

そこで青み野菜はさっと塩ゆでしたら、冷ましただし汁に漬け込む。このだし汁は「八方だし」といい、材料に下味を付けるのによく使うだしである。一番だしにみりんと醬油で調味するのが一般的だ。それぞれの分量は場合場合で変えていくが、基本は、だし8対甘味1対醬油1と覚えておけばよいだろう。甘味を出したければ、濃口醬油を使い、色を付けたくなければ薄口醬油や塩を使う、というように変化させる。

青み野菜を八方だしに漬けて下味を付けたら、汁気を軽く絞り、盛りつけるときに新たにだしをかけるとよい。

また、家庭でわざわざこのために八方だしを作るのが面倒であれば、醬油をかけるだけでもよい。ゆでた野菜に醬油と煮切り酒をタラタラとかけ、軽く絞る。「醬油洗い」といって、これだけでもよけいな水分が取れて下味が付き、盛りつけの仕上げにカツオ節をたっぷりとかければ水っぽい仕上がりにならない。

その他、青み野菜の色と歯ごたえを損なう失敗の一つは、ゆで過ぎである。ゆで過ぎを避けるには、たっぷりの熱湯を用意することと塩を加えることである。たっぷりの熱湯を使うと、材料を入れても湯の温度が下がりにくく、短時間でゆで上げることができる。またこのとき加える塩は水の分量の約1％で、水2Ｌに大さじ2の割合である。意外に多い気がするが、塩は塩味を付けるというより材料そのもののうま味を引き出したり青い色をより鮮やかにしたりする働きがあり、それにはある程度の分量が必要なのである。

次にゆでたらすぐに冷水に取る。すぐに冷やさないと、余熱で色が変わってしまう。また冷水に落とすとアクが抜けるので、風味もよくなる。ただし長く漬け過ぎると、味や栄養分が逃げてしまうので、冷えたらすぐに上げる。

科学の目

▼青み野菜をゆでるとき注意することは、「緑色を保つこと」、「シャキッとした歯ざわりを大切にすること」、「アクなどを抜くこと」、それでいて「味や栄養成分を逃さないこと」である。

▼緑の色素（クロロフィル）そのものは水に溶けないので、ゆで汁に色が逃げることはない。その代り長く加熱を続けると色があせ、歯ざわりも損なわれるので、ゆでたらすぐ水で冷やす。ゆで汁に食塩を少し加えると色あせを遅らせることができる。

▼アクの成分は水溶性で、ゆで汁や冷水に抜けていくが、同時にビタミンも溶けて失われる。したがって青み野菜をゆでるときは、なるべく短時間で加熱し、すぐに冷水に落とすことが大切になる。

ゆでたグリーンピースは少しずつ水を入れて冷やす

春も半ばになるとグリーンピース（エンドウ豆）が出回り、蜜煮にして酒の肴に、あるいは豆ご飯にと食卓に彩りを添える。

グリーンピースの調理でポイントとなるのは、青々と仕上げることとしわが寄らないようにすること。家庭ではそれほど気をつかうことはないが、プロなら覚えておきたい。

まず、グリーンピースを彩りよく軟らかくゆで上げるには、さや付きのものを買い求めること。そして使う直前にさやから出して豆をボウルに入れ、塩を軽くまぶしてしばらく置いてから、熱湯で塩ゆでにする。ゆでるときは、軽く豆がおどるくらいの火加減にすることと、落とし蓋をすることがポイントで、そうすれば豆にしわが寄るのを少しでも防ぐことができる。

次に、軟らかくゆで上がったグリーンピースを水でいきなり冷やすと、表面にしわが寄ってしまうので、水道の蛇口から少しずつ水を落としながら冷ます。こうすれば豆が徐々に縮むので、しわが寄らない。

　豆が硬いときは塩ゆでするときに重曹を加える。そこまで硬くない場合は、ゆで上げる直前に重曹を加えて火を止め、しばらく置いておくと、軟らかく仕上がる。非常に硬いときは、ゆでる前に重曹と塩をまぶして数分置いてから塩ゆでするという方法もある。軟らかい豆でも、ゆでたあと薄皮を取ると、皮が口に残らずおいしい。

　蜜煮にするときは、シロップで煮ずに、漬け込んで甘味をしみ込ませる。２４１頁の梅の蜜煮のところでも述べるように、最初から濃いシロップに漬けるのではなく、徐々に砂糖の濃度を濃くしながら、何度か漬け替えるようにする。

のりをあぶるときは2枚重ねて

ゆで上げた豆は、水を少しずつ落として冷やすと、しわが寄らない

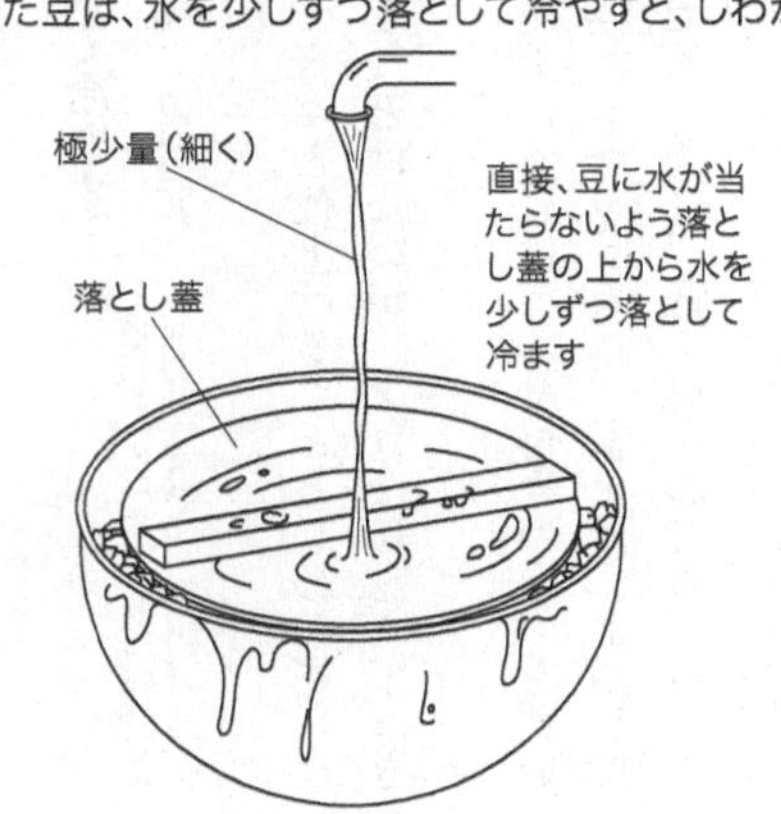

のりはふつう、二つに折って売られている。外側が表、内側が裏に折ってある。別の見分け方としては、光沢のあるほうが表で、ざらついているほうが裏である。

焼きのり以外ののりは使う前にあぶって、香りと色を引き立たせる。焼き網の上をすべらせてあぶるが、このとき裏どうしを合わせて2枚ずつあぶる。1枚ずつあぶると水分が急激に蒸発するため、すぐに焦げたりもろく崩れたりと失敗が多くなる。また、つるっとした表を外側にして合わせておくと、網の上をすべらせやすい。

ところで、太巻き寿司に使うのりはあぶらない。太巻き寿司は、のりと寿司飯と具が互いになじんだところがおいしく、巻いてしばらく置いてから食べるくらいなので、のりをあぶる必要はないわけである。

科学の目

▼のりは水分が少なく、100g中にタンパク質が約40gも含まれている（ただしのり1枚は2g）。あぶるとタンパク質が熱変性を起こし収縮する。表裏両面をあぶると二方向から収縮して組織が崩れるので、片面ずつあぶる。そのため二つ折りか二枚重ねてあぶるとよい。
▼のりの色は、緑の色素クロロフィルと黄色のカロチノイド、紅色のフィコエリトリンが混ざっていて、のりが古くなるとクロロフィルが分解消失して紅色が残る。あぶ

ると逆にフィコエリトリンが消失し、クロロフィルとカロチノイドが残るので、明るい緑色になる。また、熱で香りの成分も揮発性を増す。

カツオ節は削りたてを使う

だしを取ったり、おひたしや和え物の上に添えて風味を添えたりする削りガツオ。昔はたいていの家庭に箱形の木製の削り器があって、朝早い台所からはシャッ、シャッとカツオ節を削るリズミカルな音がしたものである。

今でも料理店では毎日ていねいにカツオ節を削って、削りたてを用いているが、多くの家庭では市販のパック入りが幅をきかせているようだ。だが、カツオ節は削ったはしからどんどん香りが抜けていくので、市販の削り節はいくら真空パックされていても削りたてにはかなわない。おいしい料理はおいしいだしから生まれるもの。ここはひとつ、プロの味を再現するべく、手間を惜しまないで家庭でもカツオ節を削ってみてはいかがだろう。

カツオ節は削る前に、乾いた布巾かタワシで表面の汚れやかびを落とす。次に皮の部分をさっとあぶり、包丁でこそげて削り落とす。皮が残っているとだしに濁りが出てしまうので、ていねいに取り除いておきたい。

削るときは、頭から尾へ向けてなるべく薄く削る。魚の繊維がその方向に走っているためで、逆に削ると粉になりやすい。先ほども述べたように、削った瞬間から風味が逃げるので、面倒でも使う直前に必要な分だけ削るようにする。

カツオ節には本節（ほんぶし）とあら節の2種類がある。本節は正しくは本枯れ節といい、カツオの身をゆでていぶして乾燥させ、青かびを付け（かび付け）てうま味を加えたもの。あら節は、青かびを付ける前の、いぶして乾燥させたままでのものをいう。本節は香りがよいが渋味が出やすいのが欠点で、吸物のようにさっと煮出して使う場合はよいが、煮物のようにぐつぐつ煮込むときは渋味が出るので、あら節を使う。ちなみに、市販のだし用の削りガツオや小さなパック入りのカツオ節はあら節である。

また本節とあら節それぞれに背身の雄節（おぶし）、腹身の雌節（めぶし）があり、雄節は淡白、雌節は濃厚な味である。

いずれも持って重く、よく乾燥しているもの。カツオ節どうしを打ち合わせると、カンカンと澄んだ高い音がするものがよい。

科学の目

▼カツオ節のうま味成分はイノシン酸で、削ったカツオ節を沸騰水で加熱すると数分で溶出する。カツオには魚臭（トリメチルアミンなど）も多く、また製造段階で余分な脂肪を分解するために、「かび付け」という処理を行っているので渋味もある。時

間がたつとこれらが汁に溶け出てくるばかりでなく、香りの成分も揮発して失われるので、上等な一番だしは沸騰水に入れてただちに火を止め、きめの細かい布で漉す。

一番だしを取るときはカツオ節を入れる前に差し水をする

日本料理に不可欠な一番だし。だしがおいしく取れるかどうかが、料理の味を左右するといっても過言ではない。家庭ではインスタントのだしの素を使う人が増えているが、例えば味噌汁を飲み比べてみた場合、だしを取ったかどうかで味に大きな差があることに気付くだろう。ぜひとも昆布と削りガツオでだしを取る習慣を身に付けたいものだ。

使う昆布は、プロなら最高級の真昆布か、利尻昆布。厚みがあって、表面に白い粉が吹き、よく乾燥していてパリッと折り曲げられるものが良質。昆布の量は、水２Ｌに対して40ｇが適当で、昆布だけで取る昆布だしより少なめである（１３０頁参照）。昆布は切り目から余分なぬめりや臭みが溶け出してしまうから、できるだけ１枚のものを使い、切り込みを入れたりしないこと。

昆布を水に入れて火にかけるが、このときの火加減は沸騰するまで約10分かかる火加減にすること。これは昆布のうま味がちょうど出切る時間であり、これより短いとうま味が十分に出ず、長いと余計な色や臭みが出てしまうのである。あるいはいきなり火にかけるのではなく、何時間か水に漬けておいてから火にかけたほうが、うま味が上手に引き出せる。

沸騰近くまで熱したら、煮立たないうちに昆布を取り出さなくてはならない。昆布を入れたまま煮立ててしまうと、ぬめりや臭みが出て、昆布のうま味がだいなしになってしまうからである。さてこの時点で、昆布からだしが十分出たかどうかを確かめる必要がある。これは、昆布がすっかり軟らかくなっているかどうかでみる。昆布の真ん中あたり、一番分厚いところに爪を立て、簡単に爪が食い込めばよい。

沸騰直前までいっているのにまだ昆布が硬ければ、少しずつ差し水をして沸騰を抑え、軟らかくなるまでもうしばらく煮る必要がある。十分軟らかくなっていれば、昆布を取り出す。

次に削りガツオを加えるが、ここで大切なことは、昆布を取り出したあとは、必ず沸騰させ、沸騰したところで差し水をして、削りガツオを一気に加えることである。カツオ節は薄く削られているため、沸騰しているところに入れると余分なうま味が出てかえって渋くなり、香りが飛んでしまう。また色も出過ぎてだしが濁る。削りガツオのうま味は１００℃よりやや低めのほうが出やすく、差し水をして少し温度を下げたところに入れることで、味、香り、色とも、一番よい状態でだしが取れるのである。削りガツオの分量は、初めの水の分量２Ｌに対して60ｇ。

差し水の分量は、再び沸騰するまでに10秒ほどかかる量。削りガツオを入れたら10秒かけて再沸騰させることで味がうまく出ると同時に、アクも出せるのである。差し水をせずに、昆布を取り出したら煮立たないうちにすぐに削りガツオを入れればよいと思われるかもしれないが、削りガツオを入れてから10秒かけて沸騰させるという時間の目安を作っておくために、いったん沸騰させてから差し水をする。

沸騰したらすぐに火を止め、浮いているアクを取り除く。削りガツオはたちまち沈み始めるが、沈みきらないうちにすぐに漉すこと。漉すのは、ネル地などきめの細かいものがよい。

だしは香りが大切である。いったん冷めると香りは飛んでしまうので、作り置きせず、特に汁物はそのつど取るようにしたい。

科学の目

▼カツオの身は筋肉質でタンパク質が多く、うま味成分も多量に含まれているが、同時に血合肉の部分や皮に近かった部分には不快な味やにおいの成分も多い。

▼一番だしを取るのはこの中で必要なうま味成分であるイノシン酸や香りの成分だけを汁のほうに引き出し、不快な味や香りを引き出さないようにするための経験的な技術である。

▼一方、昆布も沸騰により組織が崩れて、生臭み成分や、ぬめりのもとであるアルギン酸などが溶け出してくるので、やはりグルタミン酸のうま味だけを取り出すような加熱法を選ばなければならない。

▼カツオ節も昆布も単独でも使われるが、両者のうま味成分であるイノシン酸とグルタミン酸とは、混合すると強い相乗効果のためうま味が増大するので、吸物には両者を合わせた一番だしが用いられるのである。

昆布だしを取るときは火にかけず水に浸して取る

日本料理で、昆布とカツオ節を使った一番だしは最も基本的なだしであるが、精進料理や潮汁（うしお）に用いる、昆布だけを使っただしもある。この昆布だしはまた、真薯（しんじょ）をゆでたり、魚のすり身をのばしたりするときにも用いられる。上品な味に仕上げたかったり、あるいは材料となる魚のうま味を大切にする潮汁のように、カツオ節の味が邪魔な場合に使うだしである。昆布だけで取るので、なるべく質のよい昆布を使い、昆布のうま味を最大限生かすように取ることが大切である。

覚えておきたいことは、ほかのだしのように火にかけて取ることはしないということである。加熱することによって、昆布独特のぬめりや臭みが溶け出してしまうので、風味のよいだしが取れない。昆布を水に漬けて、7～8時間置いておく。夏は冷蔵庫に入れておくほうがよい。昆布は水に漬ける前に洗ってしまうとうま味が溶け出してしまうので、固く絞った濡れ布巾でさっとふくくらいにしておく。また、うま味がよく出るというので、昆布に切り目を入れる人がいるが、これは間違い。余分なぬめりと臭みが出てしまう。用いる分量は、2Lの水に対して60gが適当。

用いる昆布は、分厚くて幅広く、濃い暗緑色でつやのあるもの。よく乾燥していて、表面に白い粉が多くふいているものがよい。この白い粉はマンニットといわれる昆布の甘味の成分である。最高級品は真昆布（山だし昆布）で、家庭で使う場合は真昆布よりやや小型で濃厚なだしが取れる利尻昆布が適当だろう。煮物や佃煮には、細身で軟らかい三石昆布（日高昆布）が適している。

科学の目

▼1908年わが国の池田菊苗博士により、昆布のうま味成分がグルタミン酸であることが確認され、小麦や大豆から工業的に生産できるようになった。いまはイノシン酸やグアニル酸とともに、微生物による発酵法で作られ、それらを配合した各種のうま味調味料が使われている。

▼昆布の組織は熱に弱く、汁を沸騰させると崩れて生臭みのほかに、多量に含まれているアルギン酸という一種の糖質が溶け出し、汁全体が粘りをおびてくる。

▼そこでだしを取るときは沸騰させず、最高でも90℃以下の温度で湯の中から取り出すようにする。昆布のうま味は冷水に長く漬けておくだけでもかなり溶け出すので、なるべく手早く洗うかまたは汚れをふき取るだけにしたい。

ワサビをおろすときは歯切れの悪いおろし金で

家庭で刺身を食べるときに、ワサビに気をつかう人は少ないようで、たいていチューブ入りのワサビか粉ワサビを使っている。本ワサビに比べて安く、おろす手間もいらないが、風味はとうてい及ばない。ちょっとした料理店ならたいてい本ワサビを使う。家庭でも、新鮮な魚が手に入ったら、ぜひ本ワサビでいただきたいものである。

本ワサビは、葉が付いていたほうから使っていく。この茎の部分は最も香りが強いので、新鮮なうちに使っていきたいからだ。鉛筆を削るようにして葉付きの部分をそぎ取り、いぼいぼを包丁でこそげ取ってタワシで汚れを洗い落とす。そして、力を入れず、ゆっくり円を描くようにしておろしていく。こうすると、一度おろしたものをさらに内側に引き込んで何度もおろすことになるので、よりきめ細かくなり、香りが出るからだ。

ぴりっとした辛味を出すには、おろし金がポイントで、できるだけ目の細かいおろし金でおろすこと。ワサビは繊維をできるだけ壊して粘りを出したほうが、辛味が出る。だから、粗い刃より細かい刃でおろすほうがよく、それも古いおろし金を使うほうがよい。新しいものは刃が鋭くて、粘りが出ない。プロがワサビをおろすときは、より細かくおろせるさめ皮のおろし器を使うこともある。

おろしたワサビに香りや辛味が少ないときは、おろしたワサビをまな板に置いて、包丁の峰でたたく。こうすると繊維が細かくなって香りと辛味が増す。

科学の目

▼ワサビの辛味成分は、アリル化合物と呼ばれるイオウを含んだ物質による。しかしアリル化合物は、糖類と結合して配糖体（シニグリン）という形をしており、これには辛味はない。ワサビに含まれるシニグリナーゼという酵素が働いてその結合を切ると、初めて辛味が出る。

▼すりおろす前のワサビの中では、作用を受ける配糖体と作用するシニグリナーゼがいわば同居しているが、生きた植物体の中で無秩序に酵素が作用することはない。

▼しかしすりおろして組織を壊してしまうと酵素は活発に働き始めるのである。目の細かいおろし金でゆっくりおろすほうが酵素が作用しやすい。また歯切れの悪いおろし金のほうが組織がつぶれ、細胞が破れて酵素作用も進み、辛味は出やすくなる。

▼シニグリンの含有量はワサビの中央、上端、下端の順に多いので、辛味を出すには

葉付きのほうを鉛筆を削る
ようにしてそぎ取る

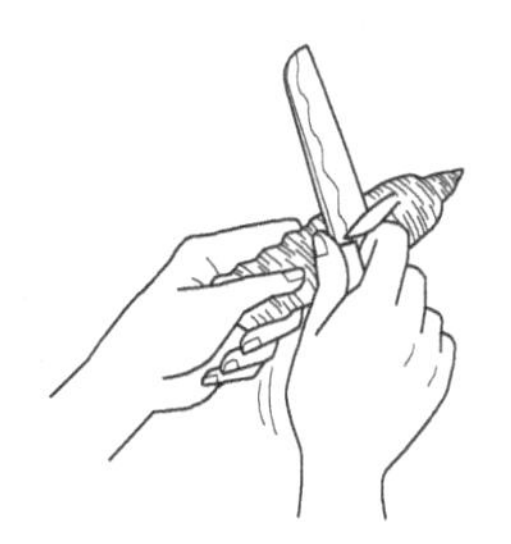

おろすときは円を描くように
ゆっくりとおろす

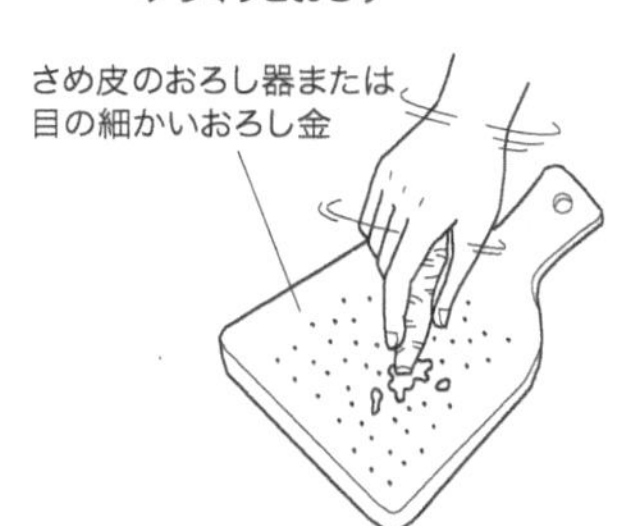

ワサビの辛味成分

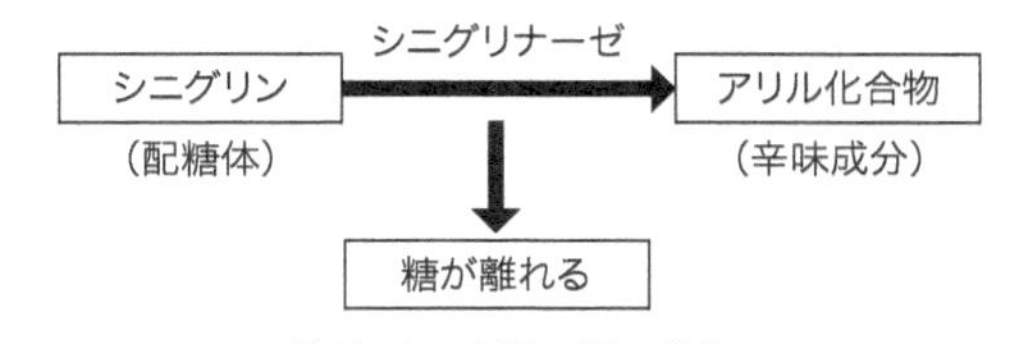

ワサビのシニグリン量の分布
（中央→上端→下端の順）

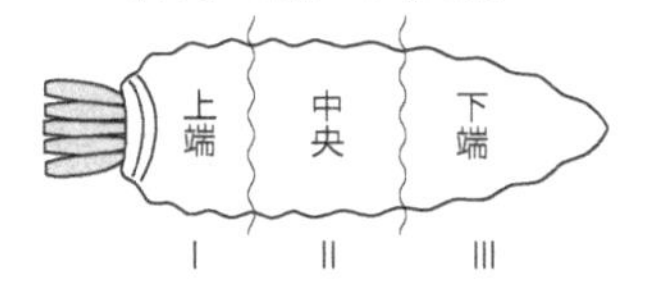

I（%）	II（%）	III（%）
0.103	0.159	0.017
0.110	0.183	0.020

（別所：調理科学事典P.618より）

葉の付いた上端からおろしていくほうがよい。

ワサビは砂糖を少し付けておろす

本ワサビをおろしたとき、ものによってはあまり辛味がきいていないときもある。そんなときは、砂糖を少量付けておろしてみる。あるいは、すりおろしたワサビに砂糖を少し加え、包丁の峰でたたく。こうすると、砂糖によってワサビの酵素が働き、辛味が強くなる。

また、すりおろしたらそのまま使うのではなく、練り直してから使うほうがよい。前項で述べたように、ワサビの香りや辛味は、細胞を壊して初めて動き始める。粘りを出すようにていねいにすりおろしたものを練り直すことによって、香りと辛味がさらによく引き出されるのである。

残った本ワサビは、水に漬けて密封するか、水に濡らして固く絞ったペーパータオルで包み、さらに、ラップで包んで、冷蔵庫で保存する。1週間くらいしか持たないので、家庭ではそのまま残すより、すりおろしてしまってラップに包んで冷凍したほうが香りが逃げない。使うときは自然解凍する。

科学の目

▼ワサビをなるべく細かくすりおろしたあと、少量の白砂糖とともに包丁でたたくと、砂糖がワサビの組織の水分に溶解して砂糖液の状態になり、おろしたワサビの細胞から、浸透圧によって残った水分を吸い出すような現象が起こる。

▼その結果、配糖体シニグリンに対する酵素の作用がいっそう盛んになり、同時に組織から引き出された香りも高まるわけである。

カツオやアジの薬味にはワサビではなくショウガが合う

刺身や寿司(すし)の薬味といえば、主にワサビとショウガである。この二つの使い分けは一見習慣的に行われているように見えるが、実は、くせが強く生臭みやにおいの強い材料にショウガを用いる。これは、ワサビとショウガの作用の違いによる。

ワサビはピリッとした辛味の強い刺激で瞬間的に味覚と嗅覚(きゅうかく)をまひさせ、それによって生臭みを感じさせないという働きがある。生臭みそのものを消しているのではない。だからワサビがきいていないと、生臭く感じてしまう。

それに対してショウガは生臭みそのものを消す作用がある。だからカツオやアジのようにワサビで刺激した程度では味覚や嗅覚をごまかせないほどくせの強いものには、ショウガを用いるのである。ネギにもショウガと同じ作用があり、ネギとショウガが一緒に用いられるのはそのためである。

またカツオやマグロなどの赤身の魚は血の気が多く、肉に近い風味がある。これらにはカラシも合い、刺身をカラシ醬油で食べても結構いける。

科学の目

▼薬味の辛さには2通りある。一つはワサビのように、アリルイソチオシアネートと呼ばれるイオウを含む物質から出るツーンと鼻にぬける辛味、これは揮発性で長い時間放っておいたり、熱をかけると消えてしまう。カラシ、大根、ニンニク、ネギ類の辛味はこのグループである。
▼もう一つは分子構造の中にベンゼン核と呼ばれる炭素六つの環をもっている辛味物質で、トウガラシ、コショウ、サンショウ、ショウガなどがこのグループに入る。こちらのほうは火のような熱さと痛さの複合された持続的な辛味で、煮ても焼いても乾燥しても消えない。
▼このようにショウガはワサビと比べて辛味が持続するので、くせのある魚にはショウガを用いたほうがよい。ショウガの辛味物質はジンゲロン、ショウガオールと呼ばれ、生臭みの成分と結合したり溶け合ったり、においを打ち消したりする作用がある。

薬味に使われる野菜の辛味成分

グループ	分　類	主な辛味物質	辛味の性質
酵素作用なし	トウガラシ類 コショウ類 サンショウ類 ショウガ類 タデ類	カプサイシン ピペリン サンショール ショウガオール タデナール	焼けるような辛味 （ホット） （持続性） ↕
酵素作用あり	ネギ類 ワサビ・ カラシ類 1)	アリルイソチオ シアネート （アリルカラシ油）	（揮発性） （シャープ） 鼻へぬける辛味

1)大根、ニンニク、ニラ、タマネギ、ラッキョウ等を含む

【三】造り

あらいはそぎ切りにする

あらいは、冷水の中で軽く洗うようにして身を締める、造りの手法。くせがあって脂分の多い魚に向いており、水で洗うことによって、脂分や臭みを取り除き、同時に死後硬直の進行を遅らせて身が軟らかくなるのをくい止める。

代表的なのは「鯉のあらい」。フナやアユなど川魚を生で食べる場合にはたいていあらいにする。また、なかば淡水魚ともいえるスズキも、あらいにするとおいしい。特に夏のスズキは脂分が多く、あらいに向いている。いずれにしても、鮮度のよいものを使うのが第一条件である。

身を三枚におろして造っていくが、薄いそぎ身にすること。川魚も海の魚も、弾力のある歯ごたえを楽しむので、厚く切ってしまうと嚙み切れない。また、薄くないと、あらいにしたときに臭みが抜けず、中まで冷たくならない。

冷水で洗うと最初は脂分で水が白く濁ったり汚れが出たりするので、引き上げて新しい冷水に2～3分漬けておくとよい。
あらいに使う水は、井戸水がよいといわれてきた。井戸水のミネラル成分が、身を締めて歯ごたえを増すためで、今ならミネラルウォーターを使えばよい。

科学の目

▼肉、魚など動物の筋肉は、死後時間が経つと筋肉の繊維が収縮して硬くなる。これは呼吸が停止したあとも、酸素なしで起こる体内の酵素反応が進み、乳酸が蓄積してわずかながら筋肉が酸性に傾く結果、筋肉にあるミオシン、アクチンという2種のタンパク質が結合し、アクトミオシンという分子量の大きな弾力のあるタンパク質ができるためである。肉の死後硬直も、魚のすり身から作るねり製品のアシ（粘り）が出るのも同じ現象である。
▼肉は繊維が長いので死後硬直期間中は硬くて食べられないが、魚は身が軟らかい上に、繊維も短く層になっているので、丸ごとや大きな切り身のままでも箸(はし)でほぐして食べられる。生魚も死後硬直期間中のほうが歯切れがよくおいしく食べられる。魚の鮮度が落ちると筋肉はすぐ軟化してしまうが、あらいはその硬直期間中の歯ざわりを、低温を利用して長もちさせようとする手法である。
▼したがって、夏は氷の上などにのせて食卓に出す。生でそのまま食べる場合、やは

り死後硬直中の筋肉は多少硬いので、なるべく繊維が短くなるように薄いそぎ切りがよく、また冷却の能率も表面の広いそぎ切りのほうがよい。

薄造りの代表であるフグの刺身も、同じ理由で薄く切るわけである。

赤身の造りは厚く、白身は薄く切る

造りにするときの基本原則は、赤身の魚は厚めに切り、白身魚は薄めに切るということ。

マグロやカツオなどの赤身の魚は身が軟らかく、薄切りにすると歯ごたえがなくなるので、平造りや角造りなど、厚く切る。

一方白身魚は、タイやヒラメ、オコゼに代表されるように身が締まって歯ごたえがあるため、厚く切るとなかなか嚙み切れない。

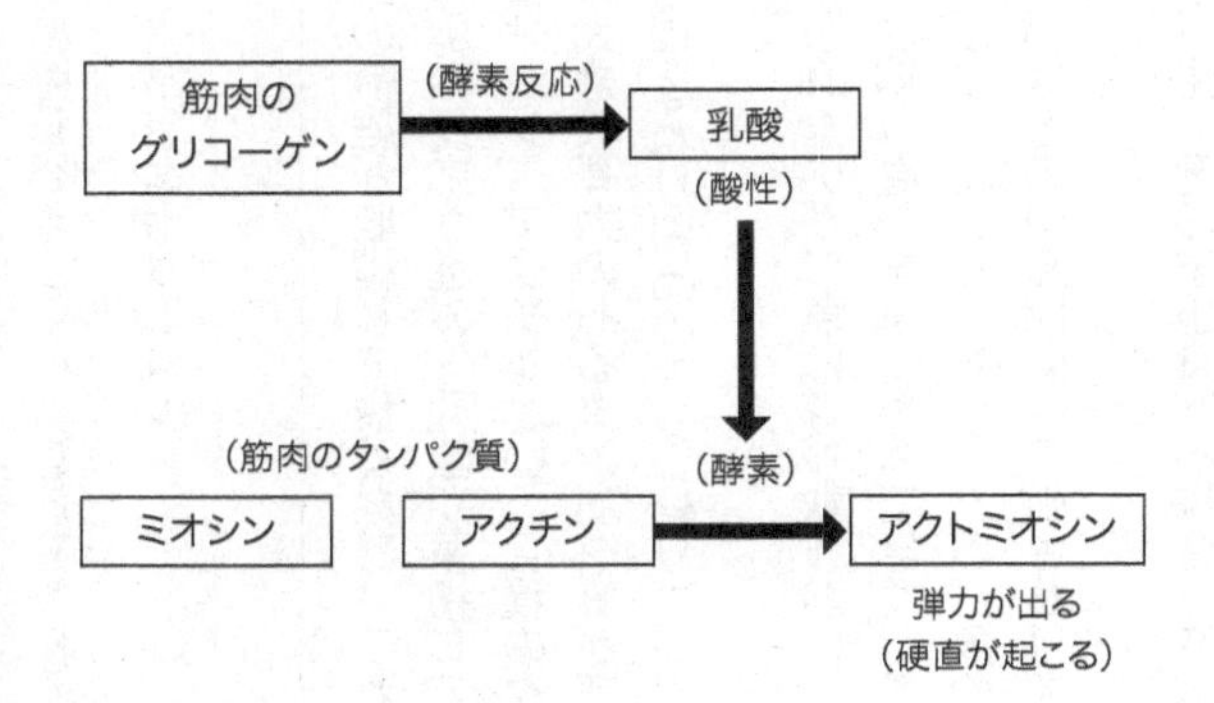

そこで薄造り、そぎ造りなどのように薄く切る。
ただ、同じ魚でも天然ものか養殖か、あるいは背身か腹身かなどによって、厚さを違えるのがプロの仕事。例えばタイは平造りにすることが多いが、天然ものの場合は身が締まって歯ごたえがあるので、薄めに造り、養殖ものは厚めに造る。あるいはマグロでも背身は脂分が少ないのでやや大きく切ったほうがおいしい。それに対して腹身、つまりトロは脂分が多く、大きく切ると醤油とのバランスが悪いので、やや小さく切る。いずれにせよ、口に余る大きさには切らないことが大切である。

科学の目

▼マグロやカツオのように外洋を回遊する魚は、加熱すると凝固し身を引き締めて硬くする筋原質というタンパク質が多い。しかし生で時間が経つと逆に軟らかくなりやすい。こういう魚は活動に必要な血合肉と呼ばれる黒い部分や、ミオグロビンという赤い筋肉色素が多く「赤身魚」と呼ばれる。
▼これに対して近海の磯に生息するタイ、ヒラメなどは血合肉も色素も少なく筋肉が白い。これが「白身魚」である。白身魚は身の締まる筋原質タンパク質が少なく、一方で繊維状タンパク質は多いので、生で食べるときは弾力が強く歯切れがよいが、加熱したあとはほぐれやすい。

〔薄造り〕
刃元から切っ先まで使って引き、ごく薄く切る

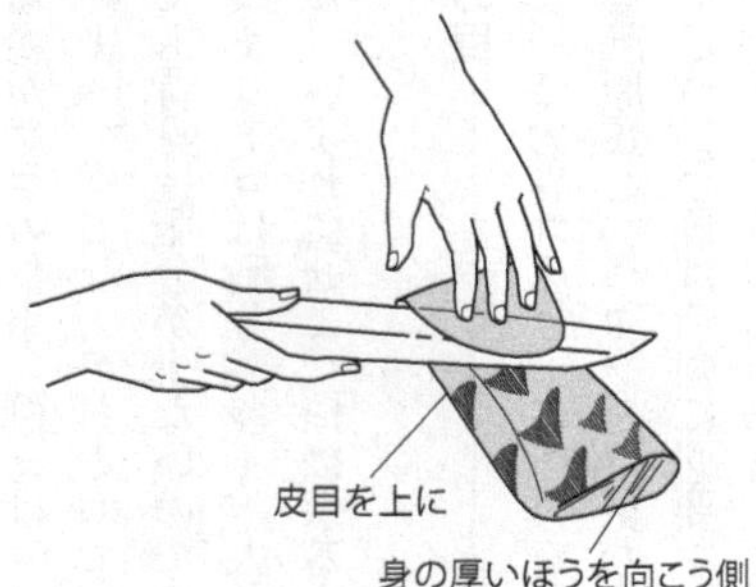

〔そぎ造り〕
(手前の身が厚いとき)
押し出して切る

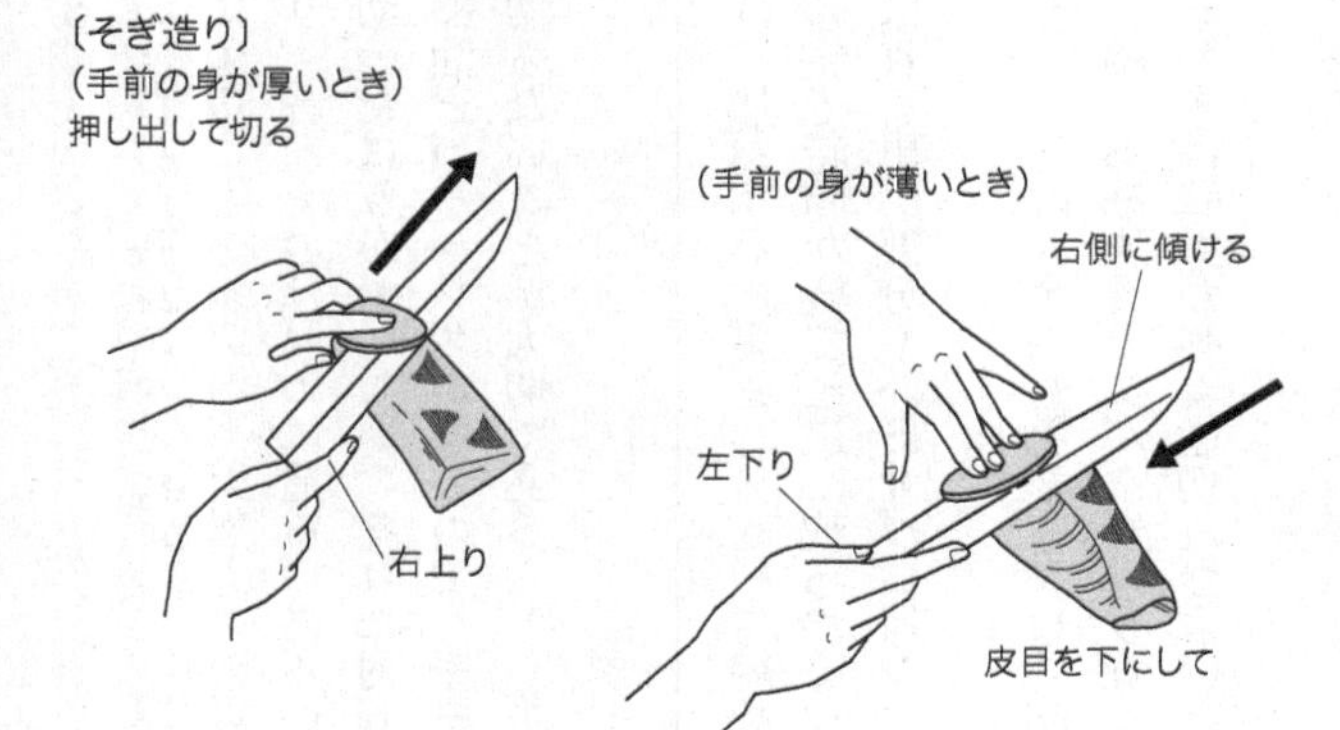

〔平造り〕
身の厚いほうを向こう側に。皮目を上にして、包丁を立てて刃元を身にあてやや左に傾ける。刃元から切っ先まで使って弧を描くように一気に引く

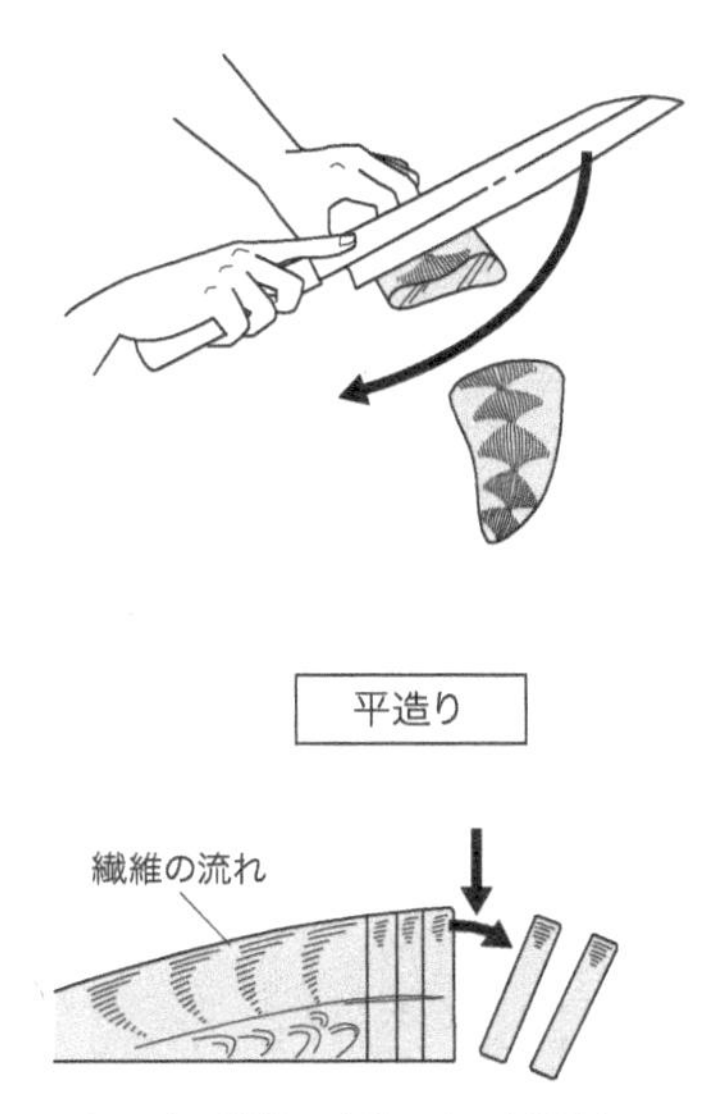

一切れの中の繊維の本数は多いが幅がせまい

カツオのたたきは塩を振ってから焼く

ふつうカツオの「たたき」といえば、皮だけを焼いて造りにしていただくものをさすが、本来はこれは「焼霜造り」。たたきとはもともと、このように焼霜造りにしたあと、ポン酢か三杯酢のような合わせ酢をかけて、その上にネギ、ショウガ、シソ、ミョウガなどの香りの強い野菜をのせ、たたいて味をしみ込ませたものをいう。いずれにしても、皮は生のままでは嚙み切りにくく口に残ってしまうので、皮に火を通しておく。ここまでの調理が一般に広まって、「たたき」と呼ばれるようになったのだろう。

たいていは皮に焼き目を付けたあと、氷水に落として身を冷やしていると思うが、どうしても焼いた香ばしさがなくなってしまう。ではどうするか。まず、カツオをさばいたら、焼く前に冷蔵庫で芯まで十分に冷やしておく。よく冷やしておけば、あぶったあと水に落とさなくても身まで温かくなることはない。

次に案外省略されているのが、焼く前に塩をすること。塩のおかげで表面がパリッと固まり、内部のうま味が溶け出すのを防いでくれるのである。また、皮の香りも香ばしくなる。

ただし、あくまでも焼く直前に、塩辛くならない程度に振ること。早くから振っておくと、水分が出てうま味が失われてしまう。

あぶるときはまず皮目のほうを強火に近付けて、一気に焦がす。次に身のほうを、色が白く変わる程度にさっとあぶる。
家庭ではフライパンで焼いてもよい。フライパンは十分熱しておいて、たちまち焼き目が付くようにしておく。

科学の目

▼とれたての魚を、漁師が船上や浜でそのまま包丁でたたいて食べたのが、たたきの始まりといわれる。

▼アジやイワシと違って、カツオは夏のころ沖合から持ち帰るので、氷の乏しい昔の漁船では当然生臭みの発生や細菌の繁殖が起こったとみられる。したがって、表面をあぶるのは殺菌のためと思ってよい。また生臭みを消すために薬味や濃い調味料液に漬けたり、酢を用いたりしたのである。

▼カツオの表面をさっと加熱すると、最表層部のタンパク質は熱凝固して一種の壁を作るが、皮のほうはコラーゲンという生では嚙み切れない丈夫なタンパク質が、熱のためわずかながらゼラチンに変化し、逆に嚙み切れるようになる。どちらもタンパク質の変性現象なので、卵と塩、肉の塩コショウ、塩焼き魚などと同様に、塩を振ると変性が促進される。直前に振るのはあくまで表面のタンパク質だけに作用させたいた

めである。

エビの造りは必ずあらいにする

エビを造りにするときは、必ずあらいにする。エビには独特のにおいがあり、また生のまま殻をむいて置いておくとアクが出て黒ずむため、冷水で一度さっと洗って臭みやアクを取り除きたいからである。この場合、殻付きのままさっと熱湯にくぐらせてからあらいにする方法と、熱湯にくぐらせず、生のまま殻をむいてあらいにする方法とがある。いずれの方法を取るかはエビの種類によって異なる。

殻付きのまま湯通しするメリットは、殻の赤い色を身に移し、色美しくすると同時に、甘味を増すため。だから、甘エビのように、生のほうが軟らかく甘味のあるエビは、湯通ししない。これに対して身に弾力のある車エビなどは、湯通しすると色が鮮やかに出て、甘味も増す。

伊勢(いせ)エビは湯通ししない。伊勢エビの身は、5節に分かれている(実際は6節だが、一番尾に近い部分は小さ過ぎて食べない)。それぞれ2層になっていて、外側の身に包まれた真ん中の身は、左右2つに分かれており、このくせのない、真ん中の身だけ使うのが最高の造り。生の上品な味わいを損なわないため、そのままか、または冷水に漬けて冷たくしていただく程度にする。だが殻にくっついた外側の身と一緒に造る場合は、殻の臭みや色が移ったりするので、必ずあらいにする。

科学の目

▼死後硬直と軟化、さらに腐敗へと続く魚介類のなかでも、エビ、カニのような甲殻類は特別に変化が速い。おいしく食べるには鮮度がすべてである。しかし生きたまま食べない限り、ある程度の変化は免れない。そこで原則として表面だけは熱湯で処理して、あらいの形で生食するのである。

▼筋肉内に含まれるブドウ糖などの糖分は、時間が経つと消費されて減っていくが、新鮮なものはまだ多く残っていて甘味が強い。殻付きのまま熱湯処理をするほうが甘味は残るが、実際に口に入る身の部分は湯通しされないことになる。材料がごく新鮮ならそのほうがよく、さらに鮮度を重視する伊勢エビなどは、生きたまま食卓に出すのが原則で湯通しをしない。

▼カニやエビの殻にはアスタキサンチンという赤い色素が含まれているが、生のときはタンパク質と結合して青黒い色をしている。加熱するとタンパク質が変性して離れ、同時にアスタキサンチンは酸化され、アスタシンという鮮やかな紅色を示す。ゆでると赤くなるのはそのためである（知識編52頁参照）。

口直しに欠かせない造りのつま

スーパーのパック詰めの造りに添えられた、細切りの大根。血がにじんで食べる気がしなくなったこの大根の印象が強いためか、造りのけんやつまといっても、単なる飾りものとしてしか扱われなくなってきたのも仕方のないことかもしれない。

もともと、けんやつまは、魚の腐敗を防いだり、殺菌作用で食あたりを防いだりする役目があった。鮮度のよい魚が手に入るようになった現在では、むしろ口直しや香りを楽しむものとしての役目が大きい。

けんというのは、野菜を細く切ったもので、よく使われるのは大根やキュウリ、ニンジン。カボチャや長イモ、ウドなども用いる。

冷蔵庫のない時代には魚に水分を補給して鮮度を保ち、血の気を切るのに用いられたが、今は口の脂落としとしての役割で、盛りつける量も二口程度あればよい。

また必ず添えなくてはならないものでもない。マグロやブリ、サバといった脂気の強いものにはあったほうがよいが、白身の魚やイカなどには長イモを切ったものを添えるくらいでよい。

けんといっても何でも同じように細く切ればよいというものでもなく、春の大根は薄く細く切るが、みずみずしく軟らかい秋や冬の大根は、やや厚めに歯ごたえよく切ったほうがよい。

またキュウリは大根より軟らかいので、大根より太く切る。

ニンジンは硬いうえににおいがあり、色合いも強いので、少なめに盛りつける。

切り方によって、「縦けん」と「横けん」がある。繊維に沿って切れば縦けんで、針のように立てて盛りつける。繊維を断ち切るように横に切れば横けんとなり、下に敷いたり、くるっと巻いたりして盛りつける。

いずれも切ったら数分冷水にさらしてシャキッとさせるが、縦けんに切ったときは水の中でそろえてピンと立たせて盛る。

つまは、魚のにおいを消して口をさっぱりさせるとともに、彩りを美しくする役目がある。

大葉（青ジソ）や芽ジソ、穂ジソなどのシソ類、青ものなら浜防風、ツル菜、芽カンゾウ、乾物では莫大海（ばくだいかい）と呼ばれる木の実や、岩茸（いわたけ）、水前寺（すいぜんじ）のり、あるいは食用菊の花をはじめとして、種類は多く、2〜3種取りそろえてもよいだろう。

けんはなくてもよいが、これらのつまは必ず添えたい。

科学の目

▼魚の味と色、それに軟らかく滑らかな歯ごたえに対して、色、味、香り、それに歯ざわりまで、すべてに対照的な野菜をつまとして添えるのは、肉料理に対するサラダ

と同様、ごく自然な組み合わせである。したがってつまにする野菜はできるだけ新鮮さを生かし、シャキッとした歯ざわりを求める。

▼切ったあと冷水に浸すと、浸透圧により水が浸入して細胞が膨張し、野菜の組織はしっかりとした状態になる。サラダ用の野菜を冷水に放つのと同じ理由である。

【四】焼く・焼き物

白身魚はサラダ油を塗って焼く

料理店では、魚を焼くときは、串（くし）を刺して専用の焼き床で焼くので、焼き魚の原則である「強火の遠火」が可能である。だが家庭では焼き網にのせて焼くことが多い。ガス台に網を置いて焼くなら、五徳（ごとく）やれんがなどである程度高さを調節することもできるが、ガス台にセットされているグリルで焼く場合には、それも無理である。強火にすれば焦げてしまうし、逆に火を弱めたら水分や脂分が必要以上に抜けて、パサパサしたまずい焼き魚になってしまった、という経験も多いことだろう。

特に、水分の少ない白身魚はなかなか焼き色が付きにくく、家庭のガス火で香ばしく、かつ、しっとりと焼くのは難しい。その場合、よいアイデアがある。それは、表面にサラダ油を刷毛（はけ）で薄く塗っておくことである。塩はそのあと振る。こうしておくと、塩もしっかり止まって香ばしさが出るし、火の通りも早くなって焼き色もよく付く。また、水分も抜けにくい。

さらに網焼きでの失敗は、網に身がくっついたり、焼いているうちに身が崩れたりして見た目が悪くなること。

それを防ぐには、網を十分熱しておくこと。熱くなったところに魚を置くと、網に触れたところが瞬間的に固まって、網に身がくっつかない。

科学の目

▼赤身の魚は脂肪が多く白身魚は一般に少ない。しかも白身魚には加熱したときに身を引き締める筋原質タンパク質が少なく、焼いたあとも赤身魚ほど身が締まらない。

▼魚のタンパク質は熱した金属に触れると熱凝着という付着現象を起こすため、網などに付着した白身魚はすぐに身崩れする。表面に油を塗って金属とタンパク質の間を油膜で隔てるとこの凝着を防ぎ、身崩れを抑えることができる。

塩焼きの塩は、白身魚は焼く直前に、背の青い魚は前もって振る

白身魚を塩焼きにするときの原則は、「焼く直前に」塩をすること。塩焼きにする魚は新鮮なものがよいから、あらかじめ塩をして、適度に水分を抜き、くせを取っておく必要はない。

特にタイ、カレイ、アイナメなどの白身魚は塩をしてしばらく置いておくと、身が

締まりすぎて硬くなってしまうので、必ず焼く直前に塩をする。また、アユやヤマメなど小さくて比較的水分の少ない川魚や、イカ、エビ、タコ、貝柱は、塩の回りが早いので、焼く直前に塩をする。中でも、イカ、エビ、貝柱は、早くから塩をしてしまうと、水分が抜けて焼き上がりが硬くなってしまう。

一方、背の青い魚の場合は、「前もって」塩をする。

まず、サバやサンマなどの場合、これらの魚はくせが強いので、前もって塩をして水分を抜き、くせを取る必要がある。

また、ブリなどのように脂肪の多い魚や、マスのように水分が多い魚は、塩の回りが遅いので、あらかじめ塩をしておく。

あらかじめといってもどれくらい前が適当だろうか。例えば、サバなら30分前、サンマだとそれよりやや短めで10～15分程度。ブリは40分くらいが目安だが、脂気が多いものであれば1時間くらい。このように、およそ30～40分を目安にして、脂気の多いものはそれより長く、あるいは身が薄いものは短くと、調節していけばよいだろう。

また、あらかじめ塩をしておく場合は、季節によっても振り方が違う。夏は冬に比べて気温が高いぶん、塩の回りが早いため、塩を振ったあと長くおかない。塩の量も、冬より少なめにする。

科学の目

▼塩は魚体から水分を引き出す作用をする。これは浸透圧による脱水作用で、魚の組織がゆるいほど、そして食塩濃度が高いほど脱水の速度は速く、また温度が高いほど速い。

▼そこで、皮が厚く、脂肪層の多い魚は多少早めに、その逆の場合は直前に塩を振るのがよいことになる。

焼き魚の塩は自然塩を

魚の塩焼きのポイントは、まず鮮度のよいものを使うこと。そして魚のうま味を引き出す塩を用いること。最後に、塩の分量に注意することである。

新鮮なものを使うことについては、魚を買い求めるときに鮮度のよしあしを見分ける目が必要になってくる。どんな魚にもいえることは、目が濁っていず、うろこがあまりはげ落ちていないこと。腹に張りがあって、崩れたり内臓が飛び出たりしていないもの。また、焼いたときに皮がよくはじけて身の反りが激しいものは新鮮な証拠である。

次に塩について述べると、塩は魚に塩味を付けるというより、魚のうま味を引き出すという役目がある。それには、ミネラル分が損なわれていない自然塩を使うことである。

塩の振り方については、よく「尺塩」といわれる。これは、一尺、すなわち約30㎝の高さから塩を振れということで、手でつかんだ塩を指の間からふるい落とす動作を連想させる言葉である。要するに魚全体にまんべんなく塩を振ることの大切さをいったものであり、塩をきめ細かく均等に振ることができればよいわけで、必ずしも手を使わなくてもよい。茶こしやふるいで、粉ふるいの要領でふるい落としても構わないわけである。

もっとも、低めより高めから振り落としたほうがまんべんなく付くので、30㎝くらいの高さが適当ではある。大切なことは、パッパッという調子で振らずに、塩の膜を作るようなつもりで、魚の表面をなめるようにきめ細かく振っていくこと。またそのように振るためにも、塩をさらさらの状態にしておくこと。先ほども述べたように、精製塩より自然塩を使うことをすすめるが、ただ、自然塩は水分を吸収しやすいのが難点。そこで天日に干したり乾煎りするなどして、必ずさらさらにしたものを用いないと、まんべんなく付かない。

また均等に振るとはいっても、同じ魚でも身の厚いところと薄いところでは、濃度を変えるのがプロの仕事。当然身の厚いところのほうが濃いめに振る。切り身に何枚か塩を振るときは、身の厚いところどうしが隣りにくっつくように並べて振ると、うまくいくし効率もよい。

科学の目

▼魚を焼くとき、食塩はタンパク質の熱凝固を促進する。このとき精製塩でもよいが、それよりむしろ粗製の並塩のほうがよいといわれる。

▼塩の品質規格は、精製塩が食塩（塩化ナトリウム）純度99・5％以上、普通の食塩が99％以上、これに対して並塩は95％以上と定められている（知識編21頁表参照）。つまり並塩は精製塩にはない天然のにがり成分を、4〜5％分多く含んでいる。これはタンパク質の変性をより速めるばかりではなく、吸湿性が強いので魚体表面の脱水を促し、身を引き締める作用がある。

▼自然塩と呼ばれるものには、精製塩ににがり成分（塩化マグネシウム、硫酸カルシウムなど）などを添加した市販商品もあるが、並塩で十分である。

▼ただし、純粋な塩化ナトリウムの塩味に微量のマグネシウムやカルシウムの味が加わると味の対比効果などが起こって、魚の風味もより複雑になることが期待できる。

魚は盛りつけて上になるほうから焼く

魚を焼くときは「表から焼く」といわれる。表とは、盛りつけたとき上になる面のこと。これは姿で焼くときも切り身で焼くときも同じである。なぜ表から焼くのか。実はこれは下火で焼く場合に限っていえることで、最近は上火のもの、あるいは上下に火がある焼き床も出回っていて、これらの焼き床で焼く場合には必ずしも当てはまることではない。

では下火の場合には表から焼かなければならない理由を説明しよう。下火で魚を焼いていくと、魚から脂が落ちて火床に当たり、次第にすすが出てくる。このすすが魚の表面に当たって汚くなるのだが、先に表を下にして焼くと、すすが出始める前に上に返すことによって、すすで汚れるのが防げる。盛りつけて裏になるほうは、多少汚れてもわからない。このように、盛りつけたときに見た目を美しくするため、表から焼くのである。

ところで魚はどちらを表に盛りつけるのだろうか。姿焼きの魚の盛りつけは、頭が向かって左に、腹が手前にくるようにする。ただカレイだけは、頭を左に、黒い表身を上にして盛りつけると、腹は向こう側にくる。

また、ほとんどの場合、魚の表面には化粧包丁という切り込みを入れておく。これは焼く場合だけでなく、煮たり揚げたりするときも同様である。魚は焼くと皮や身が縮むが、鮮度のよいものほど縮みは激しく、身が崩れやすい。皮に切り込みを入れて余裕を作っておくことによって、皮がはじけて所かまわず破れるのを防ぎ、それとともに切り込みから余分な水分や脂が抜けるという効果もあるのである。

切り身の魚はどうか。皮目のほうが色のコントラストが出るので、皮目を上にするのが普通である。また皮が表に見えていると、何の魚かわかりやすいということもある。切り身が小さい場合は、化粧包丁をする必要はない。

ところで、盛りつけ方と焼き方に例外がある。それは鰻(うなぎ)やアナゴ、ハモ、それとアイナメ(アブラメ)で、身を上にして盛ることが多い。これらの魚は皮が厚く、皮目に火をよく通さなければならないため、皮が破れたり黒い焼き焦げが付いたりして見栄えが悪くなっている。そこで、盛りつけるときは身を上にするのである。これらの焼き方は、皮、身、皮という順序で焼く。まず強火で皮側を焼く。するとたちまち皮が突っ張って、それ以上反らなくなる。その時点で返して、次に身のほう、つまり盛りつけて表になるほうを焼き、適切な焼き目がついて六割がた火が通ったら、もう一度皮側から火を通して焼き上げるのである。

焼き魚は「強火の遠火」でさっと焼くのが原則

魚を焼くときの火加減は、「強火の遠火」といわれる。弱火だと、魚に火が通るのに時間がかかって、そのあいだに水分が蒸発し、パサパサしてしまう。また強火でも火に近付けて焼くと、中に火が通る前に表面が焦げてしまう。

ただ身の薄いものは、むしろ近火で焼いたほうがよい。水分が早く抜けるので、遠火にすると時間がかかって、パサついてしまうからである。

焼き方も、表面はパリッと、中はやっと火が通ったくらいにするのが原則で、香ばしく、かつしっとりとしたおいしい焼き魚が味わえるが、魚の種類や鮮度などによって、多少焼き方を変える必要がある。例えばサバなどは、しっかり火を通したほうがうま味が出ておいしい。脂気が多く、繊維も短いため、よく焼いてもカスカスせず、硬くならない。むしろ脂分が全体に回ってうま味が増す。また鮮度があまりよくないものは、十分に火を通す必要がある。

科学の目

▼直火焼きは熱源から出た放射熱を材料に直接伝える加熱法である。したがって熱源はガスのように空気の対流で熱が伝わるものではなく、強い放射熱を出す炭火や遠赤外線ヒーターなどがよい。

▼強い火力を保つために、同じ炭火でも備長炭(びんちょうたん)などの火もちのよい堅炭が使われる。しかし堅炭を赤々とおこしてしまうと、火が強過ぎてもすぐには弱めることができない。そこで適度の加熱温度になるように、強火のまま魚のほうを火から遠ざけて調節する。これが「強火の遠火」である。

▼ガスの火を弱めて同じような加熱温度にしても局部的にしか加熱されず、強火の遠火と比べて焼き具合がムラになってしまう。

焼き魚は表六分、裏四分の焼き加減で

魚の焼き方は、表六分の裏四分といわれる。これくらいの目安で焼くと、皮に適当な焼き目が付いて脂が抜け過ぎず、また表になるほうがきれいに焼ける。その理由を以下に説明していこう。

156頁で述べたように、表とは盛りつけて上になるほうで、切り身なら皮目のほう、姿なら頭が左で腹が手前になるほうである。いずれでも皮が先に焼けるが、皮目には脂気が多く、焼けるにしたがって、下火で焼く場合は脂気がにじみ出てくるし、上火なら身のほうに落ちていく。その時点、すなわち表側が五分以上は焼けた時点で裏返せば、脂が抜けずにうま味が身に戻る。

また、表側を焼いているうちにも、魚全体がどんどん熱せられていき、裏に返したあとは、表を焼いたときより時間がかからずに火が通っていく。それを考慮に入れずに、裏側も表と同じようにあるいはそれ以上に時間をかけて火を通していると、水分や脂気がどんどん抜けて、パサパサしたものになってしまう。

では、裏に返すタイミングは何を目安にすればよいか。家庭では串を打たずに網で

焼くことがほとんどだと思うが、店では姿で焼くときも切り身で焼くときも串を打つ。

これにはいくつか理由があるが、一つには火の通り加減がこれで判断できるのである。串はだいたい身の中央に打つが、まだ身に火が通らないうちからときどき串を回していると、手ごたえが出てくる。火が通ってくると身が締まり、串が回りにくくなるのである。このときが返し時である。

あるいは、下火で焼くときに限っていえることであるが、次のように判断してもよい。まず表になるほうを下にして焼くと、火が通るにつれて脂がにじんでくる。脂が下にボタボタ落ちると炎が上がって煙が立ち、表面にすすが付いて汚くなるので、落ち始めたら返して裏側になるほうを焼く。裏側が多少すすけても下に盛りつけるのでわからない。

網で焼くときはどうするか。真ん中あたりに金串を刺して数秒待ち、抜いた串の中央を唇の下に当ててみる。金串が熱くなっていれば、真ん中まで火が通っている証拠である。

科学の目

▼焼くという加熱法の要点は、表面の焦げ方と内部温度の上昇をうまく合わせていくことにある。その方法として一番確実なのが、串を回したときの手ごたえである。

▼抵抗を感じたらその部分のタンパク質の熱凝固が始まっている。金串なら前述のように、引き抜いてすぐ唇の下に当てて内部温度を判定することもできる。
▼変性の始まる温度は普通60℃を過ぎ、65℃前後からで、72~73℃を過ぎると熱凝固は完了する。

魚を串打ちして焼くときは途中で串を回しておく

串を打って焼いたあと、串を抜こうとしてなかなか抜けず、何とか抜いたときには魚の形が崩れてしまったという経験がないだろうか。魚は焼くほどに身が縮んでくるので、串を打ったまま放りっぱなしにして焼き続けると、串に身がくっついてしまい、抜けなくなる。

ではどうするか。コツは、焼いている途中、火が通って身が締まり始めたころに一度串を回し、身と離しておくのである。161頁で述べたように、まだ生のときは串は抵抗なくクルクル回るが、火が通りかけた時点でやや抵抗が出てくる。これは火の通り加減をみる目安になるとともに、串を回しておくタイミングでもある。

タレをかけた魚を串打ちして焼いたとき、もう一つ気を付けたいことがある。タレをかけながら焼くので、どうしても串にタレが付いてしまい、そのまま抜くと、串が通ったあとの身に焦げたタレが付いて苦味がつき、見た目にも汚くなる。刺した身より先に付いた串の汚れは、抜く前にきれいにふき取っておこう。

科学の目

▼焼き魚は熱により筋肉タンパク質に熱変性を起こさせる調理法で、表面から熱凝固が始まり、やがて内部にまで進んでいく。

▼串を固定しておくと、軟らかい筋肉と串とが密着した状態で、一体となって凝固するので、抜こうとしても抜けなくなり、無理に力を入れると焼けた筋肉組織はバラバラにほぐれ、形が崩れてしまう。しかしまだ軟らかいうちに串を回し、その直後に熱変性が起これば、それ以上付着することはない。これが串を回すタイミングである。

切り身の魚は繊維に直角に串を打つ

魚は頭から尾に向かって繊維が流れている。この流れに沿って串を打つと、火が通ってきたとき身が落ちてしまうので、串は繊維の流れに対して直角に打たなければならない。つまり、腹から背の方に向かって、あるいは背から腹の方に向かって串を刺していくのである。

ただし、これには例外がある。

カマスのような細長い魚の場合、片身をそのまま広げて焼くと身に厚みがないので、身の薄い端の部分を巻き込んだ「褄折れ（つまおれ）」と呼ばれる形にして焼く。このときは串を横には打てないので、縦に打つ。

また、骨切りしたハモやアイナメも、串を繊維に対して直角に打てないので、繊維に沿って縦に打つしかない。ただ身が薄いので重みがなく、縦に打っても身が落ちる心配はない。尾から頭に向かって3～4本打つが、このとき、串の先と手元にそれぞれ別の串を直角に縫うようにかませ、補強する。これは「添え串」といって、身をまっすぐに焼き上げるため。ハモやアイナメのように身が薄い魚は、焼くと皮が縮んでかまぼこ形（かまぼこ上面のカーブ面のよう）に反ってしまうので、反る方向に対して逆方向に力が加わるように縫うのである。

切り身に串を打つときは、基本的には身の真ん中に串を通せばよい。また、盛りつけて表になるほう、すなわち皮目には串を出さないのが原則。ただ、身が薄く、両端に身の厚みがほとんどない場合、これらの原則を守ろうとすると、両端がはね上がってしまって形が悪くなり、焦げやすくもなる。そこで、串を両端の皮目に通すようにして打つ。

また、背と腹の部分がともにある切り身は、薄い腹身のほうが反って焦げてしまう。そこで、腹身を巻き込んで串を打つ。

切り身をいくつか並べて串を打つときも、工夫がいる。例えば3切れの切り身に串

切り身の串打ち

基本的には身の真ん中を通す

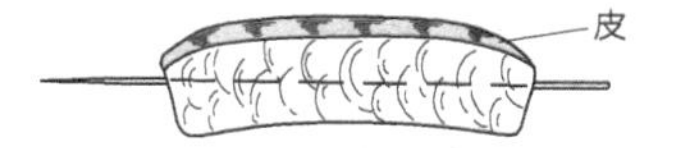

身の薄いものは両端の皮目に串を出す

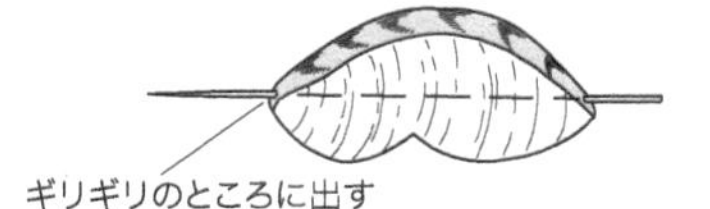

細長い魚は「褄折れ」にして串を打つ

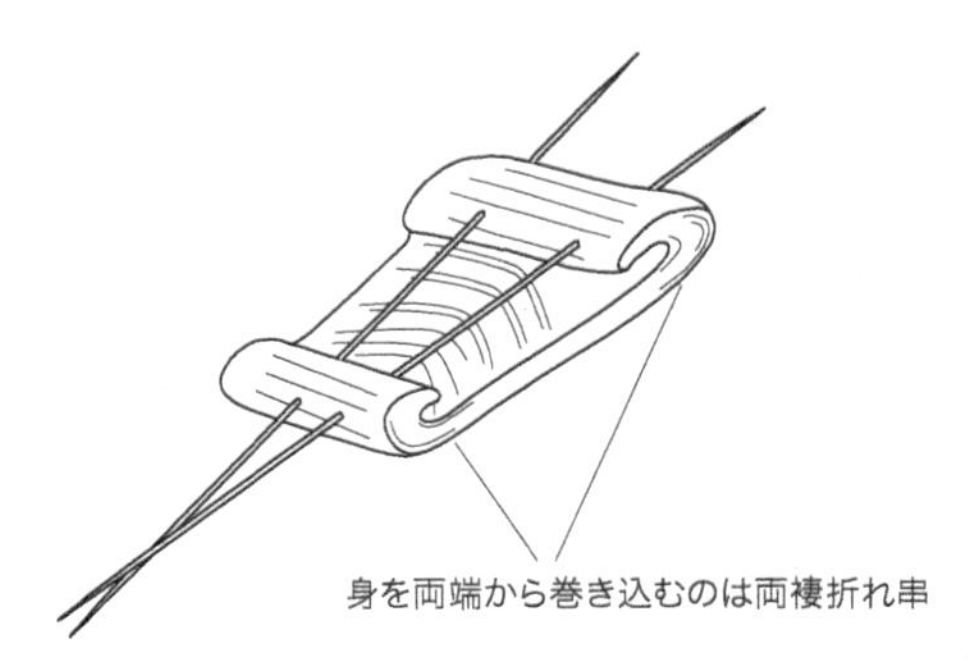

背と腹がともにある切り身は、腹身のほうを巻き込んで打つと焦げたり反ったりしない

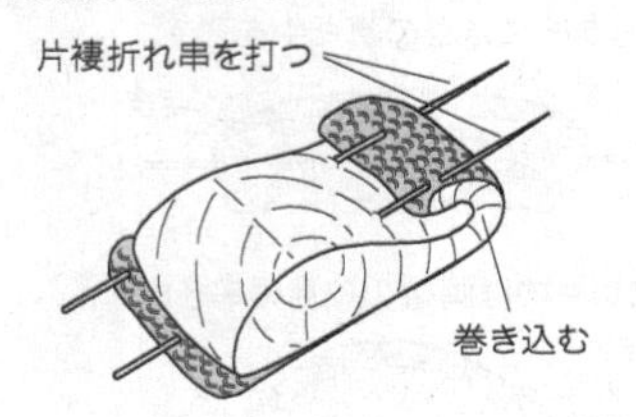

切り身を何枚か並べて串を打つとき

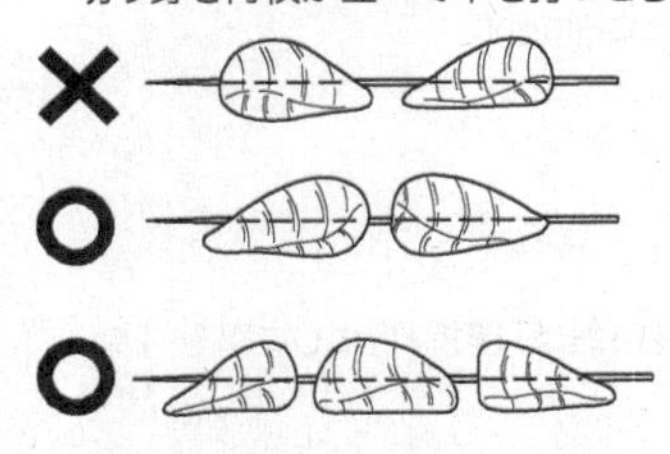

火力が強い真ん中が身が厚くなるように並べる

添え串の打ち方

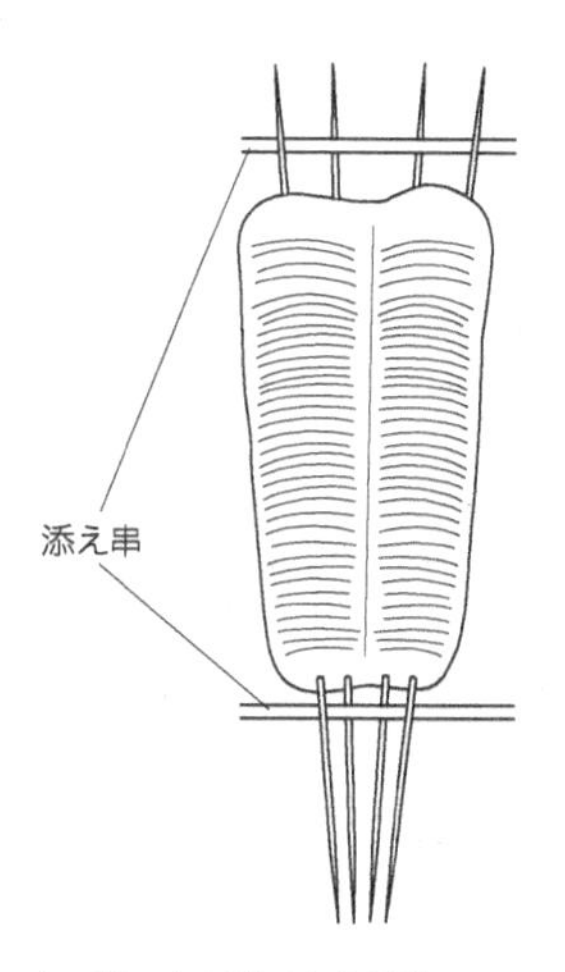

身の薄い魚は焼くと皮が縮んで反るので、
反る方向と逆に力がかかるよう添え串をする

姿焼きの串の打ち方

表には串を出さず、中骨を一度は
越えて打つようにする

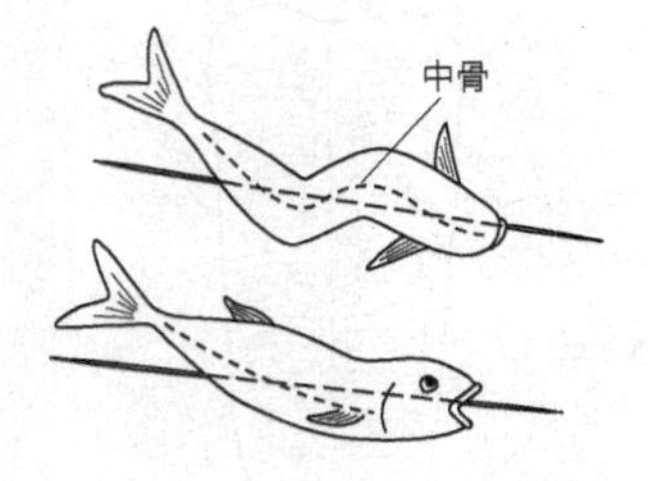

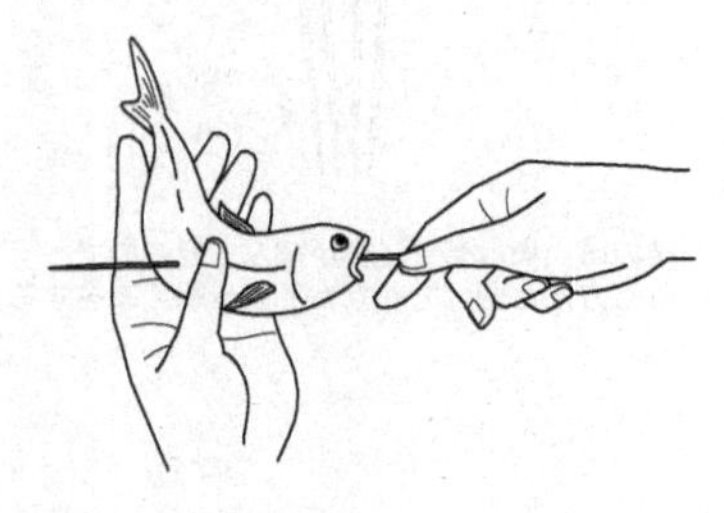

を打つ場合、身幅が違うときは、向こう側に幅広の身をもってくると、串の流れに添うことができる。また、火力が一番強く当たる真ん中に、最も厚い身をもってくるようにする。これと同様の理由で、背身と腹身を並べるとき、あるいは背身と背身、腹身と腹身を並べるときも、真ん中に身の厚い部分がくるように並べて串を打つ。

姿焼きの魚は骨を縫うように串を通す

切り身魚の串の打ち方は前項で述べたが、姿焼きにする魚は、体をうねらせるように形付けて串を通す。「おどり串」とか「うねり串」といい、泳いだりはねたりする姿に見立てて活きのよさを強調するわけである。

ポイントは、盛りつけたときに表になるほうには串を出さないこと。それと、骨を一度は越えること。骨を串が縫うように越えていないと、焼いている途中で身が落ちて、形が崩れるためである。また鮎（アユ）のように、特に一尾の姿を美しく焼き、かつ内臓の苦味を味わう魚は、内臓を傷付けないように背近くに串を通す。小さい魚の場合、串は1本刺せばよく、そのときは何尾か添え串でつないで焼くと効率的。幅の大きい魚は2本刺す。

串の太さや長さは魚体の大きさに応じて選ぶべきで、プロはいろいろな種類の串を取りそろえている。また、生の魚の皮は硬いので、刺したときに皮が汚く破れないよ

鮎(アユ)などの小さい魚は何本か添え串でつなぐ

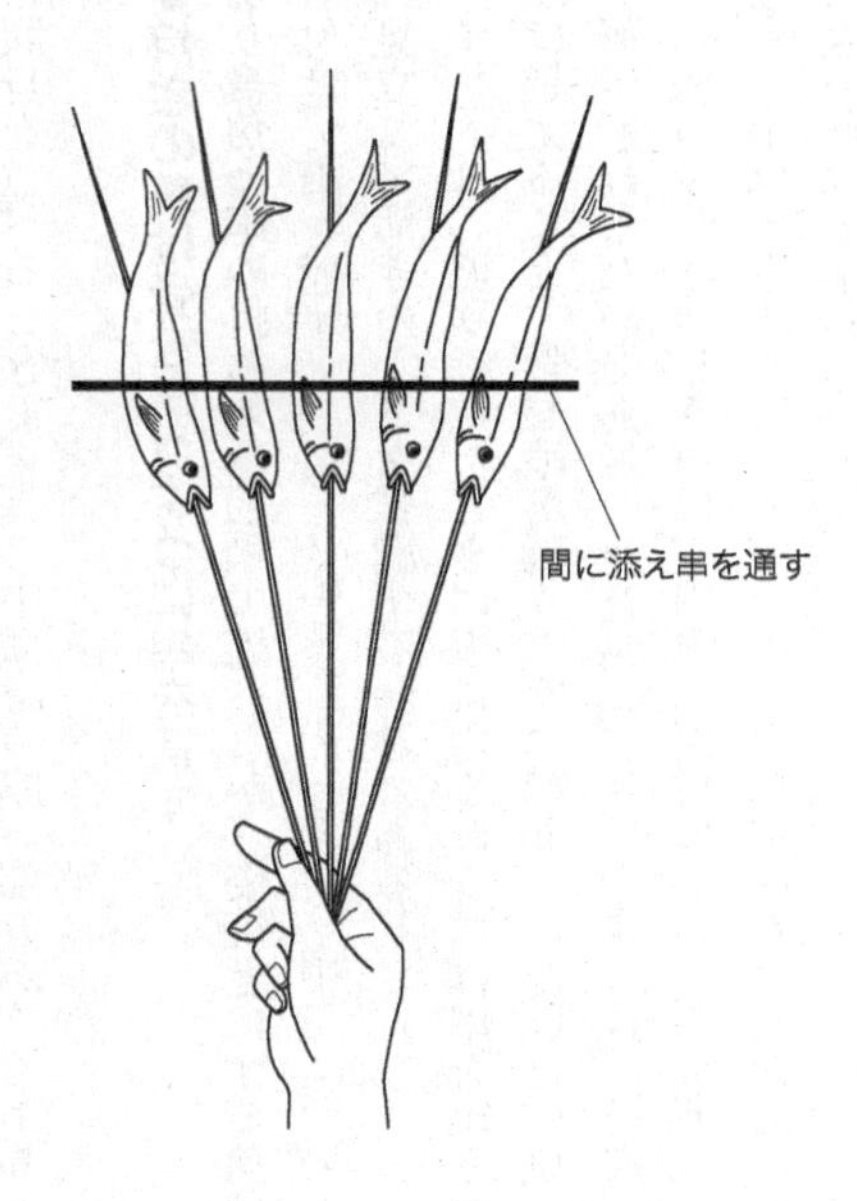

うに、串の先は絶えず砥石で研いでおくようにする。

科学の目

▼焼き魚の加熱中に最も速く、最も激しく起こる変化はタンパク質の熱変性である。この結果、魚の筋繊維は収縮し、層になってはがれやすく、いわば組織が崩れようとしている状態になる。

▼焼き上げた魚の形を重視するならば、この組織の崩れを少しでも防ぐようにしなければならない。崩れやすい筋肉にだけ串を打って、骨に打たずにおいたのでは、焼き上げたあとの美しい姿は望めない。

魚の姿焼きはひれに塩を付けて焼く

店で出される姿焼きの魚には、たいていひれに塩が振られている。「化粧塩」といわれる通り、美しく見せるためである。塩をせずに焼くと、真っ黒に焦げてしまうが、塩を付けておけば形のまま残り、姿がよい。尾びれだけでなく、腹びれ、胸びれ、背びれにも忘れず塩を付けておこう。ただ、胸びれと尾びれは火のほうにたれ下がって焦げやすくなるので、様子をみてアルミホイルで包んだほうが無難。

また塩は煎って水分を飛ばし、さらさらにしておくと、きれいに付く。タイの場合は焼く前に冷蔵庫にしばらく入れておくようにするので（176頁参照）、ひれが乾いている。そこで、ひれに水を当てて湿らせてから乾いた塩を付けないと、きれいにくっつかない。

ところでアユや小魚は化粧塩をする必要はない。特にアユはひれも食べるので、化粧塩をすると塩辛くなって、香りが楽しめない。大きいアユで頭から食べられない場合は、尾びれだけに塩をして焦げるのを防いでおこう。

科学の目

▼焼き魚のひれの化粧塩は、高熱からひれの部分を守る一種の防壁である。ひれは表面から突出して直火にさらされているので、直火で焼くと500～600℃にも強熱され、魚体に火が通る前に焦げてしまう。

▼そこで厚く塩をまぶしておくと、ひれそのものの過度の温度上昇を防ぎ、塩そのものは強熱されても焦げることはなく、姿を保つことができる。

▼塩はひれの組織の内部まで浸透していることが大切で、乾いていたら表面を湿らせるのである。

姿焼きの焼き加減は目玉と尾の付け根でみる

切り身の魚の焼け具合いは、161頁で述べたように、火が通ってくると刺した串を回したときに手ごたえが出てくるのでおおよそわかる。だが、姿焼きの場合は、骨を縫うようにして串を刺しているため（169頁参照）、串を回したときの抵抗感が常にあって、焼き上がりの目安にならない。

特にタイのように大きいものになると、皮は香ばしく色付いていても、中はまだ生焼けということも多々あり、包丁を入れてみるわけにもいかない。

では何で判断すればよいだろう。

実は、姿焼きの場合は目玉と尾びれの付け根で判断できる。まず目玉が真っ白になっていれば、頭から腹にかけて火が通っている。尾の部分は、尾びれの付け根を背側と腹側から縦につまんでみる。まだ生焼けのときは指先に骨が当たらないが、火が通っていれば骨が当たる。身の真ん中は、金串を刺してみる。数秒刺しておいて抜き、刺した部分の中央を唇の下に当てる。熱くなっていれば焼けている。

科学の目

▼焼くという調理操作は表面を高温で加熱し、適度に焦げたとき、内部が食べられるようになっていることが大切である。表面の焦げ色は外から観察できるが、そのとき内部の温度がどこまで上がったかは、何か工夫をしなければわからない。

▼姿焼きの魚体を切ったり開いたりせずに、目玉と尾の付け根をみるのは、内部温度を推定する方法の例である。
▼眼球はかなりの奥行きがあるので、完全に白くなっていれば、頭部付近のタンパク質は奥まで熱凝固が進んでいる。尾の部分は縦につまんで骨が当たるようなら弾力がない、すなわち骨の所までタンパク質の変性が進んでいる。真ん中の部分だけは、金串を刺して直接温度を調べてみない限り、外から推定する方法はない。

鯛の姿焼きは塩水に漬けて表面に針打ちをする

「鯛の姿焼き」は祝膳（いわいぜん）には欠かせない豪華な料理で、味もさることながら、見た目にも美しく仕上げることが大切である。

形を崩さないためにも、また祝儀ものに使うときは特に、腹を切らずに内臓を取り出すのがふつう。「つぼ抜き」といって、えらの膜を切ってから、肛門（こうもん）に包丁を入れて内臓を指でズルズルとかき出す。そのあと箸や棒の先にさらしを巻いたもので、中を洗う。ただ冷凍ものは内臓が途中で切れてしまってうまくかき出せないので、裏側の腹に包丁を入れて取り出すしかない。

タイくらいの大きさになれば、姿焼きにする場合は、一般の魚のように塩を振って焼くということはしない。一尾が大きいため、振り塩では均一に塩が回りにくいので、

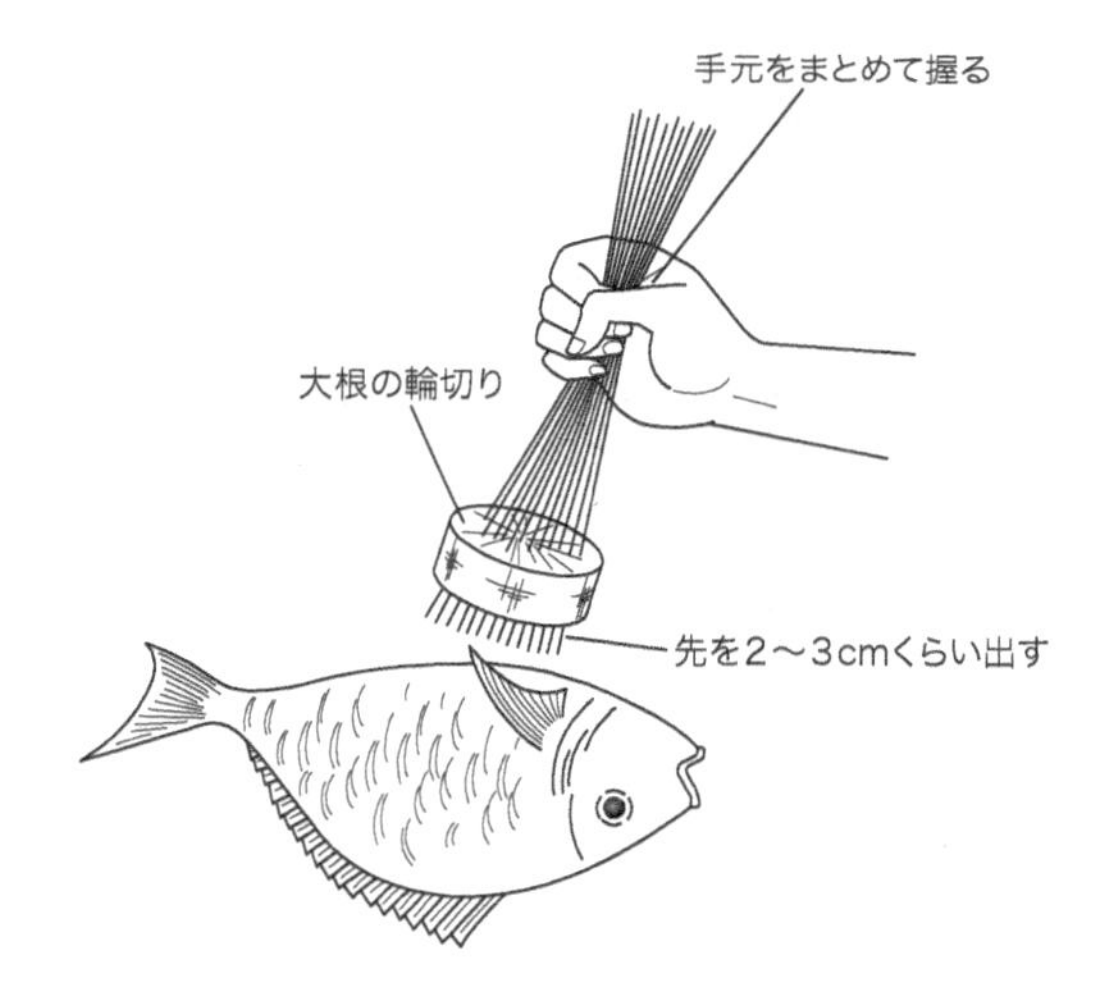
手元をまとめて握る
大根の輪切り
先を2～3cmくらい出す

塩水に1～1時間半ほど漬けるのである。この塩水は「立塩（たてじお）」といって、海水程度の塩水に昆布を入れたものを用いると、うま味が増しておいしい。

もう一つ、立塩に漬ける前に、表面に「針打ち」をするのも特徴。表裏とも、金串で皮にプツプツと細かく穴を開ける。針打ちをしておくのは、塩を回りやすくさせるためと、焼いたときに皮が膨らんでその部分が焦げて見た目が汚くなってしまうのを防ぐためだ。針打ちするときは、輪切りにした大根やニンジンに細い串を10～15本ほど剣山のように刺したものを作って、これで穴を開けていけば、均等に手早く作業ができる（175頁イラスト参照）。

このように、針打ちして立塩に漬けておいたタイは、塩水から引き上げてから2～3時間は冷蔵庫において、余分な水分を抜いてから焼くようにする。

鯛の姿焼きは紙をかぶせて焼く

タイのように大きな魚の姿焼きは、表面をちょうどよい頃合に色付けつつ、中までちゃんと火を通すように焼くのはなかなか難しい。

前項のように準備したタイを火にかけるが、頭部のほうが厚みがあるので、頭下がりにして火にかける。そして濡らした紙かアルミホイルをかぶせ、熱が全体に回るようにする。大きい魚はこうしないと、熱が逃げて表面だけが黒く焦げる心配がある。

ただこれらはいずれも下火で焼く場合。もし上火で焼くのなら、頭上がりにして焼き始め、また紙などをかぶせることはしない。

焼いている間に皮が火ぶくれすれば、串でつぶして空気を抜く。

すぐに食べるのであればやっと火が通ったくらいがおいしいが、飾り用や折り詰め用に用いるのであれば、十分に焼いておかないと徐々に水分が出てくる。また、串は冷めてから抜く。熱いうちに抜くと、形が平たく戻ってしまう。

科学の目

▼大きな焼き魚の表面と内部の温度差を少しでも解消し、内部まで熱が伝わる時間的な余裕を与えるためには、いろいろと伝統的な手段が用いられる。紙をかぶせるのもその一つである。
▼表面の焦げと内部温度の上昇のバランスをとるための知恵は焼き魚に限ったものではない。石焼きいも、鯉の二度揚げ、オーブンによるローストチキンなど、すべて表面の焦げを遅らせながら、内部への熱の伝達を待つ経験的な調理の手法である。

アユは頭部を下げて焼く

アユは川の藻をえさとしているので独特の香りがあり、「香魚」とも呼ばれる。「これはどこそこのアユ」と、全国各地それぞれの川藻の香りの特徴が売りものにされるほどである。焼くときは、この香りを逃がさないように早く焼き上げることがポイントで、アユは特に炭火で焼きたい。炭の火は乾燥しているので、表面はパリパリに、しかも中まで早く焼くことができるためで、普段はガス火で焼いている店でも、アユだけは炭を使うところも多いくらいである。

アユのおいしさは、身、骨、内臓の火の通りに違いがなく、内臓までカリッと焼き上がったところにある。それにはまず、大きさの適切なアユを選ぶことが大切で、30g程度の比較的小さいものがよい。

串を打つときは、アユが川をのぼるときの姿に見立て、身が跳ねて尾が勢いよく上がるように打つ。このとき内臓を傷付けないよう、背に近いところに串を通すのがコツ。また172頁で述べたように、ひれに化粧塩はしない。しても尾びれだけにしておく。

アユはよく、囲炉裏端で、頭を下に突き立てて焼いている場面が見られるが、これはアユの理想的な焼き方なのである。脂が頭の部分に集まって硬い骨がカリカリと香ばしく焼け、しかも口から余分な脂が抜けるからである。そこで焼き床で焼くときも、頭の部分を下に傾け、火に近付けて焼くようにする。

焼き方は、活きのアユとそうでないアユとは違う。盛りつけたときに上になるほうを先に焼くのが焼き魚の基本ではあるが、とれたての活きのいいアユは、まず裏側を火にかざす。なぜなら、鮮度がよいと、尾が火と反対のほうに反ってくるので、まず裏側から火を当てることによって、尾を跳ね上がらせるためである。尾の動きが止まって形が決まったところで、返して表側を焼く。そして表が五〜六分通り焼けたらもう一度裏返して焼くのは基本通り。それほど新鮮でないものは、一般の焼き魚と同様、まず表を焼いてから、裏を焼く。

焼き上がりは、173頁でも説明したように、尾の付け根をつまんだり押さえてみて骨の感触がわかればよい。

科学の目

▼一尾の魚の頭と身を比べれば、骨などの多い頭部のほうは火が通りにくい。しかし、身がちょうどよく焼けたときに頭の部分が生では、風味を損なう。

▼頭部の方を火に近付けておけば、焼ける速度を多少ともそろえることができるというわけである。

▼炭火で焼くのが望ましいのは、放射熱で加熱するためガスが燃焼するときのような炭酸ガスと水が発生しないからで、これを「乾いた火」と表現している。

イカに串を打つときは、裏目を縫うように

イカは火を通すと、元の形に戻ろうとして身が丸まってくるので、平たく焼き上げたいときは丸まらないように串を打つ必要がある。

まず、横に何本か串を打つ。このときは「縫い串」といって、イカ独特の刺し方をする。裏のほう、つまり内臓を包んでいたほうの身を浅くすくうようにして、串を通していくのである。イカは肉質が硬いので、身の深いところに串を通すと抜けなくなってしまうためである。

また、多少縦にも巻いてくるので、縦方向に串を1本かませておく。身には刺さずに、縫い串にかませるように通せばよい。

科学の目

▼串の役割は収縮しようとする筋肉の変形を防いだり、望みのままに起こさせたりすることにある。

▼イカはふつうの魚に比べて繊維が長く横に走り、筋肉組織が丈夫なので、加熱による収縮も激しい。そこで1本だけではなく、要所要所に何本かの串を打っておかなければならない。これが縫い串の役目である。

▼一方、イカの皮には4つの層があり、ていねいにむいた場合でも、ごく薄い内側の

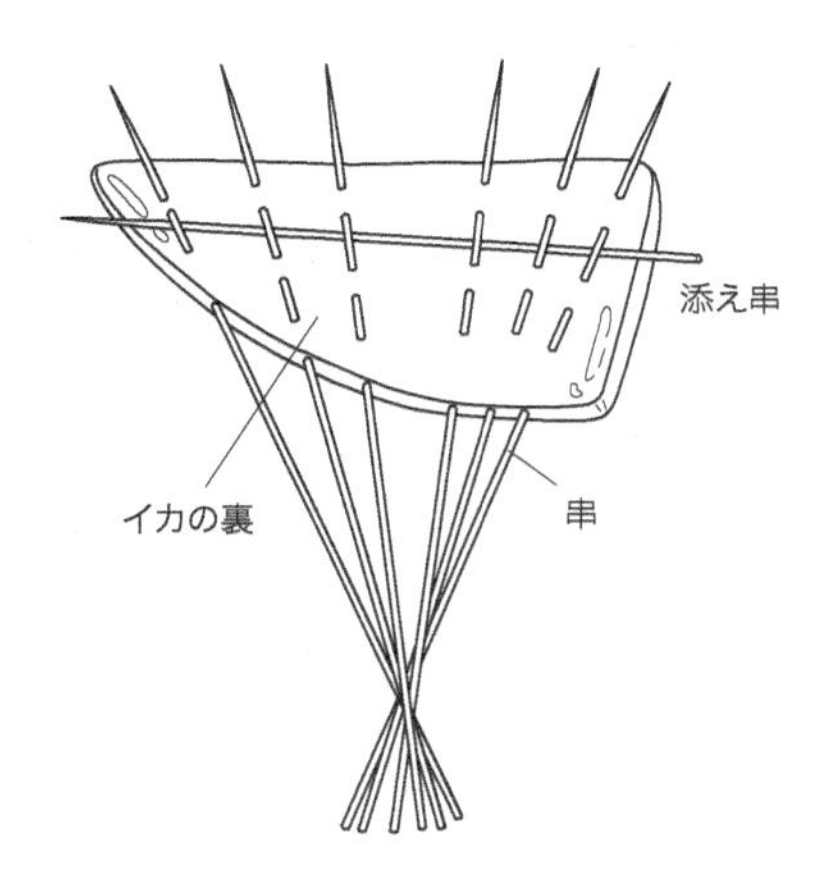
添え串
イカの裏
串

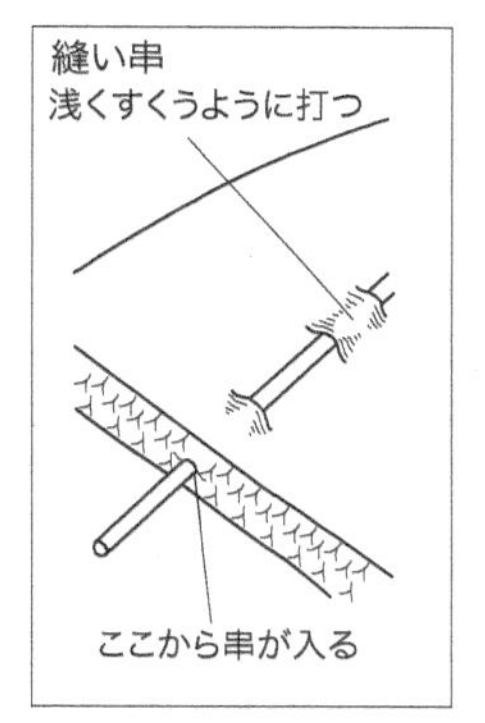
縫い串
浅くすくうように打つ
ここから串が入る

層が残る。それは胴体と足を結ぶ縦方向に走っているので、縫い串に直角な添え串を打つと、その両方向の収縮を防ぐことができる。

魚の照り焼きは火が通る間際にタレをかける

魚を照り焼きにする場合、ある程度厚みのある魚は身に火が通る直前にタレをかけるのが原則である。まだ焼けていないうちからタレをかけると、水分や脂が身からにじみ出て、タレをかけても流れ落ちてしまう。また、タレにはたいてい甘味を加えているが、みりんや砂糖は焦げやすい。早くからかけておくと、中まで火が通らないうちに表面が焦げてしまう。

だいたい、八～九分通り焼けたらタレをかけるが、一度にかけてしまうのではなく、2回に分けてかけるのが普通。まず1回目は、タレを入れた器の上まで魚を持ってきて、玉じゃくしで全体にザーッとかける。このように1回目はタレをたっぷりかけることによって魚を冷やし、このあと火にかざしても焦げにくくする。またタレの器の上でかけることによって、タレに魚のうま味が落ちておいしくなる。

タレをかけたあとは火から少し遠ざけるか、やや火を弱め、タレを乾かすようなつもりで焼く。表面が乾いたら、2回目のタレがけをする。2回目は、焼き床の上で、刷毛や玉じゃくしでポトポト落とすように塗ると、つやよくきれいな焼き色が付く。

タレは二度がけすれば十分。タレをかけたあと何回も火にかけていると身が硬くなるので、特に身の厚いものでも3回くらいで仕上げるようにする。

ところで白身魚で身の薄いものは、水分が抜けやすく火の通りが早いので、タレは早めにかけ始める。ハモなどは身が薄いうえに骨切りしているので、焼く前にタレをかける方法もある。ただしかけるのは身のほうだけで、皮目には仕上げにひと刷毛塗るくらいでよい。皮は厚いためじっくり焼かねばならないが、初めにタレをかけてしまうと、火が通る前に焦げついてしまうからである。

タレは酒に、みりんや砂糖、醤油を加えたものが一般的。香りと色を付けるために、たまり醤油を加えることも多い。またこれだけではうま味に欠けるので、店ではハモなどの白身魚の骨をカリカリに焼いて加える。これらを合わせて火にかけ、10～15％ほど煮詰める。たいていは濃度の違うタレを2～3種は用意して、そのときどきに合わせて使っている。

科学の目

▼酒、みりん、砂糖、醤油などを合わせて作る照り焼きのタレには、糖分やアミノ酸が多量に含まれ、加熱すると両者が結合して特有の色と香りを持つメラノイジンという褐色物質ができる。これはアミノカルボニル反応と呼ばれて、焼き魚に限らず、糖

分やタンパク質を含むいろいろな食べ物に起こる反応である。
▼この褐色物質は、ただの焦げ色や焦げ臭とは違うので、魚がちょうどよく焼けたとき、この反応が適度に起こっていることが望ましい。本文にもあるように、焦げてしまってはせっかくの色や香りがだいなしになってしまう。
▼また、タレをかける目的は味付けだけではなく、照り焼きという名の通り、表面に適度の粘り、光沢（照り、つや）を与えることにもあるので、乾燥してしまうのを避けるためにも、仕上げの段階でかけるほうがよい。

ブリの照り焼きは焼く前に薄めたタレに漬けておく

照り焼きといえばブリが代表的だが、焼いている途中にタレをかけるだけではなかなかタレがしみ込まず、照り焼き特有のつやよくこってりした焼き上がりにならない。これは、焼くほどに身が締まってタレがしみ込みにくくなることもあるが、特にブリは非常に脂分の多い魚なので、火を通すと中の脂分が表面ににじみ出てきて、焼いてからタレをかけようとしても脂分に邪魔されてタレがのらないのである。

そこで焼く前に、酒で少し薄めたタレにしばらく漬けておく。薄めておくのは、表面が硬くなるのを防ぐため。塩分の濃いタレに漬け込むと、身が硬く締まってしまう。漬け込む時間は30～40分くらいが適当だろう。これに串を刺して焼くが、タレがしみ込んでいるためどうしても焦げやすいので、火加減をやや落としたほうがよい。そしておおよそ火が通ったところで元の濃さのタレをかけ、あとは軽く乾かす程度に火を通す。このときにポイントが一つ。タレは、身が冷めるくらいにたっぷりとかけること。タレをかけて熱々のまま火にかけると、タレがたちまち焦げてしまうからである。

タレの基本レシピを紹介しておこう。材料は、酒と醤油とみりんで、割合は1対2対2・5ほど。好みによっては砂糖（グラニュー糖）を少し加えてもよい。

なお、照り焼きに使うブリは、背身より、腹身のほうがおいしい。脂分が多くて、照り焼きにしてもカスカスしない。

家庭では、盛りつけてからタレをかけてもよいだろう。あるいはフライパンで行う手もある。前述と同様に漬け込んでおいたブリの表面に薄く小麦粉を付け、少量の油を敷いたフライパンで両面を焼く。

焼き上がりにタレをからませるが、このときにコツがある。タレを加える前に、フライパンににじみ出た脂を捨てるのである。熱湯を少し加えて脂を沸き立たせてから捨ててもよい。これをせずにタレを加えると、脂分でタレがのらない。

脂を捨てたところでタレを加え、火を強めてからませる。照り焼きというより照り煮のようで、焼いた香ばしさが出ないのが難だが、器具や火力が店のようにはいかない家庭では、こちらのほうが上手にできるはずである。

焼き鰻は食べる前にあぶる

鰻は丸く太っていて、身が厚いものほどおいしいが、家庭で鰻を食べるときは、ほとんど焼いたものを買い求めることと思うので、生での状態がわからない。この場合の選び方は、よく焼かれたものを買うこと。

鰻は淡水魚なのでくせが強いが、このくせはよく焼くことによって抜ける。大きさが元の2/3になるくらいまで十分に焼かれたものがよく、特に皮目がよく焼けているものが香ばしさも出ていておいしい。だが実際は、皮の表面にぬめっとした白い薄皮が付いたままで店頭に並んでいることが多い。本当はこれをよく焼いて臭みを除かなくてはならないのだが、目方をなるだけ減らさないためにそこまで十分に焼かないのである。そこで、食べる前にタレが焦げない程度に皮目をさっとあぶるとよい。こうすると皮が軟らかくなり、香ばしさが増す。

ところで鰻やアナゴは、関東と関西で開き方も焼き方も違う。関東は背開き、関西は腹開きにするが、関東は江戸時代、藩主のお抱え料理人によって支配されていたので、切腹を嫌ったという俗説がある。焼き方も関東は2つ切りにして、竹串を打って一度焼き、それを蒸してさらにもう一度焼き、脂分を取る。関西では、生のまま串を打ち、そのまま焼く。

この関東と関西の違いは、実際には川の流れの早さに関係がある。広い関東平野を流れる川は、関西の川と違って流れが緩やかである。ゆったりとした流れの中で育った関東の鰻には、川魚特有の臭みが多いので、一度蒸して臭みを取るという工程が加わったわけだ。

このように関東では、焼いて蒸して、再び焼くという作業をするため、腹開きにすると両端が薄くなって身崩れしやすくなり、串が止まりにくい。だから関東では背から開いて両側の身が厚くなるようにし、串を打ちやすくしたのであろう。

科学の目

▼鰻の味は含まれる脂肪の量に大きく関係する。食品成分表には生19・3%、かば焼き21・0%と出ているが、これは平均的な数字で、実際は天然ものなら数%から30%までと幅があり、関東と関西でも違いが見られる。しかし養殖ものでは15〜22%とほぼ一定である。

▼鰻を蒸すと脂肪が溶け出して抜けるので、それから焼く関東風はさっぱりしているが、関西ではすぐに焼くので脂肪が多く、ややこってりした味になる。

▼いずれにせよ焼き上げた鰻100gのうち、約1/4に当たる25g近くは脂肪なので、エネルギーの摂(と)り過ぎに注意する。ちなみに、かば焼き100g当たりのエネルギーは340 kcal ほどである。一串80gのかば焼きが2〜3切れのったうな重は

1000 kcal近くなることに注意。

焼きハマグリは靭帯(じんたい)を切ってから焼く

焼きハマグリは、ハマグリから出た汁のおいしさが身上で、汁の味だけで食べることが多いもの。ところがそのまま焼くと、殻が開いた瞬間に貝がひっくり返って、汁がこぼれてしまう。

ハマグリは2本の貝柱が両方の殻にくっついていて、貝柱の伸縮と殻をつないでいる靭帯の力で2枚の貝殻を開けたり閉じたりする。なんの細工もせずに焼くと、火にかけた側の貝柱が殻からはずれてしまうため、身が上の殻にくっついてひっくり返ってしまうのである。そうならないためには、焼く前にハマグリの靭帯を切っておけばよい。靭帯とは、ちょうつがいの横にある、こぶのように突き出た部分で、包丁で簡単にこそぎ落とせる。

あるいは、焼く前にいったん身を取り出してから殻に戻して焼くという方法もある。貝柱と殻を切り離したわけだから、火にかけても殻は開かず、汁もこぼれない。こうする場合は、身に味噌を付けてから殻に戻して焼いてやると、焼きハマグリ風の味噌田楽になって、目先が変わって面白い。

干物は酒をひと刷毛塗ってから焼く

干物でも、一夜干しのように軽く干されたものと、よく干されたものとでは焼き方が違う。

甘鯛や笹ガレイの一夜干しのように、軽く水分を抜くことによってうま味を増し、同時に生臭みを抜く手段として用いられているのが一夜干し。だから、さっと火を通すくらいに生っぽく焼くほうがおいしい。表面に水分を補ったほうが早くきれいに焼けるので、酒をひと刷毛塗ってから焼く。また焼き上がりには、みりんあるいは酒とみりんを合わせたものを塗って、軽くあぶると、香ばしい焼き色が付く。

一方、よく干した干物は、日持ちさせるのが目的で干してあるので、うま味を生かすというより水分を与えて焼くということに気を配ったほうがよい。焼く前に霧吹きなどで酒をかけ、多少の水分を加えると焼き上がりがふんわりし、干物独特の臭みもやわらぐ。またこの酒にショウガ汁や醤油を少量加えて風味を付けてもよいだろう。

科学の目

▼一夜干しでも、よく干した乾物でも、生魚に比べると水分が少ないので、火にかざすとどうしても焦げるのが早い。

▼焼き魚のような乾式の加熱法は、表面が適度に焦げたら、内部が生でも加熱はそこ

で終わらせなければならないので、表面にある程度水分を含ませておけば、焦げる速さと内部への熱の伝達とのバランスをとることができる。
▼そのとき、ただの水よりは酒やみりんのほうが風味の上でも好ましいことはいうまでもない。また、アルコールはタンパク質の変性を促進して、表面の組織を引き締め、一夜干しでは汁などの流失を防ぐ働きも期待できる。

野菜の直火焼きは油を塗って焼く

焼き魚には、やはり焼いた野菜を添えて、季節感をさらに演出してみるのもよいだろう。だが直火焼きの場合、そのまま焼いてしまうと干からびたり、まだらに焦げたりして見た目が汚くなってしまう。それを防ぐには、表面に油を塗るとよい。塩がとまりやすく、油が膜となって水分が抜けるのを防ぐので、干からびず、つやよく焼き上がる。またまんべんなく火が伝わって早く焼けるので、焦げることもない。

水分の少ないキノコ類は、油の代りに酒を振っておくとよいだろう。表面をさっと焼いて、中はまだ生っぽいくらいに焼き、焼き上がりに汁がポトッと落ちるくらいがおいしい。イモ類やカボチャなどは、下ゆでして中まで火を通してから焼く。

またキュウリなど水分の多いウリ類などを塩焼きするときには、じかに塩を付けると流れてしまう。そこで、軽く油を塗った上に卵白をつけてから塩を振るようにすれば、塩が流れることもなく、水分の蒸発も防ぐことができる。

科学の目

▼みずみずしい野菜の特徴は水分にあるので、焼き物とはいえ、その水がすっかり抜けて乾いてしまうのは、特徴を失うことになり好ましくない。

▼水とは混じり合わない油を表面に塗るのも、酒を振るのも、水分を保持するのが目的である。

▼またキュウリに卵白を付けて塩を振るのは、加熱によって卵白が熱凝固して壁を作り、水の流出を防ぐ効果をねらったものである。

【五】煮る・煮物

魚の煮付けには カツオだしは使わない

魚を煮るときのだしには一番だしは使わない。カツオのうま味はかえって邪魔になるからである。だし汁よりも酒のほうがこくが出るのでおいしく、水に酒を合わせるか、あるいは酒だけでもよいくらいである。いずれにせよ酒はたっぷり使いたい。それに砂糖やみりんなどの甘味と醬油を合わせる。砂糖やみりんはつやが出るが入れ過ぎると味がしつこくなるので、少量に。酒を多用すれば、みりんの甘味を補うことができる。砂糖は上白糖よりもグラニュー糖や水飴、あるいは氷砂糖を用いたほうがあっさりと仕上がる。香りが大切なので、醬油は濃口。たまり醬油を足してもよいが、初めから加えると香りが飛んでしまい、また身の中まで黒くなってしまうので、煮上がる直前に加えてさっと回すようにする。

ウドやレンコン、白ネギ、菊菜、水菜などの野菜や、豆腐、麩などを合わせてもおいしいが、これらは仕上げのときに鍋に入れてさっと煮るだけでよい。だから野菜類は当然下ゆでしておく必要がある。

科学の目

▼カツオのだし汁に含まれるうま味成分はイノシン酸という物質が中心である。この物質はカツオだけではなく、サバ、アジ、イワシなど多くの魚にも含まれている。だからサバ節でも煮干しでも同じようなだしが取れる。

▼煮魚の場合にカツオのだしを使うのは、魚に含まれるうま味と共通の成分を重ねて加えているのにすぎない。

▼白身魚は赤身の魚に比べるとイノシン酸の含有量は低いが、それでもかなりの量が含まれることは事実で、それぞれの魚の持ち味を生かすためには、わざわざカツオの味でそれを隠してしまうのはマイナスである。

魚の煮付けは合わせだしを煮立てたところに魚を入れる

魚は煮れば煮るほど味が逃げる。冷たいだし汁の中に魚を入れてから煮立てたのでは、煮汁の中にうま味が逃げてしまう。魚の煮付けは、あらかじめ調味して沸騰させた煮汁に入れてさっと煮るのが原則で、そうすれば表面が急激に固まって、中のうま味が逃げず、煮崩れもしない。

魚を鍋底にすき間なく並べることのできる鍋を用いることが大切で、煮汁の分量は魚が8割がたかぶるくらいが適量。煮汁が多いと、落とし蓋をしても魚がおどってしまうし、魚のうま味が無駄に煮汁に出てしまう。盛りつけたときに、煮汁が皿に全部入って、鍋には残らないくらいの分量に煮上げるのが目安である。

手順としてはまず、魚はどんなものでも必ず熱湯で霜降りにし、うろこや血合、ぬめりを取り除く。そして煮立てた煮汁で煮ていくが、このとき煮汁が沸騰したところに魚を入れるより、鍋に魚を並べておいたところに、別鍋で沸騰させた煮汁を注ぐほうが作業しやすい。

煮ている途中で魚を返すことができないので、落とし蓋をして全体に煮汁がゆきわたるようにする。この場合は、木の落とし蓋がよい。魚がおどらないよう、多少重みがほしいからである。また、煮ている途中で、何度か煮汁をかけてやることも必要である。火加減は、落とし蓋の周りからあぶくがたえず出ているくらいがよく、早く火を通すことが肝心なので、コトコトと静かに煮ているようではだめ。

鍋に蓋はしない。魚の生臭みは湯気で蒸発していくので、鍋蓋をすると臭みがこもってしまう。また、煮汁を煮詰めていくことで魚のうま味を凝縮させるので、蓋をせずに水分をどんどん蒸発させて煮詰めていく。煮汁が煮詰まっていくと、落とし蓋がきかなくなってくる場合があるが、そんなときは落とし蓋をはずして玉じゃくしで煮汁を回すようにする。
魚の煮付けというのは、魚の持ち味を生かす煮方で、煮汁を中までしみ込ませる必要はない。だから、盛りつけるときには煮汁をたっぷりかけて、ほぐした身に煮汁を付けながらいただくようにする。また煮上がったところが一番おいしいので、煮ておいて食べるときに火を入れ直すということは避けたい。

科学の目

▼煮魚の汁に魚を入れてから加熱を始めると、温度が上がっていく間に、うま味が汁のほうへ溶け出す。これを防ぐには煮立った汁を加えるのがよい。表面のタンパク質が熱凝固して一種の壁を作り、内部のうま味などの流出が防げる。肉の塊を鉄板で焼くとき、初めに強火で表面を焼き固めるのと同じである。
▼煮魚は汁を飲むわけではないので、煮汁は少ないほどよい。しかし、汁が少ないと露出した魚の部分には味が付かない。そこで落とし蓋をする。煮立った汁が蓋に当たり、魚体の上からもかかって味が付くので、汁全体に浸されたのと同じ効果が得られる。
▼また煮魚は短時間で終わるので、落とし蓋をしておけばそれ以上鍋蓋をする必要はない。蓋があるとかえってトリメチルアミンなど揮発性の臭気成分が鍋にこもって、

全体が生臭みを帯びてしまう。

イワシのしょうが煮はまず酢で煮る

イワシは安価で、栄養価の高い魚である。できるだけ利用したいものだが、新鮮なものでもくせが強いのが特徴である。また脂分や水分が多いため、長時間煮ても味がなかなかしみ込みにくい。

イワシの煮物といえば、くせを抑えるために「しょうが煮」にするのが代表的だが、これをさらに食べやすくする方法を紹介しよう。

それは、煮汁で煮る前に、まず水に酒と酢を加えたもので完全に火が通るまで煮るのである。これはアクを出し切るためで、この煮汁は捨ててしまう。このように下煮をしておくと、イワシ独特のくせが取れ、酢の効果で骨まで軟らかくなって、多少大きめのものでも骨ごと食べられる。

次に新たに酒と水、ショウガを加えて火にかけ、温まれば砂糖やみりんを加え、最後に醤油で味付けをする。

合わせた煮汁でさっと煮る煮付けとは違って、このように調味料を順番に加えて煮ていくのは、じっくり味をしみ込ませるため。野菜の煮物のように、ある程度味をしみ込ませたところでいったん火からはずし、冷めるまでしばらくおいてからまた火にかけるようにして繰り返し煮ていくと、よりおいしい。
なお手順が前後するが、イワシは調理する前に十分水洗いをしておくこと。イワシの臭みはまず水洗いの段階でよく取っておくようにしたい。

科学の目

▼イワシは安価で、日常ありふれた魚のようでいながら、逆にコストをかけて冷凍したり、遠隔地へ輸送したりすることは少ないので、目刺しや丸干しのような保存用の加工品以外は、かえって入手しにくい魚である。また新鮮なものを入手しても、鮮度が低下しやすく、トリメチルアミンのような魚臭成分も増加していることが多い。さらに小魚で組織も軟らかく、死後硬直が終わると急速に軟化が進む。
▼こういう理由から、イワシは鮮度や持ち味を重視するよりも、濃い味を内部まで完全にしみ込ませ、熱をかけて組織を引き締め、かつ骨まで軟らかくする料理法が行われてきた。
▼例えば酢を使って煮ると、食酢中の酸は骨のカルシウムに作用して軟らかくし、アルカリ性のトリメチルアミンを中和して、魚臭を抑えることができる。よく洗う、酒を使う、濃い味付けで長時間加熱するといった料理法も目的は同じ。

背の青い魚は梅干しで煮ると風味が生きる

前項ではイワシを酢で煮てくせを取る方法を紹介したが、イワシはまた、梅干しで煮てもおいしい。イワシに限らず、アジやサンマなど背の青い魚のくせを取るのに梅干しは効果的である。

原理的には酢で煮るのと同じであるが、梅干しは酢ほど酸味が強くないため、風味よく仕上がる。最初に梅干しを入れて煮ると、ほどよく酸味が付いてくせが抜ける。さらに、身が締まって煮崩れも防げるし、日持ちもよくなる。

酢を使うか梅干しを使うかは好みである。一般に、骨まで軟らかくしたい場合は酢を使い、骨まで食べないときや風味を生かしたいときは梅干しを使うようにすればよい。併用してもよいし、風味付けに有馬山椒(ありまざんしょう)やショウガを加えてもよい。

科学の目

▼梅干しはアクを除いた青梅に約15%の食塩と赤ジソを加えてできた梅漬けを干したもので、塩分の他に3〜4%の酸を含んでいる。食酢の酸味が酢酸だったのに対し、梅干しではクエン酸とリンゴ酸が主体である。酢酸に比べて、酸としての作用はおだやかで刺激性も少ない。

▼アジやサンマのような背の青い魚は、イワシと同様、魚臭成分や、ときにはヒスタ

ミンのような中毒物質を含む恐れも昔からあった。梅干しで煮ることによって、それらの物質を酸で中和し、風味の向上を図ったものである。
▼また酸は煮崩れしやすい魚の筋肉の熱凝固性を高めて、身を引き締める作用もある。

イカは両面に鹿の子包丁を入れてさっと煮る

イカに何の細工もせず火を通すとくるっと丸まってしまう。イカの皮には縦と横に長い繊維が走っていて、加熱するとこの繊維が強く収縮し、内側に丸くなってしまうのである。これを防ぐため、煮る場合でも焼く場合でも、両面に切り込みを入れる。前述したように、縦横2方向に繊維が走っているため、1方向に切り込みを入れただけでは不十分である。必ず縦と横の繊維を切るよう、「鹿の子切り」や「松笠切り」といわれる、2方向の包丁目を入れなければならない。このように切り込みを入れておくと、食べるときにも軟らかい。

切り込みを入れたイカは食べやすい大きさに切って火を通すが、ここで大切なことは、味を十分に含ませようと煮込んでしまわないこと。きれいに照りがついたイカの煮物は、いかにもしばらく煮込んで味をたっぷり含んでいるように見えるが、これは大きな間違いである。イカは中途半端に煮込むと硬くなる。さっと煮たときは、弾力のある軟らかさに仕上がり、逆に十分長く煮込めば、箸でたやすく切れるほどに軟ら

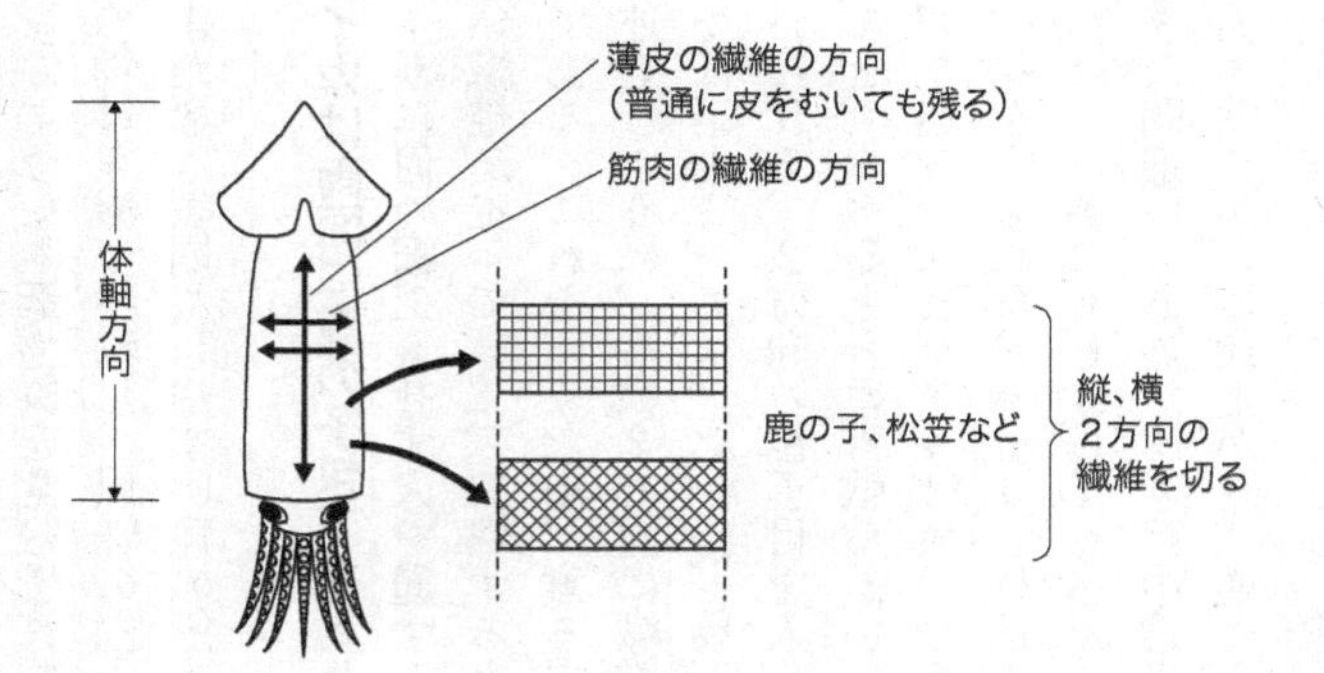
薄皮の繊維の方向
(普通に皮をむいても残る)
筋肉の繊維の方向
体軸方向
鹿の子、松笠など
縦、横
2方向の
繊維を切る

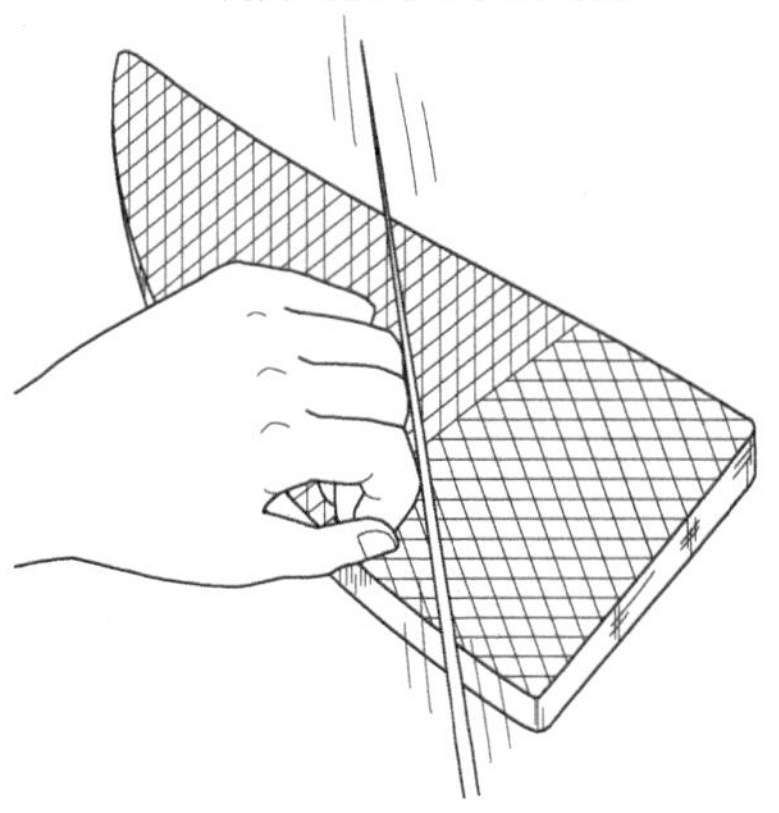
両面に鹿の子包丁を入れる

かくなる。

イカの軟らかい歯ごたえを残しながら、煮込まずに味をしみ込ませる方法を紹介しよう。あらかじめ煮汁を鍋に用意して、煮立ったところにイカを入れる。2～3分ほどさっと煮て、仕上げに葛粉（くず）や片栗粉で濃度を付け、イカにからませる。あるいはイカをさっと煮たところで取り出し、煮汁だけ煮詰めてからイカを戻してからめるという方法でもよい。このように煮ると、表面に包丁目が入れてあるので、味がのりやすく、食感もより軟らかく感じられる。

また、イカは大根や豆と相性がよい。大根や豆類は、イカを軟らかくする作用があるためで、一緒に煮ることが多い。この場合は生のイカと大根などを一緒にして、大根が十分軟らかくなるまで1時間ほどじっくり煮る。

科学の目

▼イカには体軸と直角（胴体を輪切りにした時の方向）に筋肉の繊維が走っているが、表面の皮は4層あって、そのうち内側の2層は、体軸と平行（胴体と足を結ぶ方向、つまり筋肉繊維と直角方向）に繊維が走り、ふつうに皮をむいたときこの2層は残っている。

▼加熱した時の収縮を平均に起こさせるためには、縦・横または斜めに切れ目を入れ

て、両方向の繊維を短く切っておく必要がある。

魚の甘露煮は素焼きにして蒸してから煮る

小魚や川魚は、甘露煮にしておくと日持ちがし、常備食として便利だし、酒の肴にもなる。

一種の保存食であるから、十分に水分を抜いて、味をよくしみ込ませることが必要である。そのため、煮る前に素焼きして、さらに蒸すということをしておく。素焼きの目的は、水分を抜くとともに香ばしさを付けるため。そのためには、皮にしわが寄るくらいまでよく焼かなければならない。火が強いと水分が抜ける前に焦げてしまうので、中火の遠火にして、火加減に気を付けながらじっくり焼く。

素焼きしたあとは蒸して、余分な脂分を取る。蒸す時間は20分くらい。この段階で骨まで軟らかくしておくために、途中で霧吹きで酒を何度もかける。

蒸す代りに、熱い番茶を注ぐという方法もある。素焼きした魚に沸きたての番茶を注いで落とし蓋をし、冷めたら茶は捨てる。

番茶には、脂分があることによって出てくる渋味を除き、また身を軟らかくする効果がある。

科学の目

▼甘露煮は形を崩さずに中まで軟らかく、しかも完全に味がしみ込んでいることが大切である。

▼形を保つためには表面を乾燥させればよい。このときただの乾燥より、弱火で素焼きにすると、乾燥と同時にアミノ酸やうま味成分のさまざまな変化も起こって、風味も舌ざわりもよくなり、時間も短縮できる。焼き魚やふつうの煮魚とは逆に、表面も内部も同じ歩調で水分の蒸発が進んでいくように、中火の遠火にする。

▼魚の脂肪、特に川魚の脂肪は酸化が進むと悪臭を放つこともあるので、蒸して余分な脂肪を抜く。この際に、皮や骨に含まれるコラーゲンというタンパク質は、加熱によって一部がゼラチンに変わり軟らかくなる。

▼一方、酒を霧吹きでかけると、表面に水分が補給され、同時にアルコールがタンパク質に作用して表面を引き締め、味を調えることができる。

甘露煮は弱火で煮ては冷ましを繰り返す

甘露煮は、酒、砂糖やみりんなどの甘味、醤油を、順番に加え、日にちをかけてじっくり煮ていくもの。

前項で述べたように、素焼きして蒸した魚は、まず水と酒と昆布で煮る。ある程度火が通れば甘味を入れてしばらく煮てから、醤油を加え、軽く煮立てたら火を止める。そのまま1日おいて、次の日にまた火を入れて静かに煮る。本来は炭火でトロトロ煮ていくのがベスト。途中、煮詰まり過ぎれば水か酒を足す。このようにして煮ては冷ましを1週間ほど繰り返すと、料理店で出される甘露煮の味とこくが出る。

煮るときは落とし蓋をする。煮汁が多い時点では木の蓋でもよいが、煮詰まってきたら紙の落とし蓋にしないと魚の表面が乾いてしまう。紙蓋に替えたあとも、その上に木の落とし蓋を重ねておくと、魚と紙蓋がぴったり合わさって、より効果的。煮汁が少なくなって、落とし蓋がきかなくなれば、鍋を傾けて煮汁をかけてやり、煮汁が底にわずかに残るまで煮詰めればでき上がりである。

科学の目

▼形を崩さずに味をしみ込ませるためには、魚体をまったく動かさずに、時間をかけて調味料を浸入させていくのが理想である。
▼なるべく沸騰させないように弱火にして、熱をかけては冷まして調味料を浸透させ、再び加熱しては冷ましというように、加熱と冷却を反復してゆっくりと味を浸透させる。
▼このとき調味料をムラなく浸透させるために落とし蓋や紙蓋を用いる。

甘露煮するときは鍋に竹の皮を敷く

甘露煮は、魚の中まで十分味を入れるとともに、表面にも煮汁をからませて、つやよく仕上げることが大切である。そのため、煮汁がなくなるまでじっくり煮詰めることになるが、鍋に直接魚を並べると焦げてしまう。そこで、竹の皮を鍋底に敷き、その上に魚を並べて煮るようにする。

といっても、竹の皮はそのまま敷くのではなく、細工が必要で、縦に何本も切り込みを入れておく。すると、竹の皮が水分を吸ったとき縦の線1本1本がそれぞれくるっと丸まる。

つまり鍋底と魚との間にすき間ができて焦げつきにくくなり、また網を敷いたような効果が出るので、煮汁が魚によく回るのである。

もう一つのコツは、魚を何層かに重ねて煮るときは、細くさいた竹の皮や細い竹を間に挟む。これによって、魚の皮と皮がくっついて皮目が汚くなるのが防げ、さらに煮汁が均等にゆきわたって、一尾一尾にこってりとした味とつやが付く。

また、分量を多く煮るときは、鍋の中央にステンレスの筒缶を置いて、その周りに魚をドーナツ状に並べる。煮ていくうちに缶の中に入っている煮汁を魚に回しかけてやるのである。

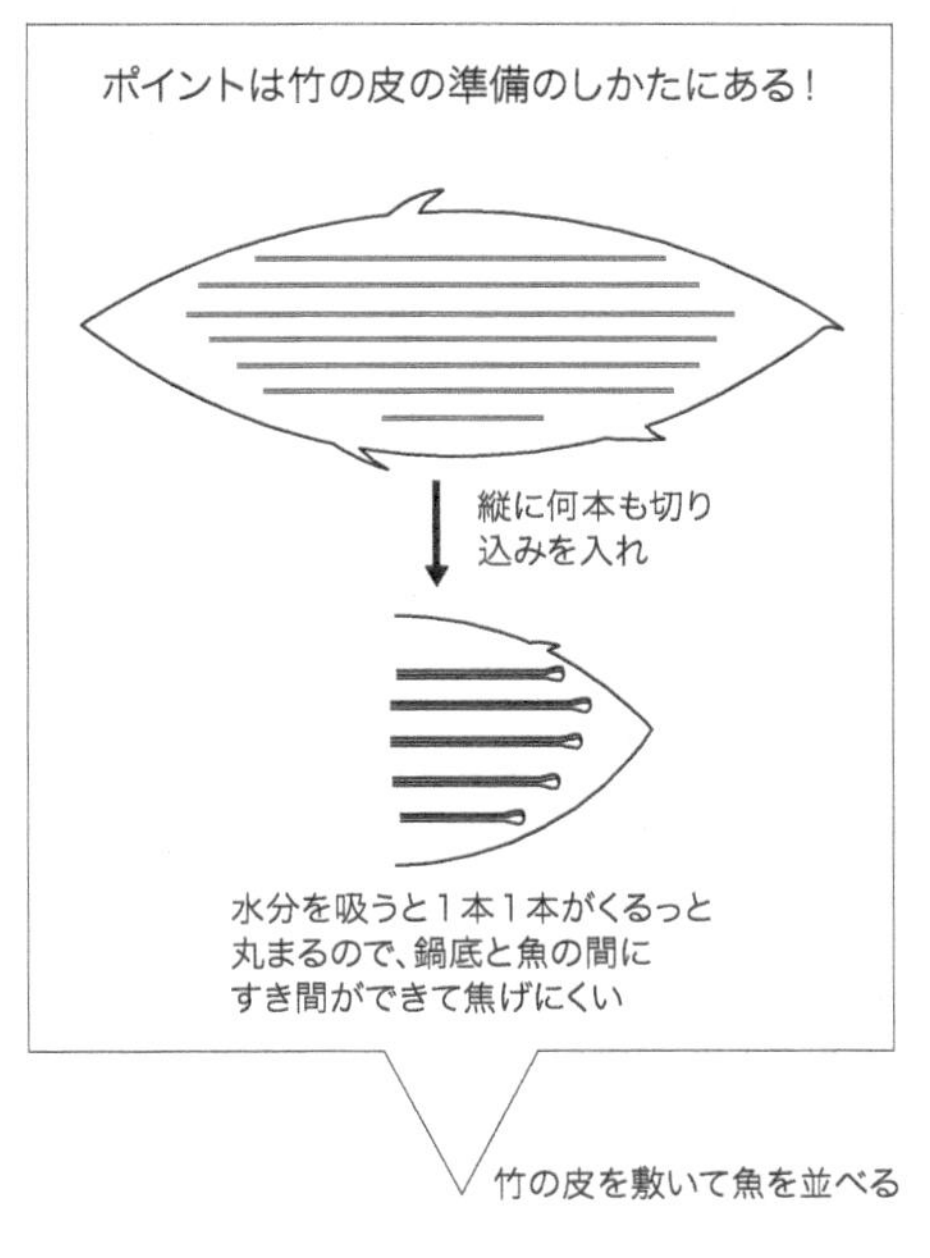
ポイントは竹の皮の準備のしかたにある！
縦に何本も切り
込みを入れ
水分を吸うと１本１本がくるっと
丸まるので、鍋底と魚の間に
すき間ができて焦げにくい
竹の皮を敷いて魚を並べる

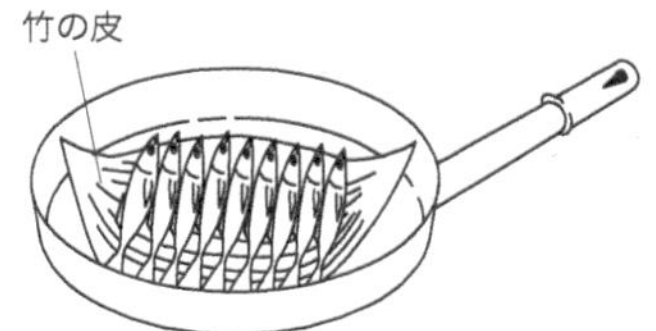
竹の皮

科学の目

▼鍋の中で魚体が直接重なり合った状態で、重みがかかると、煮えて軟らかくなるにしたがって、魚の身が崩れてくる。
▼切り込みを入れた竹の皮を鍋に入れるのは、魚どうしおよび魚と鍋の間に空間を作るためで、これにより煮崩れを防ぎ、調味料の浸透も温度分布も均一になり、一尾ずつよく煮えて、調味料もしみ込んだ甘露煮になる。

昆布巻きは煮る前に下ゆでする

ニシンやモロコを昆布で巻いて煮る昆布巻きは、おせち料理だけでなく、酒の肴やお弁当のおかずにも便利なもの。昆布巻きは昆布の味ではなく、昆布の中に巻いた魚のうま味とだしで賞味するものである。したがって使う昆布は、薄くて軟らかいものがよい。

まず昆布を20～30分水で戻して軟らかくする。昆布がある程度軟らかく戻ったら、1個分の大きさに切って魚を巻いていく。このときのコツは、きちっと巻くと煮るにつれて締まり、昆布が膨らむのを妨げるので、余裕を持たせてむしろいい加減に巻いていくこと。

これをまずたっぷりの水で下ゆでし、水にさらす。これは昆布のぬめりを除くのが目的。ゆでていると、ぬめりが浮いてくるので、そのつど取り除いていき、出てこなくなれば引き上げる。沸騰してから20分くらいはかかるだろう。引き上げたあとも、水にさらして表面のぬめりを取ることを忘れないように。このように下ゆでせずにいきなり味を付けて煮ると、昆布のぬめりでドロドロになってしまう。

そのあとだしで煮ていくときには、鍋にきっちり詰める。横積みにするより立てて並べて入れるほうがよい。だしが上下に通って味の回りがよく、中までよくしみ込むからである。また、昆布の戻し汁は、だし汁として用いるとよい。

まずだしである程度煮てから、砂糖と醬油を順に加えて味を含めていく。みりんは昆布を締めて硬くしてしまうので、使っても少量に。ある程度煮たら火からはずして冷まし、これを繰り返しながら味を含めていくようにする。

科学の目

▼昆布を水に漬けておくと膨潤が進んで体積は増加し、吸水が終わると乾燥時の約10倍近くにもなる。したがって戻した直後には、材料をゆるやかに巻く。あまり長時間水に漬けておくと、昆布の組織が崩れやすくなる。

▼昆布のぬめりはアルギン酸という一種の炭水化物で、高温の湯に溶け出すので、下ゆでして水で洗うと大部分取り除くことができる。そのあと味を含ませるときには、

昆布巻きは鍋に立てて並べ、煮ていく

真ん中に底を切り取ったステンレスの筒缶を置いて昆布巻きをドーナツ状に並べて煮れば、缶の中の煮汁をかけながら煮含めていくことができる

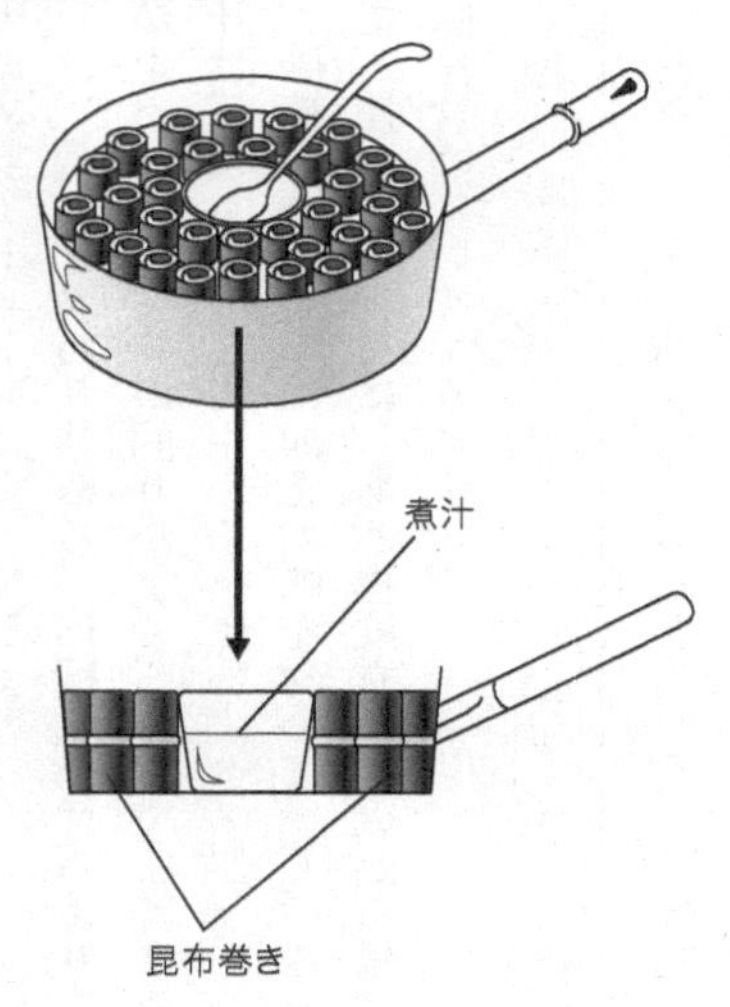

組織が大変崩れやすくなっているので、かんぴょうで巻いて煮崩れを防ぐ一方、余分な重みがかからぬよう鍋に立ててきちんと詰め、甘露煮の要領で、静かに味をしみ込ませていく。

豚の角煮はおからで下ゆで

豚肉の脂っぽさを抜いて、舌の上でとろりととろけるように仕上げた「豚の角煮」。料理店で出されるあの光沢と、意外なほどさっぱりした味わいは、家庭でなかなか出せないものの一つである。

角煮に使う豚の三枚肉は、日本料理で最も脂身の多い材料である。この脂身をそのなめらかな舌ざわりだけを生かし、余分な脂肪分を抜くにはテクニックが必要になってくる。

まず、5cm角くらいに切った肉をフライパンで焼くが、このとき油を敷かず、豚肉自体から脂を引き出させること。そして、焼いている間に出てくる脂はそのままにせず、どんどん捨てていくこと。次に、焼き色の付いた豚肉は、ザルに取って熱湯をかけ、脂抜きをすること。このようにまず表面を焼き固めて香ばしさを付け、同時に外側の脂分をざっと取るのである。

ところで、このように焼いたり、次に述べるように下ゆでしたりしていくと、肉は最終的に半分くらいの大きさになってしまう。だから、仕上がりの大きさより5割増しくらいに切っておくようにする。

さて焼いた豚肉は、次にたっぷりの水でゆでて余分な脂肪分を抜いてしまうのだが、ここでポイントを一つ。それは、ここにおからを加えることである。三枚肉をゆでると脂肪分が水の中に出ていくが、脂は水に溶けないので、長くゆでているうちに再び肉の中に戻ってしまう。だが、おからを入れておくとおからが脂分を吸着してくれるので、その心配がない。また、豚肉独特のにおいも消す働きがある。おからの分量は、4Lの水に対して500gくらい。入れ過ぎるとドロドロになってしまう。ゆでるときにネギやショウガを入れておくのもにおい消しのためである。

ゆでているうちに肉は浮いてくる。串を刺しても肉が沈まずスッと刺せるくらいまで軟らかくゆでるのがコツで、数時間はかかる。常にたっぷり湯をかぶっている状態でゆでるようにし、ゆでている間にゆで汁が少なくなれば湯を足す。ゆで終わったら水に落として冷まし、おからを洗い落とす。そのあとさらに水でさっとゆでると、おからのにおいは完全に取れる。

科学の目

▼脂は水に溶け合わないので、脂身の多い豚肉を水で洗っても脂抜きはできない。し

かし脂肪は約40℃以上の温度では溶けて液体になるので、それが水に流されて、余分な脂肪が除去できるわけである。
▼おからは大豆をすりつぶしてタンパク質を抽出し、固めて豆腐にしたあとの大豆のかすなので、大豆中に含まれていたレシチンその他の成分が多少は残留していると考えてよい。レシチンは本来溶け合わない水と油の双方と結合して、両者を結び付ける乳化作用がある。
▼おからで煮ると、豚肉の脂身はにおいの成分などとともにある程度おからに吸収される。だから脂肪そのものを水で洗い流すより、脂肪を吸着しているおからを水で洗い流すほうがずっと容易でかつ完全である。

野菜の皮は厚めにむく

色よく、煮崩れせず、味も十分しみ込ませて……野菜の煮物を上手に作るのは意外に難しい。切り方、下ゆでなど、下ごしらえのときから気を付けるポイントをいくつか押さえておこう。

この項ではまず切り方について述べよう。

一本のものでも、先のほうか根元のほうかによって硬さが違うことに注意しよう。大根は、首に近いほうが硬く、先の細いほうは軟らかい。だから、首のほうはやや薄め、あるいは小さめに切り、先のほうは厚め、大きめに切らなくてはいけない。タケノコなら、先は軟らかいが根元は硬い。だから、先のほうは縦に切り、根元のほうは輪切りにする。

皮は、一般に厚めにむく。皮近くは筋っぽいからである。大根など、輪切りにした切り口を見ると、皮の内側に白っぽく繊維が見えるが、ここまでむき取るようにしたい。また、新鮮な野菜は薄くむいてよいが、そうでないものは厚めにむこう。

次に、カボチャやカブ、大根、里イモなど煮崩れしやすい根ものは、面取りしておくこと。つまり角を削って丸くしておく。

こうして切った野菜は、いったん水にさらす。これによってアクが抜けるだけでなく、水分を吸収するので煮えるのが早くなり、長く煮ることで起こる煮崩れや色あせを抑えることができるのである。

土から上のものは熱湯で、下のものは水からゆでる

野菜の煮物を作るときは、あらかじめ下ゆでしておくことが必要。下ゆでによって、アクやくせを取り除き、煮汁の味の含みもよくする。また、下ゆでせずにいきなり煮汁で煮ようとすると、味が付くのに時間がかかるためそれだけ長く火にかけていなければならず、煮崩れしやすくなる。下ゆでしておけば、あとはさっと煮汁で煮てから

そのまま漬けておくだけで味を含ませていくことができるので、煮崩れや色あせが防げるのである。

さて、水からゆでるか熱湯でゆでるか。原則は、葉ものやさやものは熱湯で、根ものは水からゆでる。あるいは、土より上のものは熱湯で、土より下のものは水からという目安でもよい。ただ、同じ野菜でも切り方によって違うことを頭に入れておくこと。例えば大根なら、大きく切ったときは水からゆでるが、薄く切ったときは熱湯でゆでる。

また、何でも一律に、同じようにゆでればよいというものでもない。歯ごたえを楽しみたいもの、新鮮なもの、軟らかいもの、小ぶりのものは、やや硬めに下ゆでする。一方、じっくり味を含ませたいもの、ややくせの強いもの、硬いもの、大ぶりのものは軟らかくなるまでよく下ゆでしておく。この場合、ぐらぐら煮立てず、静かにゆでることが大事である。

ただこれも、どんな仕上げにしたいかによって、下ゆでする必要がない場合もある。例えば「じゃがいもの煮っころがし」のように、こってりとした味でやや煮崩れ加減に煮たほうがおいしいものは、下ゆでせずに直煮（じかに）していけばよい。

あるいはカボチャや大根などでも、料理店では色と形の美しさを大切にするので下ゆでするが、家庭で形の美しさよりこくのある味を出したいと思うなら、いきなりだしで煮ていってもかまわない。

一方、同じ大根でも、あるいはカブやゴボウなど、薄味で白っぽく仕上げたいときは、米のとぎ汁で軟らかくなるまでゆでておかなければならない。そして、カツオ節の味をきかせて薄く味付けしただしでさっと煮て、あとはそのまま冷ましていく。

このように、鮮度、硬さ、大きさ、そして仕上げのイメージによって、ゆで方も変えていくことが大切である。

科学の目

▼組織が硬く水分の多い野菜を加熱するとき、大きいかたまりをいきなり熱湯に入れると、表面だけが高温にさらされて、内部との温度差が大きくなり、中まで軟らかくなるのを待つ間に表面が崩れたりする。初めから常温の水中でゆっくり温度を上げていけば、表面も内部も比較的均等に温度が上昇していく。
▼一方、大きく切った材料に調味料をしみ込ませるときも、生の材料にいきなり味付けをすると、表面だけ急な脱水が起こったりして、軟らかさだけでなく味も不均一になってしまう。
▼そこで、あらかじめ水から下ゆでして全体を均一に軟らかくしておけば、あとの味付け段階でも調味料は内部まで平均に浸入していく。下ゆでは組織が硬く、しかも大

切りして使うことの多い野菜、すなわち土から下の大根、ニンジン、ゴボウなど根菜類に必要な手段で、組織の軟らかいナス、ピーマンや表面が広い青菜のような土から上の野菜には必要ない。

野菜の煮物はかすかな湯気の火加減で

野菜の煮物で大切なことは、煮汁の中で絶対沸騰させてはいけないことである。野菜が鍋の中でおどって動いてしまうと、形が崩れ、色もあせてしまう。煮汁の表面がほとんど泡立たず、かすかに湯気が上がる程度の火加減で気長に煮る。そして、材料は鍋の底に一列に並ぶようにし、なるだけすき間を作らないこと。また、材料を重ねないこと。そして、煮汁の量はひたひたにすること。すなわち、材料の分量に合った鍋を選ぶことも重要である。

ここで味を十分含ませるポイントを二つ。一つは「追いガツオ」といって、削りガツオをガーゼに包んだものを煮始めるときから一緒に入れて煮る。こうするとカツオ節のうま味が材料にしみ込んでうま味が増す。

もう一つは、一度煮えたらいったん冷ますこと。すっかり味が付くまで長く煮続ける人がいるが、形が崩れ、色あせていくばかりで、味のほうは時間をかけて煮たほどにしみ込んでいないものである。ある程度煮たら、火を止めてそのまま冷ましておくと、材料が冷めるにつれて煮汁の味が中までぐっと入っていく。薄味に仕上げたいものは、十分軟らかくなるまで下ゆでしておき、合わせただしでさっと煮たらあとはそのまま冷めるまで置いておくだけで十分味はしみ込む。また味がしみ込みにくいイモ類は、煮ては冷ますことを2～3度繰り返す。

科学の目

▼生野菜には、平均すると90％以上の水分が含まれ、青菜、ウリ類、フキなどは95％以上にも達する。だから野菜の煮物を強く加熱すると、何より大切な形が崩れたりする。「かすかに湯気が上がる火加減」というのは強熱を避ける手段にほかならない。
▼煮物に加える調味料は拡散現象により材料にしみ込んでいくが、この現象は低温でも時間さえかければ静かに起こり、形を崩すことなく内部まで均一な味を付けることができる。味のしみ込みにくい組織の硬い野菜や大きく切った野菜には、下ゆでをしておくか、または見えないようにかくし包丁をしておくとよい。

途中で追いだしをする含ませ煮

野菜を煮るときに味を付ける順序として「さしすせそ」の順で、とはよくいわれること。これは、さ（砂糖）、し（塩）、す（酢）、せ（醤油）、そ（味噌）のことで、もっと簡単にいえば、甘味を先に、塩分はあとで加えると覚えればよい。このように、まずだしである程度煮たあと、甘味と塩気の順に味を付けていく場合もあるが、最初から調味料を合わせた「合わせだし」に入れて煮ていく場合もある。魚の煮物は合わせだしで煮ていくが、これについては１９３頁で述べたので、ここでは野菜の煮方について説明しよう。

煮崩れしやすいもの、例えば西洋カボチャなどは合わせだしで煮る。あるいは、薄味で色をあまり付けずに煮たいときも、合わせだしでさっと煮て、そのまま冷まして味を含ませていく。この場合はもちろん、あらかじめ軟らかく下ゆでしておくことが必要である。

これに対して、味をじっくり含めていきたければ、まずだしの味を入れてから甘味を加え、甘味が付いたら塩や醬油を加える。例えば「子いもの含ませ煮」がそう。下ゆでした子イモを、まずだしと酒を合わせたもので10分ほど煮る。そして砂糖かみりんを加えてさらに10分煮てから、醬油や塩で調味してさらに5分程度煮て火を止め、そのまま冷ます。なお最初にだしで煮るときに、「追いガツオ」といって削りガツオを足して煮るようにする。これについては次項２２１頁で詳しく述べている。

また、煮物の味付けでもう一つ大事なことは、最初に合わせた味が、そのまま仕上げの味になるのか、あるいは煮詰まった味が仕上げの味になるのかということである。

最初の味で仕上げる例としては、「大根の含ませ煮」など、特に薄味の煮物である。この場合気を付けたいのは、煮詰めていくうちに当然味が濃くなっていくので、煮詰まればだしを足し、常に最初のようにひたひたの状態を保って煮ていく。これを「追いだし」という。

一方、「筑前煮(ちくぜん)」のように、煮汁を煮詰め仕上げていく煮物では、最初の味が仕上げの味ではない。この場合は仕上げの味をイメージした上で最初の調味料の分量を加減する必要がある。さらに、どのあたりまで煮詰めたところがいちばんおいしいかと判断して煮上げる、そのタイミングが大事である。料理の仕事の中でも煮物がいちばん難しいといわれ、経験を積んだ者があたるのも、これらの味付け加減に熟練を要するからである。

科学の目

▼塩は砂糖より早く材料にしみ込んで、組織を引き締め、あとからの砂糖を浸入しにくくする。もし塩と砂糖を同時に加えても、分子量が砂糖よりずっと小さい塩のほうが先に吸収されて、結果は同じである。

▼そこでまず砂糖(さ)を入れてゆっくりと材料に吸収させ、中まで完全にしみ込んで組織が十分軟らかくなったところで、必要な分量だけ塩(し)を加える。酢(す)

は酸味も香りも揮発するので、あとから、また醤油（せ・旧かな遣いでせうゆ）も味噌（そ）も香りが大切で、長く煮ると味も変わってくるのでやはりあとから加える。これが「さしすせそ」の順である（知識編24頁参照）。

根野菜を煮るときは追いガツオをする

イモ類や大根、カブ、ゴボウなどの根ものやトウガンなどの淡白な野菜は、よく煮込んで味をしみ込ませたいが、調味料をたっぷり使って味を付けたのでは、素材の持ち味を損ねてしまう。

砂糖や醤油の味ではなく、だしを十分きかせて賞味するのがこうした野菜の食べ方。そこで「追いガツオ」といって、削りガツオをガーゼに包んだものを煮始めるときから材料の上に乗せておく。こうすると、カツオ節のこくが野菜にしみ込んでうま味が増す。またこうした野菜は、煮たり冷ましたりを何度か繰り返して味をしみ込ませていくが、一回目の追いガツオだけではこくが出ていなければ、二度三度と新しいものに替えて煮ていくようにする。

科学の目

▼水分の多い野菜を煮るとき、あらかじめ加えておくだし汁は、野菜から水分が出て

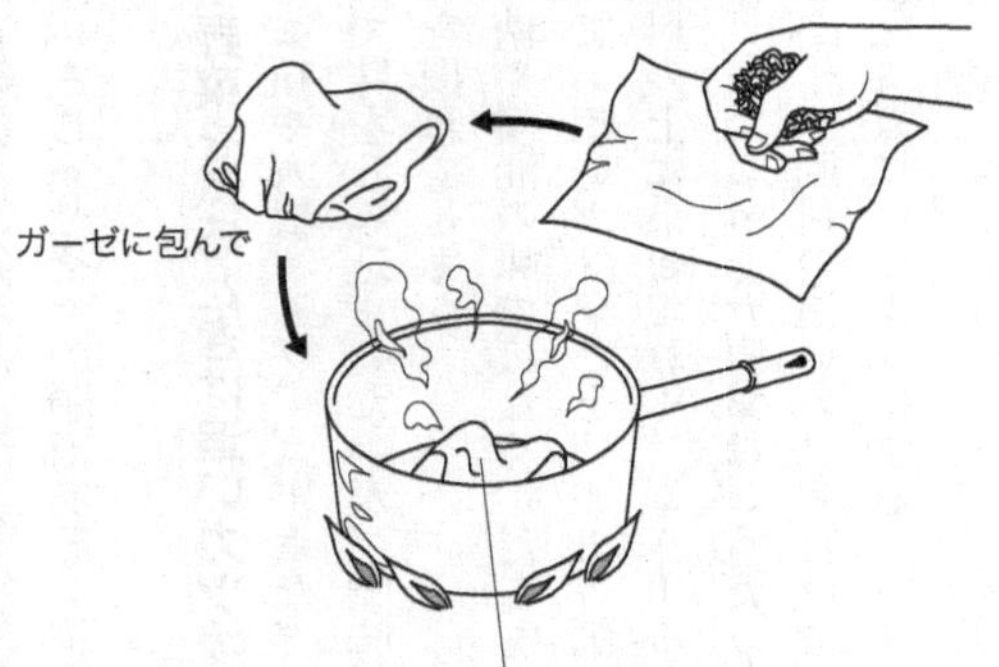
削りガツオひとつかみを
ガーゼに包んで
落とし蓋のように材料の上に乗せる

くれば当然薄まる。その薄まっただし汁が野菜に浸み込めば、全体としてうま味は不足する。

▼イモや野菜には約80〜95%もの水分が含まれているので、汁と材料が同量なら、だしの味は半分近く薄まることになる。その分を見込んで、2倍の濃さのだし汁を用意するよりは、追いガツオのように順々にうま味が追加されていくほうが風味もよく、味のバランスもいい。いわばだしのうま味の時間差抽出と考えてよい。

タケノコはカツオをきかせただしで煮る

タケノコは掘りたてがいちばんで、「朝掘りの筍」といわれるように、早朝、地表に頭を出す前に採ったものは、すぐ調理すれば下ゆでする必要もないくらいに軟らかで、アクも回っていない。このようにタケノコは鮮度が大切で、掘りたてほどおいしい。選ぶときは、泥付きのもの、皮がしっかりしていて黒ずんでいないもの、根元のいぼが白っぽいものが軟らかい。

市場で入手したものは下ゆでが必要だが、買ってきたらすぐにゆでること。皮はむかずにゆでる。皮そのものにタケノコを軟らかくする成分があるからだ。表面の皮が汚れていれば、外側の皮を1枚くらいはずすだけでよい。また先を斜めに落とし、皮だけに縦に1本切り込みを入れる。これは、ゆで汁をしみ込ませるためと、ゆでたあと皮をむきやすくするため。

ゆでるときには糠をひとつかみとタカノツメ（鷹の爪、赤唐辛子）を加えるのがポイントで、糠はアクを吸着する作用があり、タカノツメはえぐ味をやわらげる働きがある。たっぷりの水にこれらとタケノコを入れたら、落とし蓋をして強火で沸騰させ、あとは弱火でコトコトゆでる。タケノコの大きさや質によって、ゆで時間は30分から数時間と大幅に異なる。根元に串を刺して、軟らかくなっていればよい。ゆでたあとはおか上げして、湯気を飛ばしながら自然に冷ます。

タケノコは香りが強いが味わいには乏しいので、カツオ節の味を強くきかせただしで煮る。追いガツオもして（221頁参照）、さらにこくを補うことも必要である。また酒を多めにきかせて、えぐ味を和らげるとともにほのかな甘味を付けるようにする。

科学の目

▼タケノコは春先にきわめて短期間で大きな竹に成長する植物で、竹の成長に必要な活性をもつ物質が多量に含まれ、その成分内容は刻々と分単位で変化している。収穫後も時間とともにみるみるうちに変化が進み、えぐ味が増大する。
▼えぐ味の主体はホモゲンチジン酸で、米糠や米のとぎ汁でゆでると、デンプンなどに吸着するといわれる。もう一つのえぐ味成分であるシュウ酸も、収穫後急速に増え

Ⓐ 穂先を斜めに切り落とす。
切り口から縦に皮だけ切り込みを入れる

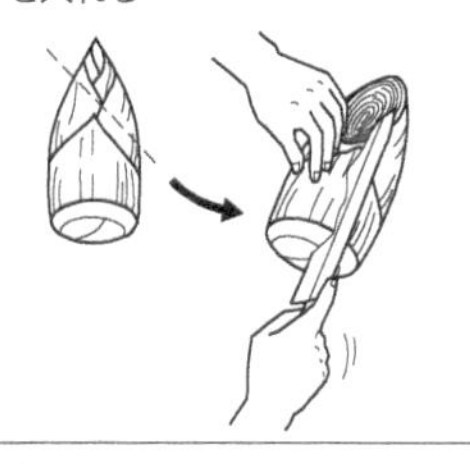

Ⓑ たっぷりの水に、タケノコ、米糠、タカノツメを入れる。落とし蓋をしてゆでる

Ⓒ 根元に金串がらくに通るくらいになれば、おか上げしてそのまま冷ます

Ⓓ 切り込みから皮をむく

Ⓔ よく水で洗い、根元のイボをむき取り水にさらす

るが、これも米糠でゆでると増加を抑えることができる。糠を使わずに水で煮たタケノコはほとんど大部分のシュウ酸が残留しているが、糠を使ってゆでると約半分のシュウ酸は汁のほうへ溶出する。
▼なお、皮のままゆでるのは、皮に含まれる物質（亜硫酸塩）が、繊維を軟らかくするためといわれる。

ふろふき大根は昆布だしで煮る

寒い夜、熱々の「ふろふき大根」に練り味噌を付けてフウフウ言いながら食べるのは、格別のおいしさ。冬の大根は甘味があって、大根のおいしさを味わうのにも、この一品はうってつけである。

なんといっても大根そのもののみずみずしさを賞味する料理なので、箸で切ったときに汁がジュワーッとしみ出してくるよう、汁気をたっぷり含めて煮上げるのがよい。そのためにも大根は厚めに切る。また、皮を厚くむいて、皮近くの繊維の硬いところを完全に取り除く。

ふろふき大根は、このみずみずしさを生かすためにも、薄味で煮て味噌という味の濃いもので食べるのである。だから、あらかじめ米のとぎ汁で下ゆでして大根のにおいを取り除き、そのあとたっぷりの昆布だしでコトコト煮る。下ゆではやや硬めで引き上げないと、昆布だしで煮たときに煮崩れてしまう。また、だしで煮るときも、トロトロに軟らかくし過ぎると大根のくせが出てしまうので、ちょうどよいところで煮上げるようにする。

科学の目

▼一般に米のとぎ汁に含まれる米糠の成分には、におい物質を吸着したり、アクの成分と結合して刺激的な味を取り除く働きが経験上知られている。大根を米のとぎ汁でゆでるのもその一例である。

ナスは炒めるか揚げてから煮る

ナスの皮の「なす紺」ともいわれる鮮やかな濃い紫色は、ナスニンという色素によるものであるが、長く煮るとこの色素が溶け出して色が悪くなってしまう。そこでナスを煮る場合にはあらかじめ炒めるか揚げるかして表面に油の膜を作っておくと、色素が溶け出すのを防ぐことができる。また煮る前にある程度火を通しておくわけだから、煮る時間も短縮され、長く煮ることによる変色も抑えられるし、煮崩れも防げる。

また、このナスニンという色素は鉄やアルミの成分と結び付くと鮮やかな紫色になる。ナスの漬物に古釘を入れると色がきれいに漬かるといわれるのは、古釘から出る鉄イオンがナスニンと結び付いて紫色の化合物を作るからである。

ミョウバンはナスの色止めによく使われる添加物である。切ったナスをミョウバン水に漬けておくか、あるいは塩とミョウバンを合わせたものを表面にすり込んで、洗い落としてから煮ると、色が鮮やかに出る。煮汁にもナスの色が多く溶け出すことなく、美しく仕上がる。

これはミョウバンのアルミニウムイオンがナスニンと結び付いて、紫色に固定するためである。

ただしミョウバンを使い過ぎると硬くなるので、少量にとどめること。ミョウバン水を作るときは1Lの水に小さじ1/2ほどが適量である。

ナスの色の変化

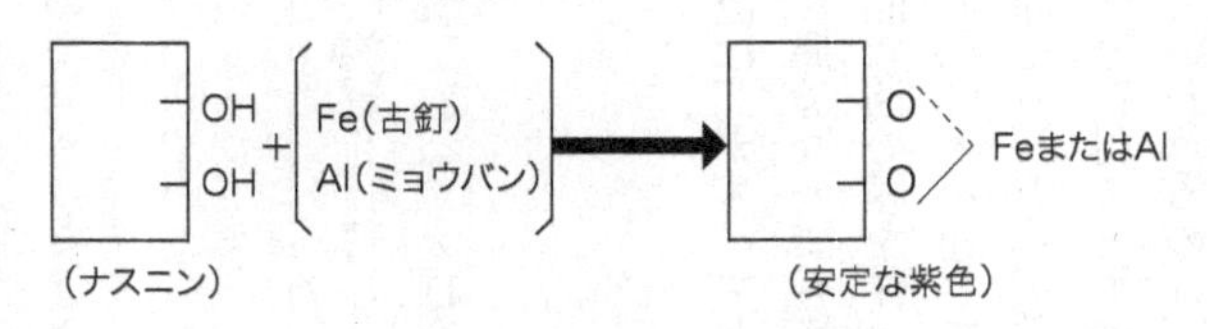

ナスの色が古釘やミョウバンで安定になる

科学の目

▼野菜や果物の色素の中で、緑色のクロロフィルや橙(だいだい)色のカロチンは、水に溶けず油に溶ける脂溶性の色素。一方、アントシアン系の色素と呼ばれる赤、青、紫などの鮮やかな色素は水溶性で、ナスの色素ナスニンもその一つである。味噌汁にナスを長く入れておくと皮から汁のほうへ色が抜け出して、どす黒い汁になる。

▼表面に油の膜を作っておくと、水溶性のナスニンの溶け出すのをかなり防ぐことができる。またナスニンが古釘の鉄やミョウバンのアルミニウムと結び付いた錯塩（キレート）という化合物は安定で、鮮やかな青紫色をしている。

豆や栗の煮物には紙の落とし蓋を

煮物は落とし蓋をして煮ることが多い。

落とし蓋には四つの効果がある。まず材料を上から軽く押さえるので、材料が鍋の中で動くことがなく、煮崩れを防ぐことができる。次に煮汁が落とし蓋に当たって上から下に絶えず回るので、味が均一に付く。また煮汁の蒸発面積が少なくなるので、急な煮詰まりや焦げを防ぐことができる。さらに火力も節約できるというわけだ。

落とし蓋には木、紙などがあり、煮る材料や目的によって使い分ける必要がある。穴のあいたステンレス製の落とし蓋が普及しているが、これはすすめられない。材料を押さえて煮崩れを防ぐという効果はあるが、穴があいているためあとの三つについては落とし蓋としての役目をなさないからだ。

基本的には木蓋を使えばよいが、材料が非常に軟らかくて煮崩れしやすいときは、紙蓋のほうが重みがないのでよい。また、少ない煮汁で、味加減を変えずに長時間煮るときも、紙蓋を使う。例えば豆や栗、またカボチャや里イモなどを煮るとき、あるいは高野豆腐や豆腐などを煮るときにも使いたい。

紙蓋は材料にぴったり密着するので、これらのように弱火で長時間煮るもの、軟らかくて煮崩れしやすいものに最適なのである。また豆にしわが寄ったり栗の表面が乾いたりするのは、空気に触れることによって起こる。木製の落とし蓋だとすき間ができて材料が空気に触れてしまうが、紙で蓋をすればすき間ができないので、見栄えよく煮上がる。

逆に、紙蓋は重みがないので、煮汁が多いときは浮いてしまい、適さない。

また、紙蓋だけでは材料が押さえられずにおどってしまう場合は、上に木の蓋を重ねればよい。

紙蓋は、和紙や硫酸紙などで図のようにして作る。大きさは鍋の直径よりも一回り大きくして、鍋肌に立ち上がりができるようにしておく。そして1か所、真ん中に穴をあけて、蒸気を逃がせるようにしておく。

落とし蓋と紙蓋の効果の差

ジャガイモ	そのまま	落とし蓋	紙蓋(和紙)
上半分 下半分	0.57% 1.23	0.60% 0.93	0.66% 1.00
差	0.66	0.33	0.34

差が大きい　　差が少ない

※ジャガイモ400g、3%食塩水200ml(イモの1/2量)。
数字は30分の加熱でジャガイモに吸収された食塩量
松元・板谷・田部井:家政学雑誌12.391(1961)

紙蓋の作り方

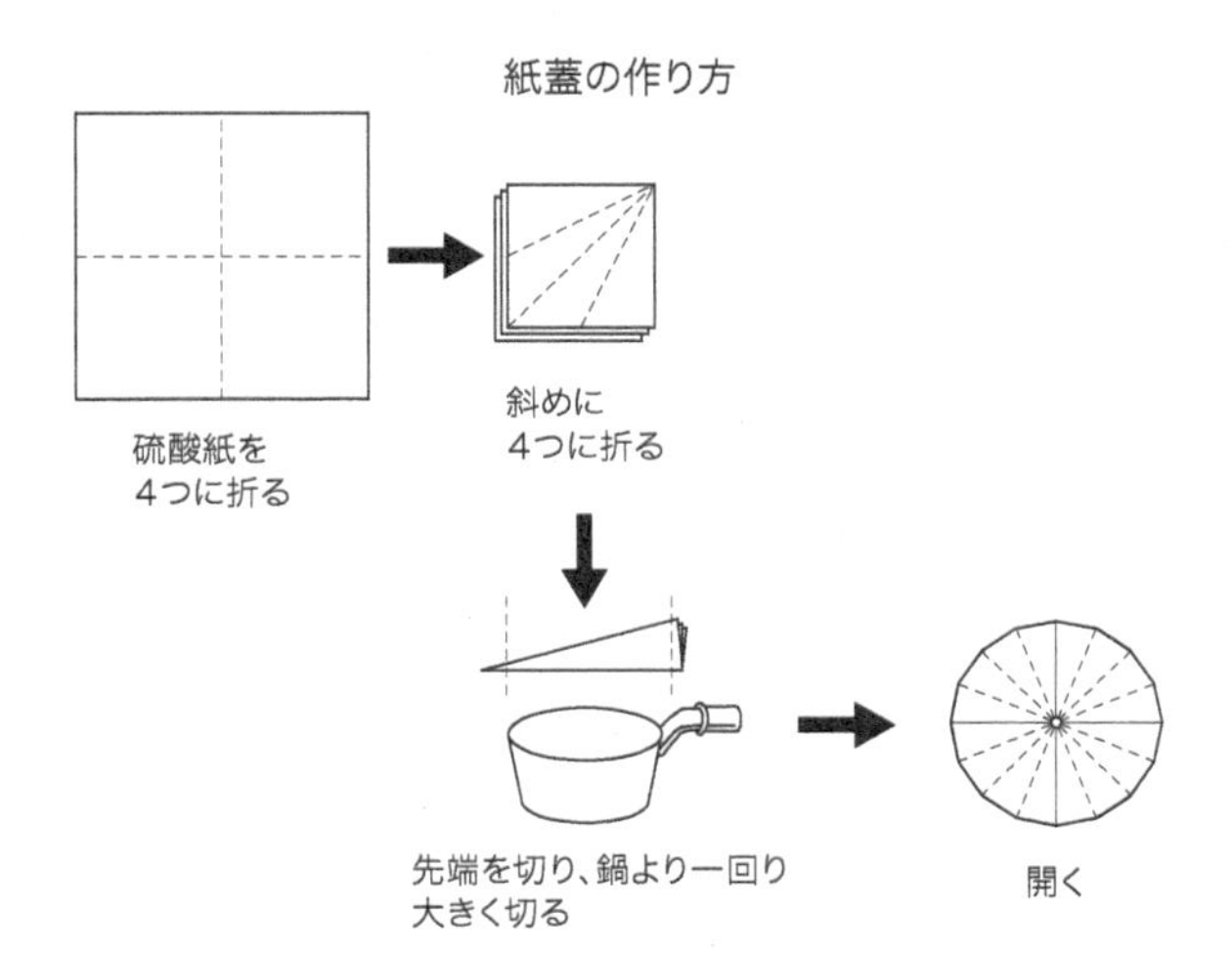

木蓋は、使う鍋に対して一回り小さく、周囲に1cmくらいのすき間ができるものが適当。安価なものなので、持っている鍋の大きさに合わせて何種類かは備えておくようにしたい。

木蓋を使うときは、あらかじめ水に浸して、水分を十分しみ込ませておく。さっと濡らしたくらいでは、材料の味がしみ付いて洗っても取れにくく、別の料理に使うときににおいが移ってしまう。そして使ったあとはよく洗い、十分に乾燥させておくようにする。

科学の目

▼前頁の表のように、松元文子氏らによれば、ジャガイモを普通に煮たとき、鍋の下側が1・23%、汁の上に出ている上半分が0・57%の食塩を吸収するとき、落とし蓋をすると下0・93%、上0・60%、紙蓋では下1・00%、上0・66%と食塩吸収量の差が小さくなるという結果が報告されている。

黒豆は鉄鍋でゆでる

おせち料理に欠かせない黒豆は、プロの料理人でも上手に仕上げるのは難しいといわれるほどで、つややかな漆黒の色と、ふっくらとした軟らかさを出すには、相当のテクニックが要求される。だが、2～3のポイントを押さえておけば、上等な料理店に負けない黒豆を作ることも不可能ではない。ふっくらと、中まで蜜がしみ込むように仕上げる方法は次の項で詳しく述べるとして、ここでは色あせず黒々とゆで上げるためのコツを紹介しよう。

黒豆をゆでると、ゆで汁が真っ黒というより黒っぽい紫色に染まることにお気付きだろうか。これは、黒豆の皮に含まれる水溶性の紫色の色素が水に溶け出したもので、この色素は金属イオンに合うと水に溶けない黒色の色素になる。つまり、黒豆をゆでるときは鉄鍋を使えば、色があせずに黒々と仕上がるわけである。昔から、「黒豆を煮るときは古釘を入れて煮る」といわれているのも同じ理由である。古釘をよく洗い、ガーゼで包んだものを入れてゆでても、同じ効果が得られる。

ただ、今は鉄鍋を持っている家庭は多くないだろう。そこでもっと手に入りやすいものがある。薬局で売っている還元鉄（酸化第二鉄）である。

まずたっぷりの水に還元鉄を加えて豆を浸し、一晩おく。翌日、そのまま火にかけ、沸騰したら軽くおどるくらいの火加減で3～4時間ゆでる。指で簡単につぶれるくらいになれば火を止めてそのまま冷ます。こうすれば黒々とした色が出て、アクも抜ける。冷めたあとは水にさらしてから、さらに水でゆでると、還元鉄のにおいは消える。ゆでたあとは急激に冷やさず、水をチョロチョロ落として徐々に温度を下げるようにしないと、豆にしわが寄る。

科学の目

▼野菜や果物の色素は、緑色のクロロフィル（ホウレンソウなどの青菜）、橙色のカロチノイド（ニンジン、ミカン、カキなど）、赤や紫色のアントシアン（イチゴ、リンゴ、ナス、黒豆など）と三つに大別される。

▼このうち初めの二つは脂溶性で水に溶けず、ゆでたり煮たりしても汁の色はあまり変わらない。一方、アントシアンは水溶性なので、長く汁に漬けておくと溶け出して汁が染まる。

▼アントシアンは微量の鉄やアルミニウムに出合うと色が鮮やかになり、しかも安定化する性質がある。アントシアンの一種である黒豆の色素（クリサンテミン）も、鉄鍋や古釘の鉄分に触れるときれいな紫色になるのも同じ原理である。

▼黒豆を煮るとき重曹を加えると、アルカリで色が濃くなり、皮の繊維は軟化し、内部のタンパク質は膨潤して味がよくしみ込み、しかもしわが寄らない煮豆になる。

黒豆は煮ずにシロップに漬ける

黒豆を甘く煮るのは難しい。皮にしわが寄って見栄えが悪くなったり、硬かったり逆に煮崩れしたり。また中まで十分味がしみ込んでいなかったり。

店によっては黒豆は煮ない。煮るとしわが寄るだけでなく、豆の香りが飛び、皮も硬くなってしまうからである。ではどうするか。それは、蜜に漬け込むのである。

漬け込んで甘味をしみ込ませるのだから、その前に当然豆は完全に軟らかくしておかなければならない。そのゆで方については、前項で述べたので、参照されたい。

さて、十分軟らかくなった黒豆を蜜に漬け込むが、ここで大切なポイントがある。最初から濃いシロップに漬けてしまわないこと。砂糖の濃度をだんだん濃くしながら何回か漬け直していくことである。

ゆでて非常に軟らかくなった豆は、味がしみ込みやすくなっている。ここで、いきなり砂糖がたっぷり入ったシロップに漬けると、浸透圧の原理で豆から水分が出て、豆が硬くなり、しわも寄ってしまうのである。砂糖は数回に分けて足していく。これが重要な点である。

まず最初は水６００mLに対して砂糖を１５０ｇの割合で加えたシロップを作る。砂糖は、甘味を強くしたいなら上白糖を、あっさりした甘味が好みならグラニュー糖を用いる。

まずこの分量で砂糖を煮溶かして、冷ましてから豆を漬け、１日おく。翌日豆をザルに上げ、シロップには50ｇの砂糖を足して煮溶かし、冷ましてから豆を戻す。またである。

1日おき、同様にしてシロップに50gの砂糖を足して豆を漬け戻す。つまり、最終的に250gの砂糖が入ったシロップに漬けることになる。これで蜜煮のでき上がりである。

ところで、おいしい蜜煮を作ろうと思えば、調理法以前の大切なポイントがある。それは、10月ごろ出回る新豆を使うことである。新ものは軟らかくて割れにくい上に、香りがよい。だから、おせち料理に黒豆を用意するといっても、暮れに豆を買って急いで煮るのではなく、新豆が出回る時期に蜜煮にして保存しておけばよいのである。

保存する場合は、密封したびんに詰めておく。ただし、殺菌にひと手間かける必要がある。まず、保存に使うびんは、ゴムパッキンの付いた、密閉性の高い保存用のびんを用いること。これを沸騰した熱湯に入れてぐらぐら沸かす。そして、自然乾燥させて完全に乾かす。ここに蜜煮を入れるが、このとき蜜煮をひと煮立ちさせてから入れること。

入れたら蓋をするが、このとき、蜜煮がびんの口から表面張力で盛り上がるくらいいっぱいに入れ、蓋をしたときに空気が入らないようにすること。蓋をしたらびんを逆さまにして、口の部分を沸騰している熱湯に漬け、蓋を殺菌する。こうしておけば、1年以上は保存がきく。

科学の目

▼十分軟らかくなった豆に調味料を中までしみ込ませるためには、何よりも時間をかけることが大切である。

▼大量の砂糖を一度に加えると、砂糖が急速に水に溶けようとして、豆の中の水分まで奪ってしまうため豆は収縮する。いったん収縮すると、そのあと濃い砂糖液は豆の内部までしみ込みにくい。したがって、よく下ゆでをして水気をたっぷり含んだ豆の中の水分が、砂糖と少しずつ置き替って行くためには、砂糖をあらかじめ水に混ぜて蜜にしておくこと、あるいは何回かに分けて少しずつ砂糖の濃度を高めていくことが大切である。

▼つまり拡散（知識編24頁参照）が少しずつ起こって、豆の内部と外部の砂糖濃度がゆっくりと近付いて行くのが理想で、いきなり加えると砂糖より分子量の小さい水のほうが動きが速いため、どんどん豆の外へ引き出されてくるが、分子が大きく動きが遅い砂糖のほうはなかなか豆の中へ入って行かない。そのために豆の表面にしわが寄るのである。

▼仕上がった豆は砂糖濃度が高いので、そのままでもある程度の期間保存できるが、熱湯消毒した（約10分煮沸すればよい）びんに熱いうちに口元まで入れ（びんの中に空間を作らないように）、すぐにきっちり蓋をして逆さにしておけば蓋の内側も加熱殺菌

され、口を開けない限り長期の保存が可能になる。本文にあるように、びんの外からも熱湯で加熱すればなお確実である。

ヒジキやおから、コンニャクは油で炒めてから煮る

素朴なおふくろの味として親しまれているヒジキや切り干し大根、おからやコンニャクなどの煮物は、油で炒めてからだしを入れて煮る。いわゆる「炒め煮」にするとおいしく仕上がる。油で炒めることによって、口当たりがまろやかになるだけでなく、材料の水分が抜けて、次に加えるだしや調味料の味がしみ込みやすくなるという効果があるからだ。ヒジキや切り干し大根などの乾物は、まず水で戻してから炒めるわけだが、このとき水分と同時に乾物独特のにおいも抜けるという利点もある。

あるいは油で炒める代りに乾煎りして水分を飛ばし、油揚げや鶏肉を加えて脂気を補ってもよい。おからには水気をきった木綿豆腐を混ぜ、乾煎りしてから卵黄を加えると、しっとりする。

特にコンニャクは水分が多いため、まず塩でもんでから、ゆでておか上げし、湯気を出しきって水分を飛ばす。そのあと油炒めするかあるいは乾煎りして、さらに水分を抜いてから煮るようにする。

科学の目

▼乾物を水で戻すと組織の張りは失われ、しなびたり崩れやすい状態になったりしているので、いきなり汁の中に入れて煮るよりも、汁なしで加熱して多少表面を乾燥状態にしておくほうが、形や歯ごたえを保つことができる。
▼乾煎りでもよいが、油で炒めて表面に油の膜を作っておくほうが、内部の成分が汁のほうへ溶け出していくのを多少とも抑えることができる。さらに油の風味で味を複雑にし、海藻など脂溶性のビタミンＡ（カロテン）を含む材料では、その吸収をよくすることも期待できる。

おでんは材料の下ごしらえが決め手

おでんは、関東では濃口醤油を使ってこくのある味で、関西では薄口醤油を使って材料の持ち味を生かして食べるのが一般的。

いずれにせよ、おいしく食べるには材料の種類を多く使うこと、それに材料の下ごしらえをそれぞれていねいに行うことである。

材料それぞれに下味を入れてから、最後に一つ味で煮るのが本格的だが、そこまでしなくても、下ゆでまではちゃんとしてからだしで合わせたい。特にタコはおでんのだしで煮ただけでは味が薄く、また軟らかくなりにくいので、酒と醤油、氷砂糖で別に煮ておくようにする。コンニャクは塩もみしたあとよくゆでて、水分や石灰臭を抜いておく。大根は米のとぎ汁でゆでて水にさらし、イモ類も米のとぎ汁である程度軟らかくゆでておく。がんもどきなどの揚げ物は、十分油抜きを。また菊菜、春菊など青ものは、食べる直前に加えてさっと煮る。

だしで煮るときは、土鍋でコトコトと煮込むのがよい。ある程度煮たあといったん冷ませば、より味がしみ込む。

科学の目

▼「煮る」という加熱法は、いろいろな種類の材料を同時に加熱し、加熱と平行して味付けができるのが特徴である。

▼寄せ鍋やおでんはその特徴をうまく利用した料理だが、なかでもおでんのコンニャクや大根は、素材の味より汁の味で食べるものなので、しっかりだしを取った味のよい汁を用意すれば、あとはそれを上手にしみ込ませるための下ごしらえや、鍋に入れる時期の工夫などがポイントになる。

▼したがって、材料によってはただ入れっぱなしにしておけばよいというわけではなく、それぞれの持ち味の特徴を考えて入れることが大切になる。

梅は針打ちしてから煮る

梅は、梅干しや梅酒にするほか、煮梅にして吸物の実に添えたり、蜜煮にして先付けやデザートとして出すこともある。いずれも梅に針打ちしてからゆでると、早く酸味が抜けると同時に、ゆでたときに皮が破れるのが防げる。さらに、あとで味を付けるときに味が含みやすい。

梅干しや梅酒の梅を利用して煮梅を作る場合は、まず水に漬けて酸味を抜いてしわをのばし、それから静かにゆでて塩分を抜く。このとき、表面に針打ちしておくのである。

針打ちするときに注意することは、できるだけ表面全体にまんべんなく打つこと。同じところを何度も刺すと、皮が破れやすくなる。またゆでるときは、沸騰させない程度の火加減で静かにゆで、酸味と塩気がかすかに残るくらいで上げること。

このあと蒸して水分を抜き、カツオ味のきいただしで煮る。

この煮梅は、ハモの吸物につけ合わせるのが代表的で、ハモのほかアコウやアイナメなど白身魚の吸物に合う。

青梅を使った蜜煮の作り方は、青梅を一晩水に漬けてアクを抜き、針打ちをする。この場合は皮がまだ硬いので、剣山の上にころがして針打ちすれば簡単である。こうして酸味を抜きやすくしておき、軟らかくなるまで塩ゆでする。このとき銅鍋を使うと、色があせない。ゆでたときは色が落ちているのだが、一日そのまま冷ましておくと、きれいな青緑の色が戻ってくるのである。

これを蜜煮にしていくが、「蜜煮」といっても煮ない。シロップに漬けるだけである。ここでのポイントは、いきなり濃いシロップに漬け込まないこと。濃いシロップに漬けると梅から急激に水分が出てしまって、しわが寄る。始めは薄めのシロップに漬けて一日おき、次に少し濃くしてまた一日おく。こうしてだんだん砂糖の濃度を濃くしながら何日か漬けなおしていく。

少々手間はかかるが、このように漬け込んでいくと色もとばず、中までシロップの甘さがしみ込んだ蜜煮ができ上がるのである。青梅の出回る初夏、青い色が見た目にも涼しく、冷やして出せば喜ばれる一品である。

【六】揚げる・揚げ物

油の量は材料の厚みの3倍のかさが必要

揚げ物は、高温の油で急激に材料の水分を蒸発させるという料理法で、数分で勝負のつくものである。油の温度を一定にしておくのはそのための必要条件であり、温度が低い状態が2、3分も続いてしまっては、ベトついた揚げ物になってしまう。

適温に熱した油でも、材料を入れると油の温度が下がる。材料が少なければ、火を強めるとすぐに温度は回復するが、たくさん入れるとしばらくは温度が低い状態が続く。そこで、材料を入れても温度が低くならないくらいの油の量を使うことが大切。

プロなら直径50㎝くらいの鍋を使い、ここに油を深さ20㎝ほども入れる。このぐらいの量の油があれば、そう簡単に温度は下がらない。だが家庭では、ガスコンロのバーナーが小さいために、そんな大きな鍋は使えないし、当然油の量も少ない。

家庭では、材料の厚みに対して3倍くらいの高さになるように、鍋に油を入れるということを目安にすればよい。

また、鍋に一度に入れる材料は、油の表面積の1/3程度の分量にするのも、油の温度を急激に下げないためのコツである。

なお、火加減の調節はできるだけしないほうがよい。材料を入れたら火を強め、揚げているうちに火を弱めるというのは、一見油の温度を一定にするために有効な操作のようだが、火力を調節しようとガスのコックをひねれば、想像以上に温度は変化してしまうもの。天ぷらは材料を入れたら放っておくのが原則で、それよりも油や材料の分量に気をつかうことによって、温度変化を最少にとどめる工夫をすべきである。

鍋についてのポイントを述べておこう。温度変化を少なくするためには、厚手の鍋を使うこと。また、中華鍋で揚げ物をする姿をよく見かけるが、天ぷらには不適切。中華鍋は底が丸いため、鍋肌の上部に近いほど油の量が少ないので、温度が高くなり、場所によって温度に違いが出てくるためである。揚げ物に使う鍋は、鍋底が平らで、油の高さに違いが出ないものがよい。

科学の目

▼油と水を比べると、同じ1℃の温度の上げ下げをするのに、油は水の半分の熱量で済む。水1gの温度を1℃上昇させるのに必要な熱量を1とし、これと他の物質を比べた数値を比熱と呼ぶ。油の比熱は0・47〜0・48で、水よりも2倍温まりやす

く、その代り2倍冷めやすい。
▼揚げ物の成功の決め手は、温度の管理にある。そのために油の量をある程度多くし、鍋も温度の変わりにくい厚手のものを使うのである。しかし適温で揚げ始めたのでは、冷凍コロッケなどを一度にいくつも入れると、たちまち20～30℃は下がってしまい、なかなか回復しない。一度に入れる材料の量を控えめにするのもそのためである。
▼もっとも家庭では、ほんの少しの揚げ物をするのにあまり大量の油を用意すると、終わったあとに残った油は、次に使うまでにすっかり酸化が進んでしまうので、温度管理が大切であることさえ知って少量の油を上手に使えば、大量の油を無駄にしないで済む。

種類の違う油を混ぜてみる

揚げ物に使う油としては、現在ではサラダ油を使うのが主流である。ただサラダ油は熱に弱く、サラダ油で揚げたものはカリッとした歯ごたえがすぐになくなることが多い。そこで揚げ物には比較的熱に強い白紋油(しらしめゆ)とも呼ばれる天ぷら油を用いてもよいだろう。

関西の店では白く揚げるためにサラダ油を使うところが多い。あるいは、「太白油(たいはくゆ)」といって、ゴマを煎らずに蒸して絞り精製した油を使うところもある。色はサラダ油と同じで感触もさらっとしているが、かすかにゴマの香りがしてこくがある。
関東ではふつうのゴマ油を使う傾向がある。また、ゴマ油とサラダ油を混ぜる店も多く、混ぜる割合も様々である。サラダ油を主にして、香り付けのためにゴマ油を混ぜる店もあれば、ゴマ油を主にして、その強い香りをやわらげるためにサラダ油を混ぜる店もある。

家庭でも、好みによって使う油を決めればよいが、たまには違う種類の油を混ぜてみてはいかがだろう。油の特徴を知り、香りのあるもの、乾性の強いものなど、特徴のよいところを生かした配合をすればよい。

科学の目

▼油脂を空気中に放置したとき、かちかちに乾いた状態になりやすいものを乾性油（大豆油、サフラワー油など）、いつまでもしっとりしているものを不乾性油（オリーブ油など）、その中間のものを半乾性油（菜種油、ゴマ油、コーン油など）という（知識編69～70頁参照）。

▼天ぷらにはいつまでもしっとりしている不乾性油は向かない。一方乾性油は酸化が進みやすい。そこで揚げ油は大豆、菜種、コーンなどいろいろな原料からの油をブレンドして均一な品質の製品を作り、これを天ぷら油、サラダ油などの名称で販売して

いる。
▼この中でゴマ油だけは香りを生かすため極端な精製を避け、原料がゴマであることを強調するが、大豆や菜種は原料を強調することはない。サフラワー油は高血圧、動脈硬化を防ぐといわれる不飽和脂肪酸を多く含むことを強調するために、原料がサフラワーであることを表示することが多い。
▼これらの油脂の中で、冷却した時に固まって白く濁る成分を除去したものがサラダ油で、原料はふつうの天ぷら油と変わりない。現在家庭用の食用油はほとんどが両方に使われるサラダ油になった。

油の温度は油に落とした衣の沈み加減でみる

揚げ物の大切なポイントの一つは、適温で揚げること。材料によって違うが、だいたい170～180℃の間で揚げることが多い。

油が適温に熱せられているかどうかは、プロなら手をかざして判断したり、箸でかき混ぜたときの油の動きでみたりするが、一般的にはそうもいかない。

調理用の温度計を使うのが一目瞭然(りょうぜん)だが、ない場合は、油に衣を落として判断する。油が熱せられてきたと思ったら、まず箸で油をかき混ぜて温度を均一にする。そして、箸の先に衣を少し付けて、鍋の真ん中あたりに落としてみる。

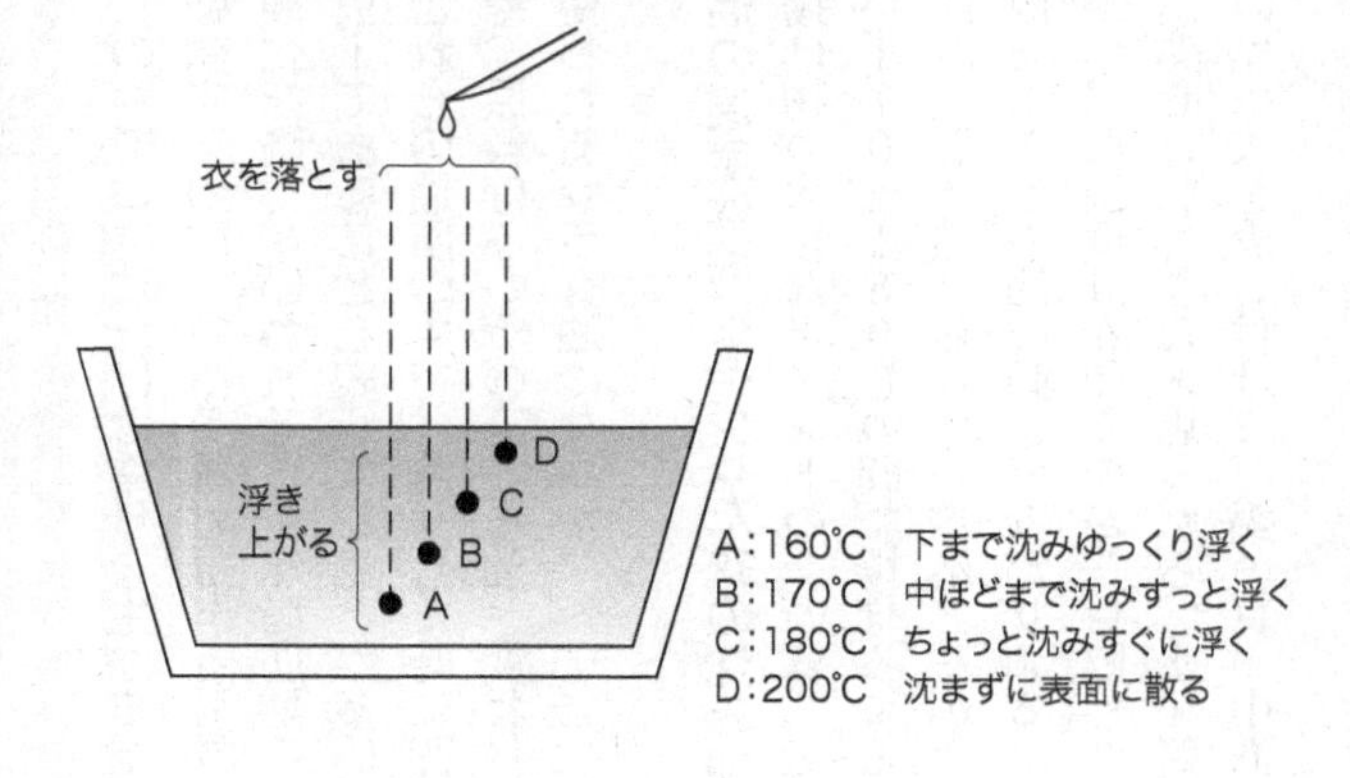

揚げ温度の目安

160〜170℃	のり、ミツバ、シシトウガラシ、ピーマン、青ジソの葉、そうめん、昆布　など
170〜180℃	サツマイモ、ジャガイモ、カボチャ、ナス、レンコン、ニンジン、生シイタケ　など
180〜190℃	イカ、エビ、キス、アジ、貝柱など魚介 せん切りのかき揚げ　など

衣が底まで落ちて、なかなか浮き上がってこなければ、まだ150℃以下。いったん沈んでからゆっくり浮き上がってくれば160℃。170℃前後では、中ほどまで沈んでから浮き上がる。このあたりが野菜の天ぷらの適温。

180℃近くになると、沈みかけた衣がすぐに浮かんで表面に広がるが、エビや魚の天ぷらの温度としてはこれぐらいが適温。落ちたとたんに表面で広がり、色が付けば、熱し過ぎである。

科学の目

▼揚げ物は表面の焦げ色が適度に付いたとき調理が終わるので、そのとき内部が必要な温度に到達していなければならない。生で食べられるものは高温でもよく、内部まで熱を通したいものは低温で長時間揚げるのはそのためである。

▼衣付きの揚げ物がちょうどよい焦げ色になったとき、内部の温度上昇とのバランスが取れている揚げ温度は、経験上170〜180℃の範囲にある。

▼揚げ物の最中にこの温度をいちいち測りながら揚げ続けるのは無理なので、衣をたびたび落としてみる。水は油より重いので、いったん鍋底まで沈んで軽くなってから浮き上がるようでは温度が低すぎ、逆に油に入れた瞬間、衣に含まれる水が蒸発する190℃では高過ぎである。

天ぷらの衣を作るときは太い箸で混ぜる

天ぷらは、なんといってもカラッと揚げることにいちばん気をつかう。そのためにまず大切なのは、衣である。衣がカラッと揚がるのは、粘りが出ていないからである。粘りを出さないためのポイントは、まず、なるべく冷たい衣を作ること。

そのコツは、割に多くの人が承知しているようだが、中には冷たいほどよいと思って、氷をたくさん入れている人がいる。これは間違いで、温度が低ければ低いほどよいというわけではなく、15℃ぐらいが最適の温度といわれている。だから、暑い日には冷水を用意して氷を1～2片加え、小麦粉や衣を溶く器も冷蔵庫で冷やしておくようにする。

また小麦粉の粘りは、かき混ぜるほど出てくる。衣の材料を合わせるときはあまりかき混ぜ過ぎないことが大事で、そのためにも太い箸を使って手早く混ぜるようにしたい。粉気が少しくらい残っていてもかまわないくらいである。

さらに、衣を一度にたくさん作ってしまわないこと。長くおくと小麦粉の粘りが出るので、何回かに分けて材料を足していくようにする。

ところで衣の材料といえば、小麦粉と卵であるが、コーンスターチを加えるとベトつかず、パリッと揚がる。また揚げてしばらくしても、小麦粉だけのときのような粘りが出にくいというメリットもある。

ただ天ぷらは、材料のうま味を逃がさないために、衣にはある程度の厚みが必要である。それでも、だからといってコーンスターチを入れ過ぎると、衣がペラペラになって材料を保護する役目を果たさなくなるので、入れても2割程度にとどめておくのがよいだろう。

科学の目

▼衣を溶くとき、小麦粉をゆっくりこねていると、次第にグルテン（知識編63頁参照）の粘りが出てくる。グルテンがないと衣ははがれるが、グルテンが強すぎると衣はカラリとしない。そこで比較的グルテンの少ない薄力粉という粉を使い、低温の水を加えて、あまりかき混ぜないようにすると（そのために太い箸を使う）、グルテン形成が抑えられ、カラッとした衣になる。

▼あまり水温が低すぎるとかえって粘るといわれるのは、油の中に入れたとき、温度が上がるまでにやや時間がかかり、その間に油の中で多少グルテン形成が進んでしまうためで、油の中に入れるとすぐに衣の水が蒸発してしまう15℃ぐらいのほうがよいとも考えられる。

▼小麦粉の成分は約15％弱の水分のほかは、70％ほどがデンプンで、残りがタンパク質である。薄力粉にコーンスターチなどデンプンを加えると、相対的にタンパク質の

量を引き下げ、薄力粉よりさらに薄力の小麦粉になる。これがカラッとさせるためコーンスターチを混ぜる理由である。

材料によって衣の付け方が違う

天ぷらに衣を付けるとき、どの材料にも無頓着に付けてはいないだろうか。例えば野菜。特に青ジソやミツバなどの葉野菜は、裏側にだけ衣を付けるのがプロのやり方。衣が付いていない表側から水分が抜けて、パリッと揚がるのである。衣を付けた裏側から先に入れ、表はさっと揚げる。表には衣が付いていないから、色も鮮やかに見せることができる。シイタケも全体に衣を付けると水分の抜ける場所がなくなって水っぽくなってしまうので、裏側にだけ衣を付ける。

一方魚では、アナゴは身には厚めに、皮目には薄く衣を付ける。アナゴは皮が厚く、火を通すには時間をかけて揚げなければならないので、皮目の衣は薄くする。アナゴには特有のくせがあり、じっくり揚げることで水分が抜けてくせも飛ぶ。皮目のほうの衣を薄くしておくのは、より強く火を入れてこちらからくせを抜くため。さらに加えて、揚げ上がりをサックリと感じさせ、揚げ色をきれいにするために、衣をつける前の下粉は、皮目にやや多くするという方法もある。

天ぷら屋で板前さんの手の動きをカウンター越しに見ていると、アナゴを揚げると

アナゴの天ぷらの隠し技

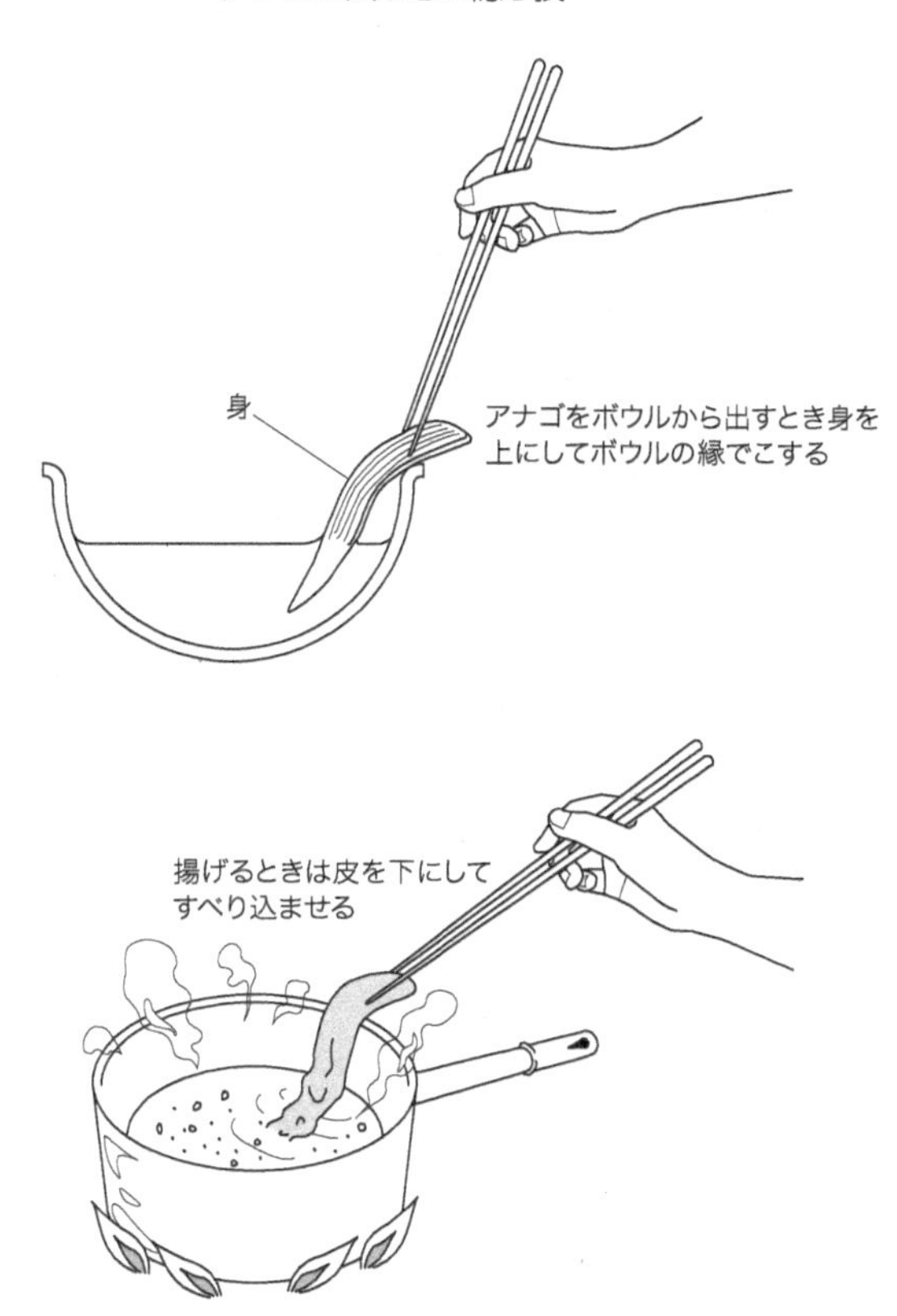

きには、衣を付けたアナゴをボウルから引き上げるときに、ボウルの縁で皮目の衣をこするようにしてから鍋に入れているのに気付くだろう。

これは、身のほうにだけ衣を厚く付けるテクニック。アナゴ全体にたっぷり衣を付けたら、身を上にしてボウルの縁で皮目をこすりながら引き上げる。こうすると、皮目のほうは薄く、身には厚く衣が付く。

揚げるときは、皮を下にして、鍋に静かにすべり込ませる。熱せられると縮みやすくなる皮を、衣で素早く固めることによって、形が曲がるのを防ぐためである。

科学の目

▼揚げ物の衣は、油の高温が直接材料に接触して、材料自身が乾いたり焦げたりするのを防ぎ、衣の中に水蒸気がこもって蒸しているように、材料の持ち味を保つことにある。つまり衣は一種の温度の緩衝作用（クッションの役目）をする。しかも衣自身は適度に焦げて風味がよくなり、さらに油が吸収されて味も栄養価も高まる。

冷凍エビの天ぷらは、衣を厚めに付ける

エビを天ぷらにするとき、尾には衣を付けない。尾まで食べることができるのだが、衣を付けないほうがパリッと揚がり、おいしく食べられる。

大きいエビは尾まで食べることはできないが、それでも尾には衣を付けずに、色を鮮やかに残すようにしたい。

エビは活けのものを使って、中は半生に近い状態にさっと揚げるのがベスト。だが冷凍ものを使うときは、完全に火を通す必要がある。そこで、衣は厚めに付けて、生のものに比べてやや低温でじっくり揚げるようにする。

衣の付け方が薄いと、時間をかけて揚げているうちに、うま味が逃げてしまうからである。

なお、エビは腹に切り込みを入れて、背を押さえて筋を伸ばしておくと、まっすぐ揚がる。

またエビに限らず、材料を油に入れるときは、手や箸からパッと離すようにするのがコツである。このように勢いをつけると、衣の先が星を散りばめたように立って、口当たりがサクサクする。

科学の目

▼エビの尾の部分は、高温で水分を蒸発させたほうが食べやすいので、衣で水分を保護する必要はない。

天ぷらにするイカは、身の厚いものを

イカの天ぷらは、軟らかい歯ごたえと、かんだときに口に広がるジューシィな味わいが身上である。これを生かすためには、中は半生に、外側は熱々に揚げるのがよい。完全に火を通してしまうと、硬くなって縮み、水分が抜けてしまうのでせっかくの風味が楽しめなくなる。

おいしいイカの天ぷら作りのポイントは、身の厚いイカを使うこと。天ぷらに向いているのは、モンゴウイカのように身の厚いもの。スルメイカのような薄いイカは、すぐに火が通ることもあって、軟らかさが味わえない。また、中は半生に近い状態に火を通すので、新鮮なものを買い求めること。

もう一つのコツとして、両面に鹿の子包丁を入れる。

イカは繊維が何層にもなっていて、油に入れると層と層の間の空気が膨らんではぜやすいが、包丁目を入れておくとそこから空気が抜けてはぜにくくなる。また、衣が止まりやすいという利点もある。

科学の目

▼他の項で述べた通り、天ぷらのポイントは衣の揚がり具合いと内部の火の通り具合いの兼ね合いである。衣はほどよい乾燥状態、内部には水分をしっかりと保持してい

るのが理想である。そのためには、モンゴウイカのような肉厚の材料がよい。
▼肉厚のイカの表面に切り込みを入れて、表面積を広げておくと、内部への熱の伝達も水分の蒸発もスムーズに行える。切り込みは表、裏から二方向に入れておくと平均に収縮して衣がはがれにくい。

かき揚げはしゃもじで油に入れる

かき揚げがどうもうまく作れないと感じている人も多いと思う。油の中でばらばらになってしまったり、かといって衣を付け過ぎると、ハンバーグのように厚ぼったくなって、天ぷらの香ばしさとは程遠い代物（しろもの）になってしまう。

まず大切なのは、材料がようやくつながるくらいに衣を付けること。それには、衣のほうに材料を入れて付けようとしてもうまくいかない。下粉を付けた材料をボウルなどに入れ、ここに衣を入れてかき混ぜる。材料を横に寄せたときに、ボウルの底に余分な衣がたまらないくらいがちょうどよい。また、衣にはふつう卵黄だけを用いるが、家庭でのかき揚げのときは卵白を少し足したほうがふわっとし、さっくりとした歯ざわりに揚がる。

揚げるときは、しゃもじに適量をのせて鍋にすべり込ませると、形が平らに整ってカリッと揚がる。そして、揚げている最中は必要以上に箸でいじらない。何度も返してみたくなるものだが、1回返せば十分である。

科学の目

▼かき揚げは平らな形にしたいので、丸みを持った玉じゃくしや網じゃくしでは不適当である。
▼また卵白が入ると気泡が多くなるため、早く水分が蒸発してある程度広がった形を保ちやすい。

唐揚げは低温の油に入れて高温で取り出す

カレイやメバル、オコゼなどの白身魚や鶏肉は、唐揚げにして食べても香ばしくておいしいもの。日本料理では、唐揚げは衣自体に味は付けず、揚げたものに塩やだしを付けて食べる。

衣には、小麦粉、葛粉、片栗粉、コーンスターチなどを用いる。刷毛(はけ)で薄く付け、1~2分おいて材料になじませる。すぐに揚げると、油の中に衣が落ちてしまうからである。

魚はおろして、骨と身に分けて揚げる。まず160℃の油に骨を入れ、ゆっくりと火を通し、最後に175℃くらいまでもっていく。そして骨が揚がる手前で身を入れ、身は高温でさっと揚げて骨とともに取り出せばよい。

鶏肉は二度揚げするとよくいわれるが、これは分量が多いときの手段。油の量が十分あれば、基本的には一度で揚げる。１７０℃の油に入れて、そのまま温度を１８０℃くらいまで上げていく。こうすれば、中まで火が通り、表面はパリッと香ばしいきつね色に揚がる。

科学の目

▼焼き物や揚げ物のような乾式の加熱法では、表面が適度な焦げ色になるときと、内部が食べられるようになったときとが一致するかどうかがカギである。

▼表面と内部の温度上昇を合わせるには、火の通りにくいものは低温で長時間、内部がすぐに食べられるものは高温短時間で揚げればよい。唐揚げの骨を低温長時間、身を高温短時間で揚げるのはそのためである。

▼唐揚げは小麦粉や葛粉のようなデンプン質を付けるが、これは天ぷらの衣のように温度の防壁になるのが目的ではなく、表面の流出液を吸収するのが主目的。

▼したがって、水分の多い衣を付けた天ぷらより、揚げ温度にいっそう気を配る必要がある。

油に入れた材料は箸でいじり回さない

天ぷらを揚げながら、箸で材料をあちこち動かしたり、揚がり具合いを確かめるために何度もひっくり返したりする光景をよく見かける。だが、天ぷらは油に仕事を任せる料理。油を適温にし、材料に衣を付け、油に落としたら、あとは箸であまりいじらないこと。

少なくとも衣が固まるまで箸は不要である。材料のうま味が抜けないように、材料を保護するのが衣の役目。つついたり動かしたりすれば、衣が破れて必要以上に水分が抜け、うま味も逃げてしまう。イモやレンコンなど平らな材料は、一度裏表を返す必要があるが、エビなど裏表がないものはその必要はなく、むやみに箸で返すことはない。

また、衣をしっかり付けるためにも、材料の水気はよくふき取り、さらに小麦粉で薄く下粉を付けておく。特に水分の多い魚介類は、下粉をしないと衣が落ちてしまってまんべんなく付かない。また下粉をしておくと、油はねも防げる。

科学の目

▼天ぷらの衣は付かず離れずがよいといわれ、粘りを出さないことが求められる一方、はがれないことも大切である。揚げ油の中に入れたばかりの衣は軟らかいので、水分

が蒸発して材料と一体化して乾いてくるまで、動かすのは禁物である。
▼水溶きした衣を材料に付ける場合も、材料の表面が濡れていると境界面の衣は水で薄まり、その水が蒸発しようとして材料からはがれやすい。あらかじめ小麦粉をまぶして、出てくる水を吸い取っておけば、衣ははがれにくくなる。
▼西洋料理でムニエルやフライに小麦粉をまぶすのも同じ理由で、フライではさらに溶き卵を付け、パン粉をまぶして加熱後にしっかりと固まるようにする。

揚げ物の火の通り具合いは油の泡立ち加減でみる

天ぷらの火の通り具合いをみるのは、たいへん難しい。プロは長年の経験でわかるが、具体的な判断の目安が欲しいところ。

実は、その方法が二つほどある。一つは油の泡。油に材料を入れると、最初は勢いよく泡が出る。これは材料から水分が一気に抜けているからで、この泡が少なくなってきたら、水分が抜けて火が中まで通ってきた証拠である。

ただこの場合、気を付けておきたいのは、油を繰り返し使って油が酸化してくると、泡が消えにくくなってくること。新しい油は材料を引き上げると泡が消えるが、古くなった油は粘りが出て油の膜が消えにくくなるので、泡立ち加減では火の通り具合いが判断しにくくなる。

もう一つの目安としては、材料に火が通ると、油に入れる前より軽くなっていること。前述のように、油に材料を入れるとまず水分が急激に蒸発していき、そのあと油が吸収される。つまり、材料に含まれていた水分が、次々と油に置き替わっていくわけである。蒸発した水分と吸収された油の重さを差し引きすると、揚げたあとのほうが軽くなっている。

科学の目

▼油の中で最初に起こる変化は水分の蒸発なので、その泡がほぼおさまったとき、表面近くの水分はほとんどなくなっていると考えてよく、そのころには重量も軽くなるため、表面に浮き上がってくる。

▼揚げ物を長く続けた油は材料から溶け出したデンプンやタンパク質のため、さらに空気中の酸素によって酸化され、多少粘りを増しているので、勢いよく出てきてすぐに消える泡ではなく、材料を油から取り出したあともなかなか消えない持続性の泡に変化してくる。

▼そういう油で材料を揚げるときは、最初勢いよく出てくる水蒸気がおさまって持続性の泡になったときが、ほぼ水分が抜けたときと判断する。

揚げたものは重ねずに立てかけておく

天ぷらは揚げたてをいただくのがいちばん。天ぷら屋のカウンターでは、揚げたての天ぷらを一つ一つ賞味できるが、家庭ではある程度まとまるまで網の上に置いておくことになる。次々と油から引き上げていくうちに、先に揚げたものの上に重ねて置いてはいないだろうか。

実はこれは絶対避けてほしいこと。油の中で揚げている最中は、材料の身は締まっている。ところが、油から引き上げたとたんに身がゆるみ出し、同時に水分が出てきて、衣からは余分な油がしみ出してくる。揚げたものを重ねて置いていくと、この水分や油が下の天ぷらに吸収されて、ベトついてしまうのである。

盛りつけるときも同様で、天ぷらは必ず立てかけて盛りつけること。

なお、揚げ鍋で、揚げたものがのせられるように縁に網が付いているものがあるが、これは使わないこと。次に油に入れた材料から出る蒸気が当たって、水分を含んでしまい、ベトつくばかりである。

科学の目

▼衣の役目は内部の材料を油の高温から保護して持ち味を保つことにある。衣の表面を加熱しているとき、材料は内部にこもった水蒸気に囲まれ、いわば蒸している状態

になる。だから揚げたてはカラリとした揚げ物も、しばらくすると内部の水蒸気を吸収してしなやかになってしまう。

▼揚げ物を重ねておいたのでは、水蒸気の吸収はいっそう激しく、せっかくカラリと揚げても何にもならない。本来揚げ物はカウンターやお座敷で揚げながら、揚げたてをすぐ口に運ぶのが理想である。

▼惣菜(そうざい)店などで、どうしてもある程度長時間放置される揚げ物は、衣に重曹を入れて気泡を作り、その部分が完全に乾いた状態で形を保つような揚げ方をする。例えば、小さいエビなどに周囲まで広がった衣を付けるが、その部分はせんべいのようになり、食味がいいとはいえない。給食や業務用などに大量に揚げる場合は、こしの強い衣をかけ、蒸気で軽く蒸してから冷凍する。味は本来のてんぷらと比較にならないが、取扱いには便利である。

天つゆは人肌程度の温かさで食べる

天ぷらに天つゆはつきもの。とはいっても、材料の持ち味こそが、まず天ぷらの味を決めるので、天つゆでそれを損ねないようにすることが大切である。

天つゆは、だしとみりん、濃口醤油を5対1対1の割合で合わせてひと煮立ちさせ、追いガツオをして布で漉(こ)して作る。そしてそのまましばらくおいて、温度を下げる。

ここが大切で、決して熱々の天つゆでいただかないこと。熱いつゆに天ぷらを漬けると、衣がつゆを急激に吸い込んで、ベタベタになってしまう。天つゆは人肌程度の温かさがよく、カラリと揚げた衣の感触が損なわれない。

天つゆ以外では、塩やレモンでさっぱりといただいてもおいしいもの。塩は、そのままでは粒子が大き過ぎて、天ぷらの材料の味より勝ってしまうし、味が口に残りやすい。そこで、すり鉢で合わせてできるだけ細かくすりつぶし、粉末状にしておく。また塩だけだとどうしても辛くなるが、コーンスターチを少量混ぜると塩辛さが和らぎ、さらさらして天ぷらともなじむ。

科学の目

▼塩の粒の大きさには規格があり、ふつうの食塩は粒度600～150マイクロメートル（㎛・1㎛＝1／1000㎜）が80％以上、精製塩は500～180㎛の粒が85％以上と決められている。

▼どちらも500～600㎛（つまり0・5㎜以上）の粒がかなり含まれているので、すり鉢ですると細かい粒にすることができる（知識編21頁参照）。

【七】蒸す・蒸し物

蒸し器は四角より丸に近い形のものを

蒸し物をするときの蒸し器にもいくつか条件がある。

まず材質であるが、木製のせいろが理想的で、熱が外に逃げない。だが家庭では使う頻度が少ないため、吸湿と乾燥を繰り返しているうちにゆるみが出たり、乾きが悪いためにかびがはえたりと手入れが大変である。扱いやすさの点で、金属製のものが適当だろう。

形は丸型がよく、なければ六角や八角などなるだけ丸に近いものを使おう。四角いものは、すみずみまで熱が十分行きわたらず、器内に温度差ができてしまう。蒸し器が四角くて蒸す量が多いときは、中に入れた材料の場所をときどき入れ替えてやることが必要である。

また、蓋は平らではなく、ドーム型になっているものがよい。平らな蓋だと水滴がポタポタ落ちて、水っぽくなったり、卵豆腐などは表面がでこぼこになったりしてしまうが、ドーム型だと水滴が端に流れるため、材料に直接当たらないからである。だがこの場合でも、布巾やタオルをかませて水滴が落ちるのを防いでおくことは必要である。

科学の目

▼同じ熱源なら角型の蒸し器のほうがたくさんの材料が入り一見使いやすそうだが、蒸し器の大きさの割に熱源が小さかったり、沸騰が不十分だったりすると、容器内に温度差ができる可能性がある。
▼強火で蒸していれば、大量の蒸気が器内に充満して温度差はほとんどないが、茶碗（ちゃわん）蒸しや卵豆腐のように、蒸し器の中を90℃以下に保つため蓋をずらしたりしているときには、温度差は著しい。
▼せいろの場合は蒸し器に比べて上部が開放的なので、せいろをのせた鍋の水量が少ないと、中央と周辺は温度差ができる可能性があるので、注意が必要。

蒸気が十分上がっている蒸し器に材料を入れる

蒸すという調理法は、蒸気で加熱していくもの。だから、必ず湯が沸騰して蒸気が十分上がったところに入れることが条件である。「蒸し時間」というのは、蒸気が上がった時点からスタートしていることに注意しよう。

特に魚などは、強火で一気に蒸し上げることが大事で、蒸気が上がらないうちに蒸し器に入れてしまうと、水分が抜けてカスカスになってしまう。

蒸し器の湯の量は、すのこの下六分目くらいがよい。多過ぎると湯がすのこより上に上がって材料を濡らしてしまう。また家庭用のすのこは穴が小さいので、湯の量が多いと煮立った湯がすのこにポコポコと当たって穴をふさぐ。こうなると蒸気が上がらず蒸し器の用をなさなくなる。湯の量が多いにこしたことはないが、煮立った湯がすのこに当たらない程度にしておかなければならない。

蒸しているときは蒸気の力を一定にするために、湯の量を一定にしておかなければならないので、途中で差し湯をする。このときは、必ず熱湯を追加する。

科学の目

▼水が100℃で沸騰し、発生した水蒸気が冷たい食品の表面に触れて液体の水に戻るとき、持っていた熱を放出して、その分だけ食品の温度が上昇していく。

▼蒸し器の中に水から材料を入れておくと、湯気が上がっては材料に触れて水滴になり、表面を流れて戻るのが長時間繰り返されて、食品は濡れて水っぽくなり、崩れたりうま味が抜けたりする。十分水蒸気が上がったところで材料を入れれば、材料の表

面の温度がすぐに上がって、水滴が流れる時間を最小限に食い止めることができる。
▼ただし、もち米のように普通に蒸し上げたのでは水気が不足する材料は、振り水をしながら蒸すくらいで、初めから蒸し器に入れて表面が濡れても差し支えはない。

蒸し物にする材料は鮮度が第一条件

蒸し物は煮物などと違って、材料の成分が液体に溶け出すことが少ないので、材料の風味や栄養分を逃がさないという利点がある。だが裏を返せば、アクを抜いたり生臭みを取ったりすることができないということになるから、くせの強い背の青い魚などは不向きである。

カツオやマグロなどの赤身の魚も、じわっと火を通すと硬くなるので、蒸し物には向かない。また大きいものは繊維が硬く、蒸して水分を抜くという加熱方法をとると、よけいに身がパサパサしてしまうので、これも不向き。

蒸し物に適しているのは白身の魚で身の軟らかいものや小ぶりのもの。それに鮮度がよいことが絶対条件だ。

背の青い魚でも、新鮮なものなら酒蒸しにすればよい。くせのある材料を蒸すときのコツは、あらかじめ塩を振って水分を抜き、臭みをよく取っておくことと、酒をたっぷり振ること。また魚を蒸すときには塩を振っておくことは必要で、白身も同じである。ただ鮮度がよくないと、いくら塩をしてもくせは抜けきらない。

科学の目

▼蒸し物は形、味、香りを保持して、温度だけを上昇させるのに適した加熱法で、素材の持ち味で食べる料理には最適である。
▼また再加熱にも適しており、電子レンジがないころは、ご飯の温め直しは蒸し器の役目だった。
▼その代り、加熱しながら同時に味を付けたり、一つの材料の味を他の材料に移したりするのは苦手である。だから蒸し物には当然、新鮮な素材を、そのものの持ち味でおいしく食べられる材料を使わなければならない。

魚や肉は強火で、卵生地は弱火で蒸す

どんな蒸し物でも、湯が十分沸騰して蒸気が勢いよく出ているところに材料を入れるのは、共通の条件である。だが材料を入れてからの火加減は、ものによって違う。おおまかにいって2通りの方法があり、たいていの材料はこの原則に照らせば失敗しないので、頭に入れておきたい。
それは、「生の状態では硬いが、蒸せば軟らかくなるものは強火。生の状態では軟

らかいが、蒸すと固まるものは、弱火で蒸す」ということである。生では硬く、蒸すと軟らかくなるものといえば、魚や肉（鶏肉）で、こうした材料は強火で一気に蒸さないと肉汁や水分が出過ぎてパサパサになってしまう。

では、蒸すと固まるものといえば、ほとんどが卵生地であろう。強火で蒸すと、生地が沸騰して気泡ができるので、すが立ちやすい。これらの材料は、弱火でゆっくり火を通す。ただし、全体に熱が回るまで、最初2〜3分は強火にすること。詳しくは292頁を参照されたい。

科学の目

▼魚の皮、骨、筋の部分や、肉の硬い組織に含まれているコラーゲンというタンパク質は、生では硬いが加熱を続けるとゼラチンに変化して温水に溶解し軟らかくなる。

▼魚や肉の蒸し物をあまり長く続けていると、このゼラチン分がうま味などと一緒に組織から抜けて、パサパサしたものになりがちである。

▼肉や魚の筋肉組織は熱凝固するので、加熱すれば身は締まってくる。しかし、蒸し物に使う鶏肉や白身の魚は熱凝固しても組織はほぐれやすく、それほど硬くならない。むしろ強火で早く表面を固めて、内部の液の流出を防ぐほうが得策である。

魚を蒸すときは昆布を敷いて酒を振る

魚を蒸すときは、下に昆布を敷いて、魚に昆布のうま味を加えるとおいしくいただける。さらに、酒を振りかけて、魚の表面が乾くのを防ぐようにする。魚は強火で手早く蒸すことが肝心で、時間をかけていては、水分が出過ぎてパサついてしまうが、酒を振りかけておけば、水気が与えられ、火の通りがよくなって少しでも早く蒸せる。これだけだと水でもよさそうなものだが、酒は魚の生臭みを消して風味を添えるので、酒のほうがよい。

蒸す前には、鮮度のよいものでも塩を当てて臭みを抜いておくことを忘れない。姿で蒸すときは、霜降りにしてうろこをきれいに除いておくことも必要である。

魚の蒸し物は、昆布と酒のほかに味は付けない。盛りつけのときにあんや吸物味のだしをかけたり、ポン酢で食べたりする。魚自身のうま味と昆布、酒のうま味が、あとでかけるこれらのだしに溶けて、おいしくいただけるのである。特に姿で蒸すときは骨のうま味も加わるので、ほかの味付けは邪魔になる。

科学の目

▼煮物や汁物と違って蒸し物は、加熱と同時に味付けをすることができない。だから蒸す前の下味か、蒸したあとの味付けが必要になる。

▼昆布を敷いて酒を振るのは、いわば下味を付けていることになる。魚を昆布の上に置けば、一種の受け皿のように、振りかけた酒が昆布からうま味を引き出して魚体に移し、結果として加熱しながら味付けができる。昆布がないと振りかけた酒は下に流れ、失われる。

▼ここで塩をかけると、余分な水分が引き出されてうま味の損失にもなるので、蒸す前の塩以外は使わず、蒸したあとで調味料をかけるのである。酒に含まれるアルコールはタンパク質を引き締めるので、水と違って魚の表面が早く凝固し、うま味の損失も少ない。

蕪蒸(かぶらむ)しに加える卵白は半立てに泡立てて用いる

魚の切り身に、すりおろしたカブや細切りにした野菜をのせて蒸す料理がある。前者は「蕪蒸し」といわれ、冬のカブのうまさを味わう、代表的な京料理の一つ。後者は、野菜を柴(しば)のように細く切るので「柴蒸し」といわれる。いずれもつなぎに泡立てた卵白を使うのが特徴。卵白と合わせて蒸すと、卵白が接着剤の役目を果たし、蒸し上がったときに、ふっくらと盛り上がった形を保つことができる。卵白はまた、野菜から水分が抜けるのを防ぐので、野菜のパサつきや色変わりも防げる。ただ、火力が強いと卵白が膨れてカスカスしてしまうし、かといって弱すぎると、蒸すのに時間がかかって、野菜から水分が出過ぎてしまうので、火加減が難しい。

蕪蒸しの場合は、塩と酒を振りかけた切り身を器にのせて蒸し器に入れ、強火で魚に火を通す。ほぼ火が通ったら、カブと卵白を合わせたものをのせ、中火に落としておよそ10分蒸す。先にも述べたように、ここの火加減が難しく、強過ぎず、弱過ぎず。一つの目安としては蓋に開いている穴からの蒸気の上がり具合い。シューシューと勢いよく出るのは火が強すぎる。ホワホワと蒸気が上がっているくらいがちょうどよい火加減。柴蒸しの場合も、先に魚を下蒸ししてから野菜と卵白を合わせたものをのせるが、野菜は前もって下ゆでしておくようにする。いずれもやっと火が通ったくらいに仕上げるのがポイント。

もう一つ、しっとりとした舌ざわりに仕上げるには、卵白の泡立て方にポイントがある。卵白は半立てにすることである。泡立て過ぎると空気を含みすぎて、火を通したときにカスカスしてしまう。かといって泡立て方が足りないと、卵白が流れてしまってつなぎの役目を果たさない。半立ての状態、すなわち卵が白くなってきて、こしがなくトロッとしている程度まで泡立てるのがちょうどよい。これくらいだと、白いつやがよく出て、また卵白が野菜に十分行きわたり、ムラなくふっくらと蒸し上げることができるのである。

さらに、蒸しがうまくいくかどうかは器に盛りつける形にも影響される。カブと卵白

盛りつけ方も大切

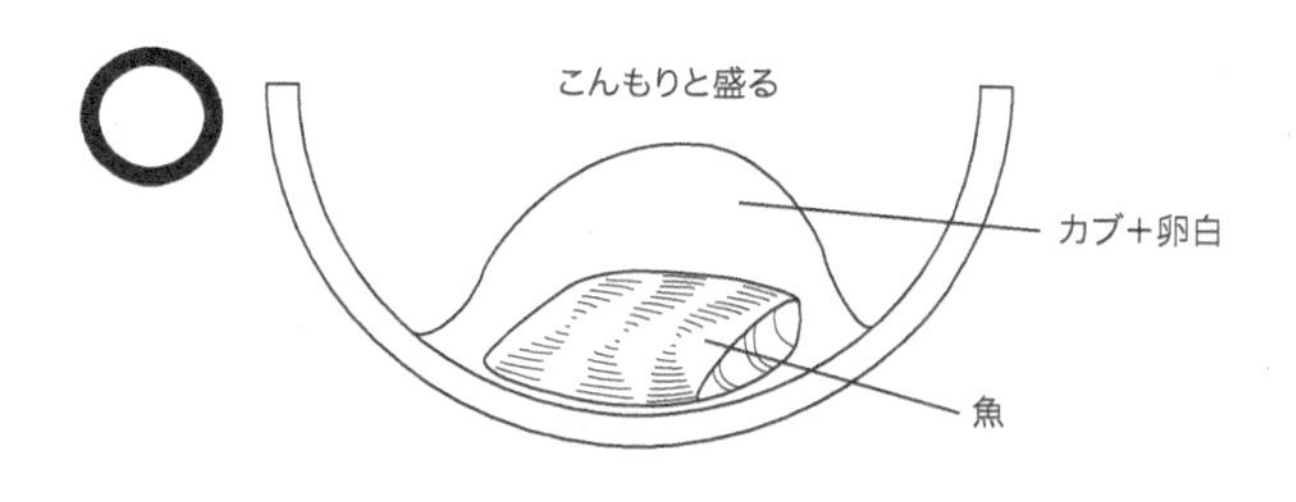

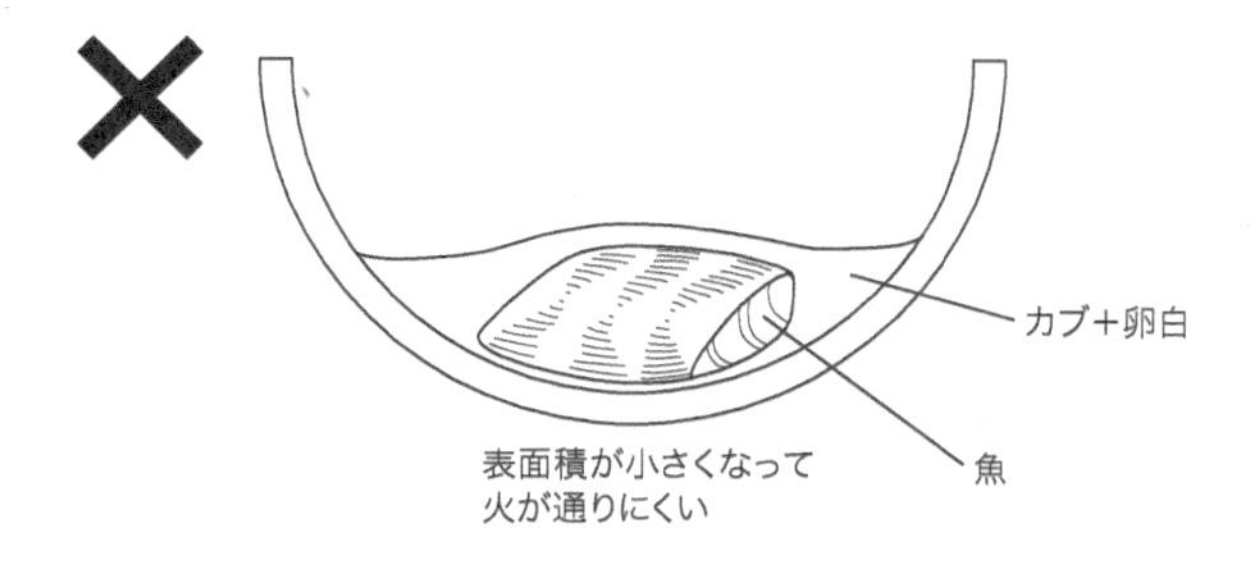

を合わせたものは、魚の上にこんもりと山のように盛ること。こうすると、蒸気に当たる表面積が多くなるので上手に蒸せる。特に「蕪蒸し」は、魚とカブの軟らかさが調和していることが大切で、魚には、甘鯛やマナガツオなどの白身、あるいは鰻やアナゴの白焼きといった、蒸して軟らかくなるものでないと合わない。またカブが淡白なので、背の青い魚のようにくせのあるものも適さない。カブのほうも、甘味があって軟らかい冬のものが一番で、それも聖護院蕪(しょうごいんかぶ)や近江蕪(おうみかぶ)のように大きいものでないと、甘味がきかない。そして皮は厚くむいて、繊維の軟らかいところだけを使うようにする。

真薯(しんじょ)の蒸し上がりは松葉でみる

真薯とは、魚介のすり身に山イモを加えて蒸したもので、主に椀子、つまりお椀の具にされる。きめ細かく、箸でやっとはさめるくらいの軟らかさに蒸し上げた真薯は、吸物の具として最高のものとされている一方、料理人の腕の見せどころといわれている。

生地のきめ細かさは、一つには合わせる材料の割合にあり、もう一つは蒸すときの火加減にある。

まず生地について述べていこう。魚のすり身は、主に白身魚を使う。関西ではハモが代表的。くせがなく適当な脂気とうま味があって、火を通してもパサつきにくい。

小鯛やキスなどでもよい。大きいものは繊維が硬いので避ける。これらの魚だけでもよいし、キノコを少量加えたり、カニやエビ、牡蠣などを加えることもあって、これは好み次第。ここにすりおろした山イモを加え、つなぎに卵白と葛粉あるいは浮き粉を入れて、昆布だしで濃度を調節する。味付けは塩。山イモや卵の量が多いと早く火が通って軟らかく仕上がるのだが、しっとりした舌ざわりがなくなる。分量の割合の例を以下に記すと、すり身200gに対して、すりおろした山イモを30g、卵白は1個分、浮き粉小さじ2、昆布だし100mLである。この場合のすり身はハモの身を使っている。

さて、次に大切なのが火加減である。最初の2～3分は強火にし、全体を温める。ここで強火にしている時間が長いと、卵白が入っているため膨れ過ぎてカスカスになってしまうので気を付けなければならない。そのあと弱火にして、およそ30分で蒸し上がる。

蒸し過ぎると水分が抜けてパサつくので、取り出すタイミングが大事だが、真薯の蒸し上がりは見た目や弾力では確かめられない。松葉でみるのである。真薯の生地を蒸し器に入れるときに、松葉を中央に刺しておく。松葉は熱で茶色に変色するので、外に出ている部分は、蒸気に当たってすぐに茶色くなるが、中に刺した部分はまだ青いままだ。だが真薯に火が通れば、中に刺した部分も変色する。だから、刺しておいた松葉を抜き、色が先まで茶褐色に変わっていれば、蒸し上がりと考えてよい。先のほうがまだ青ければ、そのままさらに蒸し続ける。

科学の目

▼魚のすり身は、弾力のもとになる繊維状タンパク質（ミオシンとアクチン）が多く、しかも繊維が短くてほぐれやすい白身魚がよい。かまぼこにはグチ、エソ、真薯にはハモ、小鯛などがよいとされる。

▼これらのタンパク質が熱凝固して弾力のあるかたまりになる温度は70℃前後で、それ以上強く加熱すると、茶碗（ちゃわん）蒸しと同様に「す」が立ったりする。逆に加熱不足では中が生である。

▼この火加減は茶碗蒸しのそれと似ているが、中心に刺した松葉の変色でタイミングを計るのは、内部温度が70℃前後に達したかどうかを見るための巧みな知恵である。

蒸し物にかけるあんは葛粉を使う

あっさりした材料を蒸し物にしたときは、あんをかけて仕上げることが多い。薄味の白身魚や豆腐などそれだけでは味が物足りなかったり、あるいはパサパサしたりする材料などは、あんがけにすると、おいしく、食べやすい。

あんには「銀あん」と「べっこうあん」がある。銀あんは、だし汁に塩、薄口醤油を加えた吸物味に、少量のみりんを足した色の薄いあん。べっこうあんは、だし汁にみりんと濃口醤油を加えた濃厚な味と色のあんである。香りや風味を加えるために、洗いネギやおろしショウガ、あるいはワサビやカラシ、粉山椒、木の芽を天盛りとして使うことが多い。また、みじん切りやすりおろした野菜を加えて、彩りや風味に変化を加えることもある。

いずれも葛粉や片栗粉でとろみを付けるが、できれば葛粉を使いたい。というのは、葛粉は片栗粉と違ってベタベタしないので上品な舌ざわりに仕上がり、いったんとろみが付くと冷めてもとろみがなくならないからである。

葛粉は、必ず水に溶いておくこと。水は粉の2倍くらいが適当で、同割に近いとダマができやすい。とろみを付けるときは、だし汁を沸騰させ、いったん火からはずし、やや温度が下がったところに加える。グラグラ沸騰しているところに入れると、粉が瞬時に固まってダマになってしまうからだ。逆に煮立っていないと、濃度がどの程度ついたかの判断がつきにくい。加えるときは一度に入れず、糸を引くように落とす。またたしのほうは、たえず玉じゃくしでかき回していること。粉を加えると汁がいったん濁るが、そのあと再び火にかけて熱していくと、透明感が戻ってくる。この間もずっと煮汁をかき混ぜていないと底が焦げてしまう。とろみが付いてきたら火からはずして、気泡を抜くようにゆっくりかき混ぜる。これであんのでき上がり。

同じあんでもとろみを強く付けると濃く感じ、さらっとつけるとあっさり感じる。だからかける蒸し物が薄味であっさりしたものならやや強くあんを引き、味の濃いものなら弱めに引くなどの加減が必要である。

蒸し物をほぐしてあんに付けながら食べるわけだが、最後に器に残った蒸し物とあんをすってどちらかが余ることなく、また口にはあんのしつこさが残らないくらいの分量と濃度にしておくのが、仕上げの腕前である。

科学の目

▼蒸し物の味付けが困難なのを補うため、蒸し上げたあとにデンプンでとろみをつけた汁をかけるのがあんかけである。こうすれば汁の味が材料にしみ込まなくても、表面に味をからませて食べられるので、汁の中で煮たのと同じ味付け効果が得られる。

▼少ない汁でムラなく味を付ける手法の一つとして、吉野煮(よしの)がある。葛煮ともいい、葛をつかってとろみを付けたもの。吉野は吉野葛の産地で、葛粉を使った料理にはしばしば「吉野」という名を付ける。普通の片栗粉(市販品は主に馬鈴薯(ばれいしょ)デンプンが原料)と比べて、葛から採ったデンプンのほうが粘性、弾性ともに低く、さらりとしているので、上品な蒸し物に適している。

【八】卵料理

ゆで卵を作るときは卵を室温に戻してから

冷蔵庫に入れていた卵を冷たいままの状態でゆでると、殻が割れやすく、また温度が上がりにくいのでゆで加減の時間を計るのが難しい。特に温度卵のように湯の温度とゆで時間を正確に計りながらゆでる場合は、一度室温に戻してからゆでると失敗が少ない。

温度卵のゆで方については２８３頁で詳しく述べるとして、ここではゆで卵について説明しておこう。

卵をゆでるときは、水から入れたほうが卵との温度差が少ないので、割れにくい。ただ半熟にするか固ゆでにするかは沸騰してからの時間で計るので、熱湯に入れたほうが正確に計れる。熱湯に入れる場合は、割れるのを少しでも防ぐために、湯は静かに沸騰させておくことと、先ほども述べたように卵を室温に戻しておくこと。

ただ、卵は新しいほど割れにくい。新しいものは気室という、空気の入った部屋が小さいので、熱いところに入れても空気の膨張が少ないため、割れにくいのである。古くなるほど、卵は殻から空気を取り込んで、気室が大きくなる。ゆで卵の殻をむくと、丸底の方がボコッとへこんでいる場合があるが、これはやや古くなった卵で、気室が大きくなっていたのである。

話を元に戻そう。半熟は沸騰してから5～6分、固ゆでは15分ほど。程よいゆで加減はその間の10～12分あたりである。ゆで過ぎると卵黄と卵白の境い目が青黒くなるので注意する。

ゆで上がった卵はすぐに冷水で冷やすと、殻がむきやすく、きれいにむける。

ところで、黄身が真ん中になるようにゆでるにはころがしながらゆでるとよい。新しい卵は卵白に弾力があるため、卵黄が真ん中にくるが、古くなると弾力を失って、卵黄が自由に動く。だから鍋の中で卵を同じ状態にねかせたままゆでると、卵黄が重みで下がり、一方に寄ったままゆで上がってしまうのである。そんなときは、箸で静かにころがしながらゆでる。こうすると、卵白が外側から固まるにつれて卵黄が中央に押しやられ、ゆで上がったときは卵黄がだいたい真ん中にくるのである。

科学の目

▼卵をゆでると固まるのは、主成分であるタンパク質の分子運動が熱のために盛んに

なり、分子どうしが絡み合って全体として動けなくなってしまう現象で、これを熱変性と呼ぶ。ふつう熱変性の結果固まってしまうことが多く、この場合は熱凝固という。卵の熱凝固は強く、茶碗蒸しのように3〜4倍に薄めても、全体が一つに固まる力がある。

▼しかし卵白の水分は88・4%、タンパク質は10・5%。これに対して卵黄は水分48・2%、タンパク質は16・5%と中身が濃いこともあり、卵黄のほうがやや固まりやすい。凝固温度を比べると卵黄のほうがやや低く、70℃前後の湯の中に長く置くと凝固する。一方卵白は80℃を超えないと完全には凝固しない。

▼卵は完全な球形ではなく形が不均一なので、冷たい卵をいきなり高温にさらすと、殻の熱膨張にムラができ、ひびが入りやすくなる。また卵白には弾力の強い濃厚卵白と、その周囲に弾力の小さい水様卵白の2つの部分があり、新鮮な生みたて卵は濃厚卵白が最も多く、水様卵白との比は約6対4で、時間が経つとこれが水様卵白に変わって、しだいに弾力を失う。

温度卵は70℃を保つのがポイント

黄身だけ固まって白身が半熟状にドロッとしている温度卵。黄身が白身より固まる温度が少し低いことを利用した卵料理である。

卵黄は65～70℃を長く保つとほぼ固まるが、卵白は80℃を超えないと完全に固まらない。この性質を利用して作る。温泉卵ともいわれるのは、沸騰せずに80℃以下の温度を保てる温泉の湯なら、漬けておくだけでできるため。温泉旅館の定番料理となっているわけである。

作り方は、調理用の温度計があれば、いちばん正確。65～70℃の湯を用意して卵を漬け、蓋をして30分。途中、温度が下がれば熱い湯を足せばよい。土鍋を使えば、ある程度長く湯温を保ってくれる。卵は室温に戻したものを用いること。

温度計がないときは、次のようにすればよい。ぬるま湯に漬けてぬるくしておいた卵をザルごと深鍋に入れる。別鍋に熱湯をぐらぐら沸かし、差し水をしてから深鍋に注ぐ。蓋をしてガス台の横など、暖かいところに置いておく。すると12～13分で温度卵ができ上がる。20個くらいまでならこの方法でできる。

でき上がった温度卵は、冷やして、味付けしただしをかける。だしは、一番だし6対みりん1対醤油1の割合。みりんを火にかけて煮切り、だしと醤油を加えて沸騰させたところに、削りガツオを入れて漉す。おろしショウガや木の芽、あるいはユズの皮のおろしたものを天に盛るとよい。

卵を手に乗せてため水で卵白を揺すり落とした卵黄を冷やして麵(めん)のだしに入れたり、刺身に添えてもおいしい。また目先の変わった食べ方としては、卵黄だけをガーゼなどに包んで味噌や熟成させた酒糟(さけかす)に漬け込む。固ゆで卵にした卵黄を使うより、しっとりしていて酒の肴にぴったりだ。

科学の目

▼卵黄のタンパク質は70℃弱の温度で熱凝固を起こすので、この温度に長く保てばいずれは固まる。熱が内部まで伝わるには、少なくとも30分以上湯の中に保っておくことが必要である。もし途中で80℃以上に温度が上がると卵白も固まってしまう。うまく65~70℃の間を保てば、卵白は最後まで半熟で卵黄だけが凝固する。

▼昔、炭火やかまどの火で、温度計なしでこの温度を保つのは、勘や経験が必要だった。しかし現代では、熱源と温度計と時計を使えば簡単である。

▼ただし実際には、鍋の内部の温度差や、卵の位置などによってムラができるので、たっぷりの湯を用意し、卵は鍋底につかないよう工夫して、温度ムラを極力避けるようにしないとうまくいかない。

卵焼きをふっくら仕上げるのは少量の砂糖

たかが卵焼きといっても、油臭くなったりぺったりと厚みのない焼き上がりになってしまったり。寿司屋や料理店で出されるものとはほど遠い卵焼きになってしまうことも多いもの。

上手に作る最初のコツは、卵の溶きほぐし方。泡立て器は使わず、先の細い箸で、かき混ぜるというより切る感じで溶いていく。割った卵の一番外側にある水溶性の卵白は、すぐに卵黄と混ざるが、その内側、すなわち卵黄の周りには弾力性のある卵白があって、これを切るようにしてほぐすのである。溶き過ぎるとこしがなくなってしまうので、卵白が小さな粒で残っているくらいにほぐすこと。

次のポイントは、砂糖を少し加えることである。砂糖は卵を軟らかく弾力のある状態に焼き固める作用がある。また焼けてから時間をおいてもしっとりした状態を保つことができる。ただし甘味が多いと焦げやすくなるのでほどほどに。だしを加えたければ、卵をゆるめる程度に加えること。

それと、鍋の温度も重要。卵焼きは火で焼くのではなく鍋の温度で焼くもの。卵を流したときにジュッと音がしないとだめで、大切なのは火加減ではなく、鍋がどれだけ熱せられているかということなのである。ただし熱し過ぎていると卵が鍋にぺたっとくっついてふくれない。鍋が適度に熱せられていると、卵を流したあとすぐに大きなふくらみがぼこぼこできる。このふくらみを箸の先でつぶして鍋に当てていく。

卵は半熟の状態で巻いていきたいが、一回に流す卵の分量が少なすぎるとすぐに全体に焼き固まってしまうので、ある程度の量がいる。流した卵が半熟状に固まったら、向こうからしっかり巻いていく。次に、巻き上げた卵を向こうに押しやり、手前に卵を流してさらに巻いていく。厚めの卵生地を2～3回巻いて終わりというよりも、薄めの生地を4回、5回ときっちり巻いていくほうがよい。油は卵を流すたびに敷いていくと、油っぽくなってしまう。卵生地が鍋肌から離れにくくなったときに薄く加える程度でよい。

科学の目

▼卵料理はほとんどすべてといっていいくらい「うまく熱凝固させること」がポイントになっている。ゆで卵はもちろん、茶碗蒸し、卵豆腐、かきたま汁など、熱凝固の状態を望む通りに調節することが、味付けより大切である。オムレツや卵焼きはその代表といってよい。
▼塩はタンパク質の凝固を促進して凝固物を引き締める。逆に砂糖はタンパク質の分子と結び付いて結合力を弱め、軟らかくする作用がある。卵焼きに砂糖を加えると軽くふわりと固まるのはそのためである。
▼もう一つ調理で大切なのは、熱凝固を平均に起こさせることである。卵焼きは角型の鍋を使うが、その真ん中も隅の部分も完全に同じ温度にならないと、流し込んだとき固まり方にムラができるので、熱伝導率の大きい銅の鍋を使う。

卵からだしがしみ出るだし巻き卵

お弁当によく利用される卵焼きと違って、だしをたっぷり使った「だし巻き卵」は、熱々で食べても冷やして食べてもおいしいもの。だしを加えるほどに焼き上げるのが難しくなるが、せめて卵の半分の量は加えたい。古い卵だと弾力がないので半量も入れると焼きにくくなるが、新しい卵なら十分可能である。だし巻きを盛りつけたときに、卵からジュワーッとだしがしみ出してくるくらいがおいしいので、なるべく新しい卵を使って、だしを多めに加えよう。

加えるだしは、一番だしにみりん少量と塩、薄口醬油を加えたもの。卵をほぐしてだしを混ぜたら、鍋に流すが、このとき大切なのは、半熟のかたまりを手早く作ること。そのために、流した卵を箸で軽く切って、全体に半熟状態を作り、同時に厚みを平らにする。

そして、表面がドロッとしてはいるが、鍋を傾けても卵が流れない程度にまで固まれば、手早く巻くようにしながらかたまりを作る。ここでモタモタしていると、だしがしみ出てベタベタし、卵にも火が通って硬くなってしまう。

鍋の向こうにかたまりを置いたら、手前に新しい卵を流すが、このとき向こうに置いた卵を箸で持ち上げて下に新しい卵を流し込み、つなげる。一回目の卵はある程度の分量を流すが、二回目からは表面がでこぼこしないようにやや少なめに、すぐに半

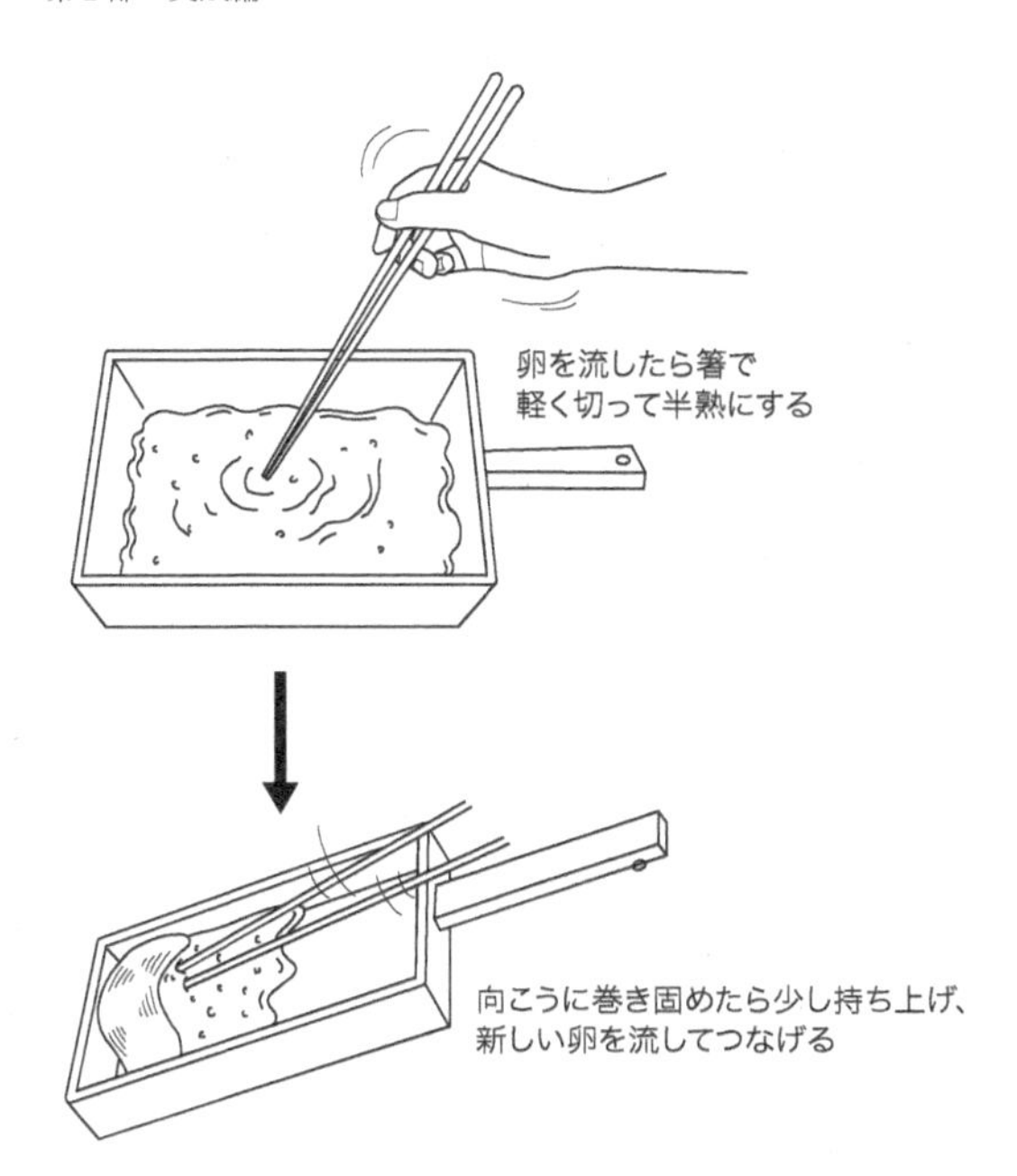
卵を流したら箸で
軽く切って半熟にする
向こうに巻き固めたら少し持ち上げ、
新しい卵を流してつなげる

熟に固まる程度の量を流すこと。三回くらいで焼き上げるのが適当で、何回も巻き過ぎるとせっかく半熟に巻いたところにどんどん火が通って固まってしまう。食べる際に箸で切ったとき、切り口がドロッとしていて、巻いてあるように見えないくらいがよい。

薄焼き卵には卵黄だけを何個か足す

薄焼き卵をきれいに仕上げるには、厚みを平均にし、ムラなく焼き上げることである。

まず、卵は、全卵に卵黄を何個か加えるとよい。卵を10個使う場合には、そのうち3個は卵黄だけにするくらいの割合が適当。全卵だけのときより感触がしっとりし、また焦げにくくなる。

次に卵は泡立てないように、こしがなくなるまでよく溶きほぐす。泡が立つと鍋に流しても消えず、でこぼこに焼けてしまう。またよく溶いておかないと、卵黄と卵白が分離したままムラになって焼き上がる。さらにていねいにするには、一度裏漉し器で漉すとよい。きめが均一で繊細な薄焼きに仕上がる。味付けは、塩を少量入れるだけでよい。薄焼き卵は、味より見た目の美しさが大切な料理である。砂糖やみりんなどの甘味を入れると焦げやすいので入れないこと。

鍋にたっぷり油を流したら、一度ふき取る。ふかないと油膜が厚くなって、油の多いところは温度が高くなるので焼き色が付き、焼きムラができる。また卵液が油の多いところで浮き上がって焼け、均一でない仕上がりになってしまう。鍋は油を流す前に温めておくが、弱い火でじっくり温めること。急いで強火で熱すると、鍋が均一に熱くならないため焼け方もムラになる。

鍋の油をふき取ったら、次に注意することは鍋の温度である。卵を流したときにジュッと音がするようでは熱し過ぎ。音がせず、底のほうからゆっくり白くなっていくのが上手な焼き方で、火は常に弱火。

表面が乾いてきたら、返してもう片面に火を通すが、返したらすぐに取り出すくらいでよい。裏返すときは端が切れたりくっついたりと失敗の多いところである。まず周囲を軽くつついて卵と鍋を離してから、真ん中あたり、卵と鍋の間に箸を1本差し入れて卵焼きを持ち上げ、返せばよい。

焼き上がったあとは、間に半紙をはさみながら重ねていく。これは油気と水気を取るため。

粗熱が取れたら冷蔵庫に入れて数時間冷やす。こうすると、生地がしっかりして扱いやすく、破れにくくなると同時に、黄色い色が濃くなって美しい。

科学の目

▼卵のタンパク質が熱凝固するとき、ゆで卵の場合でもわかるように、白身はもろくて崩れやすく、まったく粘りがない。一方卵黄は脂肪などを含み、全体としてねっとりと粘りが出やすい。

▼そこで薄焼き卵のように、あとで巻いたり細く切ったりするような場合には、卵黄の比率を高めておくほうがよい。また卵白は卵黄と比べて泡立ちやすく、その分だけ泡立てないようにかき混ぜるのが難しくなる。

▼こういった理由から、使用するうちのいくつかの卵は卵黄だけを使うようにし、全体として卵白の比率を下げようとするのである。

茶碗蒸しは最初強火で次に弱火

茶碗蒸しで気を付けたいのは、「す」が立たないようにすること。

すが立つ原因は、主に火が強過ぎることであるが、かといって、最初から弱火で蒸し続けたのではなかなか固まらず、そのうち卵が沈んでだしが浮くという分離現象が起こってしまう。そこで、蒸し器に入れたら、最初はまず強火で2～3分蒸して、全体に熱をいきわたらせる。卵生地の表面が白っぽくなったのを確かめたら火を弱め、そのままの火加減で最後まで蒸し続ける。およそ15分ほどででき上がりである。

ただ弱火といっても、あまり弱過ぎたのでは蒸気が上がらない。蒸気が上がる程度の火にはして、蓋をずらしたり蓋に箸をかませるなど、蒸気を逃がす工夫をしながら蒸し器の中の温度を調節するようにしたい。

また、この火加減は茶碗蒸しに限らず、卵生地を蒸すときには常にいえることであるが、生地の中に具が入っているかいないかでは多少違う。卵豆腐を蒸すときは、ゆらゆら蒸気が上がるくらいに、ごく弱火にするが、茶碗蒸しのときは火が弱すぎると具が軟らかくならなかったり、具から余分な水分が出てくる。だから、中火に近い弱火がよい。茶碗蒸しは磁器に入れて蒸すので、多少火力があってもすは入りにくい。

さて、火加減に注意して蒸してみたものの、どうも舌ざわりが悪い。こんなときの原因は、案外卵の溶き方にある場合が多い。茶碗蒸しでも卵豆腐でも、卵の弾力を完全になくすことが大切で、粘りがない、より水に近い状態になるまで溶きほぐすこと。溶き方が不十分だと弾力が残って、つるりとした軟らかさに蒸し上がらないのである。溶いた卵はだし汁と合わせてから、裏漉し器で漉すことも必要。漉すとさらに卵のこしが切れて、きめが細かくなる。この場合も、卵をよく溶いていないと、卵白が裏漉し器に残ってしまい、生地が固まりにくくなる。

また、だしと卵を合わせたら、すぐに器に入れて蒸し始める。合わせたまましばらく置いておくと、だしと卵が分離してしまうからである。卵生地を器に入れるときも、改めてよく混ぜてから入れるようにしたい。

科学の目

▼茶碗蒸しはだし汁で3～4倍に薄めた均一な卵液を、均一に熱凝固させるための温度管理がすべてである。この希釈率は、汁全体が均一に固まるか、汁と卵が分かれて固まるかのちょうど境目でもある。

▼均一に固めるためには、全体の温度が上下左右、外側も中心もなるべく同じテンポで上昇していくことが望ましい。初め強火で数分蒸すのは、全体の温度分布を均一にする、つまり早く全体に熱を回すためだが、このへんの兼ね合いをうまくしないと、強火で加熱された表面だけが早く固まり過ぎたり、あっという間に「す」ができたりするおそれもあるので、本文にもあるように、固まり始めた瞬間を逃さないように弱火に切り替えることが大切である。

▼ちょうどよい凝固状態は、蒸し器の内部温度を約90℃に保って12～15分加熱したときとされ、卵液の温度は約80℃になる。しかし卵液の濃度や具の量などによっても異なるので、要は100℃にしないように注意するのが大切と考えておけばよい。

茶碗蒸しのだしは卵の最低3倍

茶碗蒸しは、もうちょっとで崩れてしまうくらいがおいしく、箸でかき混ぜるとももろもろになり、澄んだだしがしみ出してくるような軟らかさがよい。それには、だしは卵の最低3倍は欲しい。

夏は卵の温度が高くなってゆるむので、4倍が限度だが、冬なら5倍まで入る。料理店では吸物のような感覚で出すので、具と卵生地が一緒にスルスルとのどを通るように仕上げる。そのためだしの分量はできるだけ多くし、具も小さく切って、多くは入れない。

だが家庭でおかずの一品として作るとき、具をたくさん入れるなら、だしは3倍程度が適当だろう。

具には、おいしいだしが出るので鶏肉は必ず入れたい。ただブロイラーは臭みがあるので、霜降りにして臭みを抜いておく。またミツバを仕上げに置く人がいるが、ミツバだけ生っぽくなり、舌ざわりも悪いので、最初から加えておくか、あるいは表面が固まったところに置いて、ある程度火を通しておくほうがよい。

科学の目

▼だし汁を卵の3倍ということは、卵1対だし汁3、合わせて4倍に薄めることになる。

▼ある実験によれば1対4、つまり5倍（卵の濃度20％）に薄めて90℃で15～20分加熱したあとの硬さを1とすると、4倍液（卵の濃度25％）はほとんど変わらず、3倍液（卵の濃度30％）では1・2、しかし卵濃度40％では5・1と急速に上昇する。つまりだし汁が卵の3倍以上ならまず硬くなる心配はなく、これ以下になると次第に硬くなるということである。

▼硬さの測定値は加熱条件や測定法で異なってくるが、こういう結果からみて、卵に加えるだし汁の量は、最低3倍から普通は4倍程度、特別な場合は5倍が限度と考えてよい。

卵豆腐は下に割箸をかませて蒸す

つるりとした軟らかいのどごしが子供にもお年寄りにも喜ばれる卵豆腐。冷たくしていただくと、おいしさもまた格別である。

生地をステンレス製の流し缶に流して蒸し上げるが、このとき蒸し器に流し缶をそのまま置いて蒸しただけでは、「す」が立って、絹のようななめらかさには程遠い卵豆腐ができ上がってしまう。

流し缶を蒸し器に直接置くと、熱がじかに伝わって異常に熱くなり、中の卵が沸騰してしまってすが入るのである。また、下にすき間がないため蒸気が回りにくくなり、蒸し上がりにムラができてしまう。

そこで、流し缶の下に割箸を2本かませたり、あるいは巻きすを敷いて、すき間を作るようにする。

さらに、流し缶の周囲に濡らした半紙を張り付けておくと、熱の当たりがやわらいで周りにすが立たず、舌ざわりも軟らかく蒸し上がる。なお、底に張ると蒸し上げるのに時間がかかるので、底には張る必要はない。そのためにすが入ったとしても、盛りつけたときに下になるから、気にすることはない。

また、上面を保護することも忘れてはならない。流し缶の上に割箸を乗せ、その上に半紙をかぶせておくのである。こうすると水滴が直接当たらないので、表面がきれいに仕上がる。

最後に、どんな蒸しものにも共通したことだが、蒸し器の蓋にタオルをかませ、水滴がしたたらないようにしておくとよい。

科学の目

▼型に流し込んだ卵液を蒸気で蒸すとき、中にブツブツと泡ができるほど強火にすると、そのまま固まって「す」が立ってしまう。泡を出さないためには、90℃弱の低温で加熱できるように火加減をしたい。

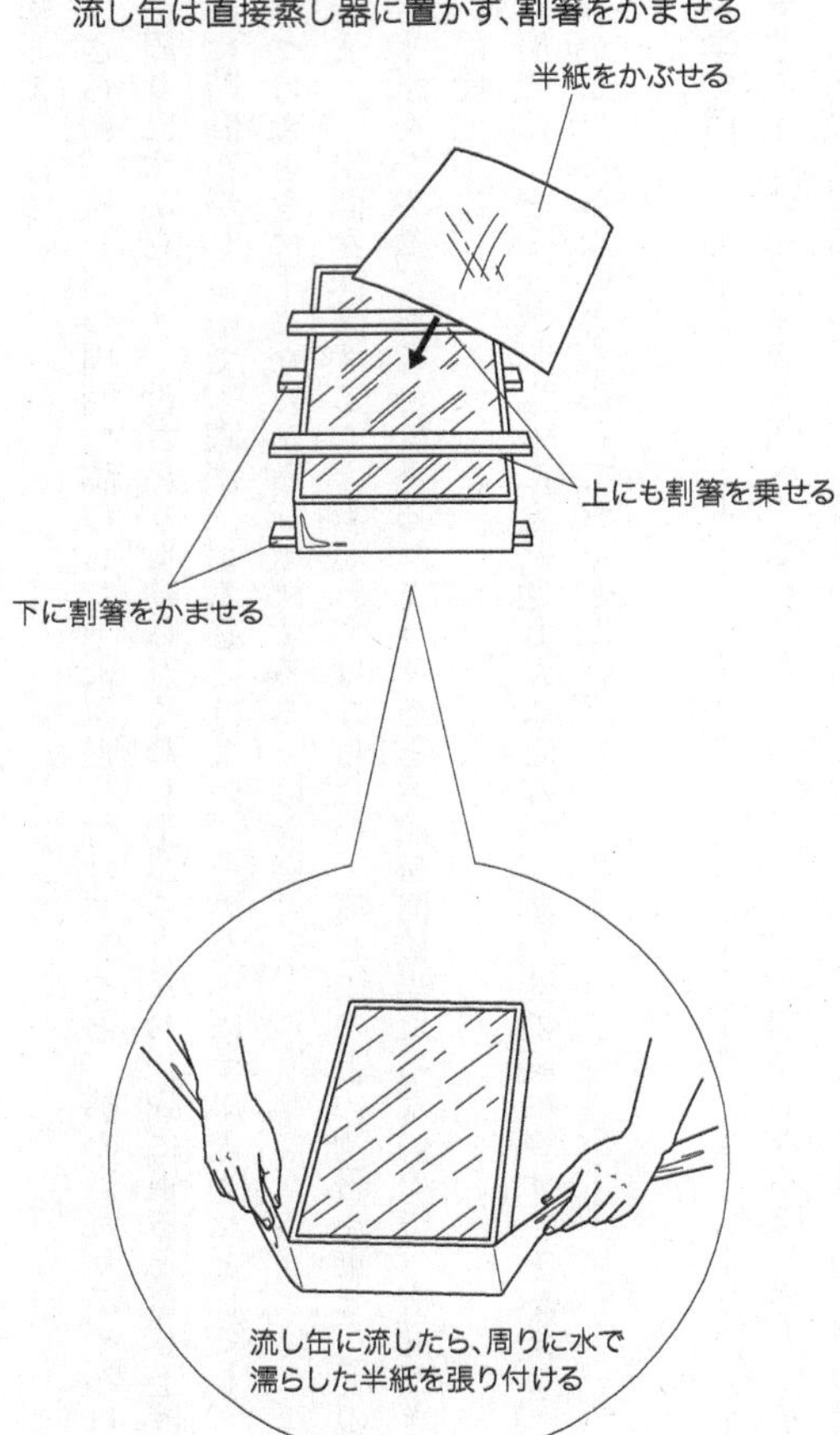
流し缶は直接蒸し器に置かず、割箸をかませる
半紙をかぶせる
上にも割箸を乗せる
下に割箸をかませる
流し缶に流したら、周りに水で
濡らした半紙を張り付ける

▼蒸し器の水は沸騰しなければ水蒸気が出ないので、100℃で沸騰を続けながらも卵豆腐自身は90℃弱になるように調節する。

▼金属の型を蒸し器の中板に直接のせると、その部分は必ず100℃近い温度になる。そこで割箸を置いて中板と流し缶を隔て、熱が金属の型に直接伝わらないようにするのである。

【九】ご飯・麺

米は最初たっぷりの水を注いでとがずに捨てる

おいしいご飯を炊くには、上手に洗うことが大切。ご飯のおいしさは米の品質にも左右されるが、火をつけるまでの処理が思いのほか大切である。

精米された米には糠が付いているから、これをきれいに洗い落とすことがおいしいご飯を炊くための第一条件である。米は1回目に水を注いだときに最も水分をよく吸収する。だから最初に水を注ぐときは、水道の蛇口から落とすのではなく、水をボウルなどにためておいてそれを一気に注ぐ。そして底のほうから大きくかき混ぜてすぐに水を捨てる。同じことをもう1回繰り返す。

この最初の段階では米はとがない。水を注いだあと何度もかき混ぜたり、のんびり洗ったりしていると、糠の溶け出した水を米が吸い込んでしまうので、糠臭く色つやの悪いご飯になってしまう。

この水を捨てたら、初めてとぐ作業に入る。とぐというのは米をこすり合わせて糠を落とす仕事だから、水は捨て切っておく。手の平で軽く押すようにして米をこすり洗いし、やはりボウルにためた水を手早く注いでざっとかき混ぜ、水を捨てる。効率よく米を洗おうと思えば、ザルに米を入れ、ボウルには常に新しい水を用意する。そして水を流しながらザルの中で米をといでは、ボウルに漬けて振り洗いし、ザルを引き上げるという動作を水が澄むまで繰り返せばよい。

最近の米は精米度が高く糠が多くは残っていないから、何度も力を入れてとぐ必要はない。それに脱穀したあと人工的に加熱乾燥させた米が多いので、米が軟らかくなっているため、何度もとぐと米が割れてくる。すると細かい破片が水に浮かんで濁るので、いつまでたっても水が澄んだように見えない。糠は洗い落とせているのに、なかなかきれいにならないと勘違いしてしまいがちである。

洗った米はザルに上げ、30～40分おいて米に十分水分を行きわたらせる。水に漬けておいてもよく、ザルに上げた場合は米粒が一粒一粒しっかりと炊き上がるのに対し、漬けておいた場合はしっとりと炊き上がる。

米粒が一様に白く不透明になっていれば、芯まで水を吸っている。透明なところが残っていれば、まだである。

洗った米をすぐ炊いたり、吸水が十分にできていなかったりすると、芯のあるご飯ができてしまう。またザルに上げたまま時間を余計におきすぎると、今度は米が乾いてきて割れてくるので、水を全体に吸ったところで炊き始める。

科学の目

▼乾燥した白米を水で洗うと、1回目の吸水量は著しく大きく、米の重さの10%近くの水を吸収する。この水を長く放っておくと、糠の成分が米に吸収され、においがつくばかりでなく、夏などには腐りやすくなったりする。とがずに捨てるのは、この糠汁をすぐに分離するためである。

▼たっぷりの水を加えるのは、1回目の水量が少ないと糠の濃度が高くなって、においが強くなるからである。1回目の洗浄で米に付着している糠の30～50%が、3回目ぐらいになると、ほぼ80～90%の糠は除去できるので、米をあまりごしごしとぐ必要はない。洗う回数は目的にもよるが、5～6回程度で十分である。

▼洗った米は常温（20℃前後）約1時間で、ほぼ吸水を完了する。夏の高温（約30℃）では30分、水温5～6℃でも2～3時間で十分である。吸水を完了したときの米は、初めの重量の20～25%の水を吸収している。しかしこれを炊くと、デンプンが糊化するとき大量の水が吸収され、最後には元の米の重量の2・2～2・3倍の米飯が炊き上がるのだから、その分の水をあらかじめ加えて加熱を始める必要がある。これが水加減である。

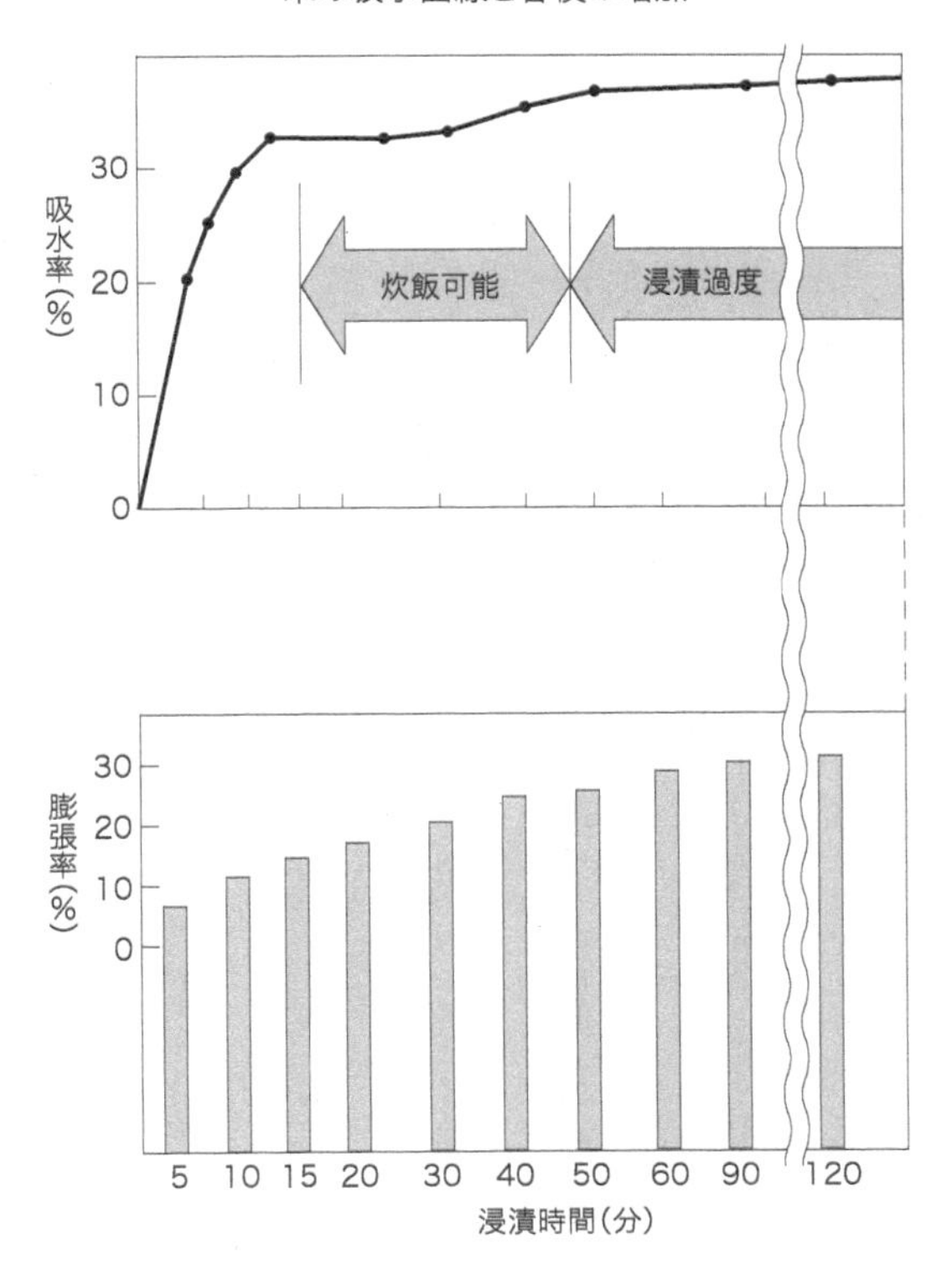

米50gを20℃の水に浸漬、20分で吸水、容積20%増

ご飯は鍋で炊いてもおいしい

米が上手に炊けたかどうかは、俗にいう「かにの穴」ができているか、また米粒が立っているかで判断することができる。いずれも、強い火加減によって、米粒を下から押し上げる水分や蒸気の力が強かったためにできる現象で、このようなご飯は一粒一粒が芯までしっかり炊き上がっておいしいのである。

今はほとんどの家庭で電気炊飯器を利用していることと思うが、鍋で炊いたご飯はおいしい。それは、火加減の調節がこまめにできるからである。

火加減のコツは昔から「初めちょろちょろ、中ぱっぱ、吹き始めたら火を弱め、赤子泣いても蓋取るな」といわれる。

まず、中~弱火で全体に温度が上がるまで加熱する。沸騰し始めれば強火にし、強い火力で米をぐるぐる対流させて短時間で急激に軟らかくする。ここでゆっくり加熱すると、炊き方にムラができてしまうのである。そして湯気の勢いが弱まったところで弱火にし、水分をじっくり蒸発させる。火を止めたあとは蓋を開けずにしばらく蒸らすのである。

蒸らしの段階では、米の量が多いと火を消して蒸らしていくことが可能であるが、量が少ないと急激に温度が下がって水分が蒸発しきれない。そんなときは、ごく弱火にして蒸らせばよい。蒸らす時間は10分から15分ほどである。

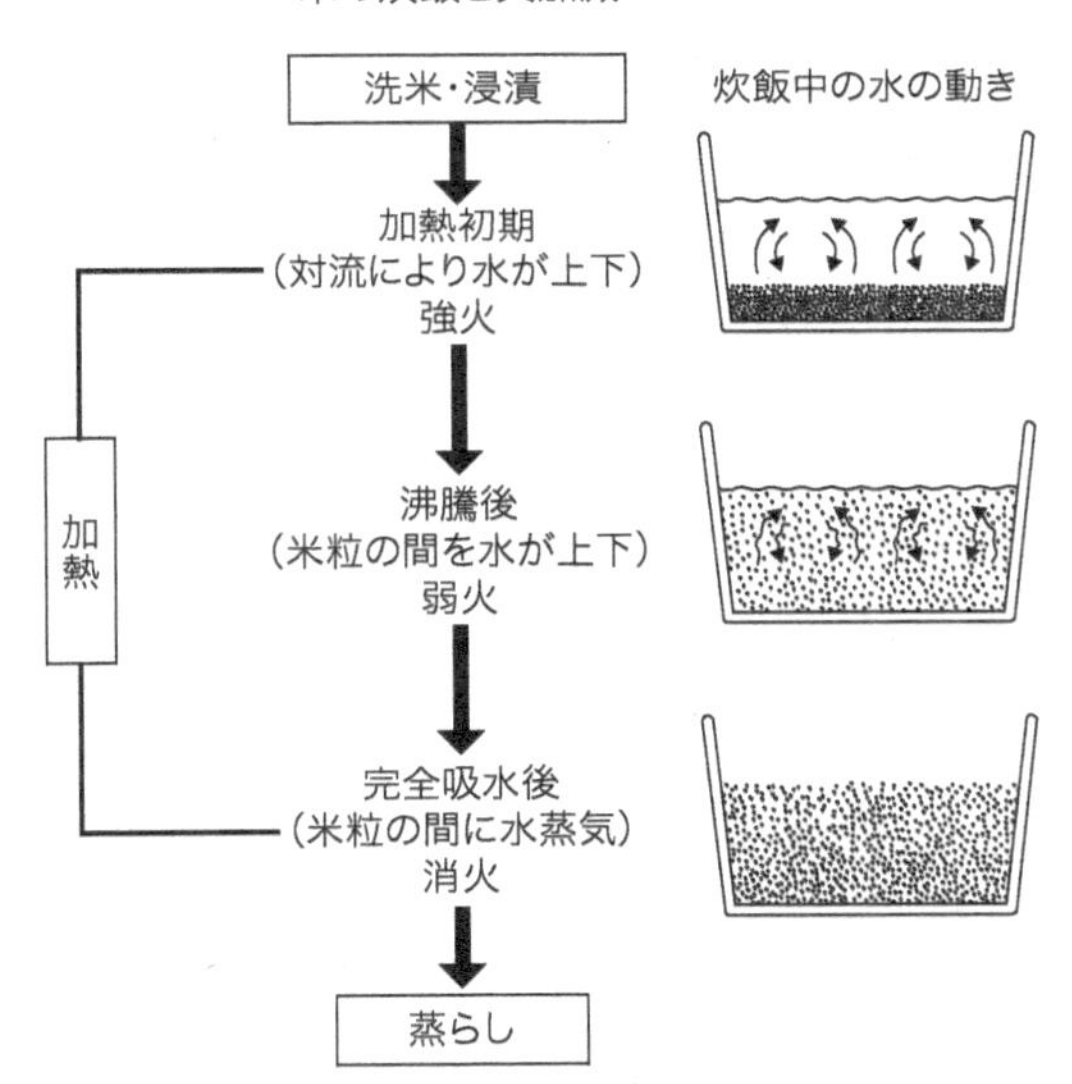

経　過		米　粒	水の動き	火加減
沸騰まで		吸水盛ん、膨潤	対流により動く	弱→中→強
沸騰以後	初期	水とともに動く	米とともに動く	強→中
	中期	粘りが出て動く	水のみが動く	中→弱
	後期	吸水完了、固定	水蒸気となる	弱

蒸らしたあと、最後にもう一度強火にして湯気を抜き、底に焦げ目を軽く付けると、香りがあっておいしい。

科学の目

▼炊飯は、米を水で煮るだけの単純な加熱操作だが、米に十分な水を吸収させながら炊き終わったときには余分な水が残っていないようにという難しい注文があるため、昔から熟練を要する調理操作だった。

▼かまどに羽釜（はがま）をのせて薪の束をくべて炊くと、こういう火加減が自然に行われた。現代の炊飯器は、電磁調理方式（IH炊飯器の方式）などを駆使して、この条件に似た温度管理をするように作られている。かまどで蒸らしの終わる間際にわら一束をほうり込んで仕上げをした、いわゆる「追い炊き」まで行う炊飯器まである。

▼加熱の始まりから水が沸騰するまでは、米と水とが同じ速さで温度が上昇していく。初めにあまり火力が強いと、水だけが温まるので「初めちょろちょろ」といわれた。しかし少量の米を家庭内で炊くときには、無理に弱火でスタートする必要はない。

▼沸騰後は三つの時期に分かれ、初期は「米と水がともに動き」、中期は「粘った米が動きを徐々に止めていき、そのすき間を水が上下し」、後期は「米粒のすき間を蒸気が対流している」状態になる。初期、中期、後期と順次火を弱めていき、米の表面

に蒸気の通路、いわゆる「かにの穴」ができたところで火を止め、あとは余熱で糊化が完了するまで蒸らす。この時蓋を取ると冷たい空気が一度に入って、米粒の表面に水滴が凝縮するので「赤子泣くとも蓋取るな」といわれる。

炊き上がったご飯は蒸らしてから軽くかき混ぜる

炊き上がったばかりのご飯は芯まで軟らかくなっていず、また表面に余分な水分が残っていてベトついている。ご飯が炊き上がったらしばらくそのままおいておく、つまり蒸らすのは、余熱を芯まで通してふっくらさせ、同時に表面の余分な水分を蒸発させて軽く乾かしてやるためである。蒸らす時間は10～15分ほど。蒸らしている途中で蓋を開けてはいけない。

蒸らし終わったら蓋を取ってしゃもじで底から軽くかき混ぜる。こうすると、余分な蒸気が逃げると同時に米粒の表面の水分がある程度抜けてベトつかない。蒸らし終わったあとも蓋をしたまま放っておくと、蒸気の逃げ場がない状態のまま温度が次第に下がり、水滴がたまってご飯が水っぽくなってしまう。

蒸らしたあとは、木のおひつに移しておくのがよい。木が余分な水分を吸い取り、さらに保温の役目もするので、味の低下が防げる。蓋に乾いた布巾をはさんで保温しておくとよい。とはいっても、炊飯器が普及して、家庭ではおひつに移すことは少なくなった。その場合でも、軽く切るようにかき混ぜて、ご飯と炊飯器に残っている余分な水分や蒸気を逃がすようにしたい。

またご飯が残って次の食事まで保温器(保温機能付きの炊飯器や電子ジャーなど)に入れて残しておく場合、ご飯をなるべく真ん中に集めて山のようにしておくほうがよい。保温器に接しているところからご飯が乾燥してまずくなるので、接する部分をできるだけ少なくしておくほうがよいからである。

科学の目

▼炊飯器は炊飯が終わっても電源が切れてしまうことはなく、「保温」へと続いていく。しかしこのときでも蒸らしの終わった時点で、飯全体をほぐして米粒の間にすき間をつくり、余分な蒸気を逃がしてから、水滴が凝縮しないように保温しておくことを忘れてはならない。

▼昔は乾いた木の飯びつにしゃもじで移すことにより、飯を自然にほぐしてしかも余分な蒸気を吸収することができた。炊飯器の保温機能は、できるだけおひつと同じ条件になるように工夫されている。

色鮮やかな豆ご飯の秘けつは豆のすり替え

豆の香りが食欲をそそる豆ご飯。エンドウ豆（グリーンピース）が出回る春に一度は味わいたい、誰にでも喜ばれる炊き込みご飯である。

豆ご飯でよく質問を受けるのは、どうしたら豆の色があせずに炊けるかということ。確かに、はじめから豆を加えて炊き込むと、ご飯に豆の香りが付いておいしいものの、どうしても緑の色があせてしまう。見栄えをよくしようと、炊き上がりに軟らかく塩ゆでしておいた豆を加えて蒸らすやり方もあるが、これではご飯に香りが移らず、「豆ご飯」としての味わいはない。

実は料理店ではあるテクニックを使って、おいしく、かつ色鮮やかな豆ご飯を作っている。

それは、炊き上がりに新しい豆に入れ替えるのである。分量の2倍の豆を用意し、まず半量を最初から米と一緒に炊く。そして炊き上がりにこの豆を取り除き、替りに色よくゆでておいた残りの豆を入れる。こうすると、豆にしわが寄ることもなく、色も鮮やかな豆ご飯ができ上がる。

ただし、これは商売だからこそできるやり方。料理店では1日に作る料理の数も種類も多いから、取り除いた豆はすりつぶして吸物のすり流しにしたりと二次利用できるので、こんな方法が取れるのである。

また、さやで香りを付けるという方法もある。

さやを昆布と合わせて薄い塩味の水でゆでて、味と香りが出れば、漉して冷やしたものを使って、米と一緒に炊き込む。炊き上がったら、ゆでておいた豆を入れて蒸らすのである。

だが家庭ではそんな手間をかけて見栄えよく見せる必要はない。多少しわが寄ったり色があせていても、おいしい豆ご飯を作ることがいちばんである。

いずれの方法でやるにしても、大切なことはまず、さや付きの豆を買うこと。さやがむいてあると、水分が抜けて硬くなっている。またさやの色がぼけたものや、豆のへその部分が茶色っぽくなっているものは、豆が育っていて硬いので避ける。

豆の分量は米の半分くらいが適当。塩加減は、米3カップに対して小さじ1・5ほど。この塩は、塩味を付けるためではなく豆のうま味を引き出すためのものだから、塩辛く感じるほどに加えないよう気を付けたい。豆は洗って水気を切ったら、塩を全体によくまぶしてしばらくおく。これは少しでも色をきれいに出すため。炊くときにはさっと水洗いする。

水の分量は洗い米と同量。米に水を張ってから塩を加えるより、まず水に塩を溶かしておいてから米と豆を加え、まんべんなく塩が混ざるようにしたい。また炊くときに昆布を加えると、昆布のうま味でよりおいしくなる。ただし多過ぎると昆布の色が付くので、5㎝角くらいに切ったものを1枚加えるくらいがちょうど。

さらに、ご飯が炊き上がったら、蒸らしに入る前に酒を少量振りかけると香りが増す。これは豆ご飯に限らず、炊き込みご飯を作るときの共通のコツである。ただし、気を付けたいのは、必ず蒸らし始めるときに振りかけること。蒸らし終わってからかけたのでは、酒臭さが蒸気とともに抜けずに残ってしまう。

また、炊くご飯の量が少ないときは、蒸らしても余分な水分が蒸発する前にご飯の温度が下がって水っぽくなる。この場合は、蒸らし終わった段階で再度スイッチを1～2分ほど入れると、ベトついたご飯にならずおいしく炊き上がる。

科学の目

▼炊飯という調理法は、炊き上がったとき水は必要量だけ十分に供給され、しかも余分な水は残らないように、あらかじめ水量を予測して加えておく。これが水加減である。ふつうの白飯の水加減は米の容量の1・0～1・2倍（同量か2割増し、重量では1・4～1・5倍）になるが、炊き込みご飯では具の水分量や入れる具の量で、水加減を調節することが必要になる。

▼しかしこの予測は困難なので、むしろ入れる具の水分が、炊き上げた飯の水分量（約65%）にほぼ一致するように、具のほうを下処理しておくとよい。サツマイモ、エンドウ豆、ソラ豆、エダ豆、栗などは、水分がご飯に近いので同じ水加減でよい。

▼水分の多い菜類は、アク抜きを兼ねて下ゆでののち水切りする。また小豆や大豆は水に浸し下煮をして水分を含ませておく。したがってこういう炊き込みご飯はほとんど水加減を変えることがない。
▼一方、醬油味の炊き込みご飯では、醬油、酒など加える液体調味料の分を水加減から差し引く。

丼物は具とだしとご飯のバランス

親子丼、天丼、カツ丼……誰もが好む手軽な庶民の味、丼物ではあるが、店によってはご飯が軟らか過ぎたり、だしが少なくて食べていくうちに残り半分は白ご飯になってしまったりと、具とだしとご飯のバランスが案外難しいもの。

どんな丼でも、ご飯は汁がかかる分、一粒一粒がしっかり炊けていなければおいしくない。それには洗ったあとザル上げして30分おくこと、蒸らしを適切に行うことが大切。だしの量は、ご飯が全部だしで染まっているようだとしつこいし、底のほうが白ご飯で残っているようでも物足りない。具に十分回ったあとご飯に混ざり合って、白ご飯がポツポツと見えるくらいが望ましい。

親子丼のように卵でつなぐものは、卵を半熟に仕上げるのは常識。難しいのは鶏肉の火の通し方で、中が生では問題外だが、火を通し過ぎた鶏肉はパサパサしてまずいことこの上ない。

かといって、だしで中途半端に火を通し、卵を回したあと肉にも火を通そうと長く火にかけていては、卵が半熟を通り越して固まってしまう。だからだしである程度は煮込んでおかなければならないが、この時点で煮込み過ぎてはいけない。卵を回してからもある程度火にかけるので、煮込み過ぎにならないように、ちょうど火が通ったという時期を見逃さないことが大切である。

天丼は、衣の付け方にコツがある。普通の天ぷらは薄衣で揚げるが、天丼の場合は、だしを衣にたっぷり含ませて具やご飯と混ぜて食べるのがおいしいので、多めに付ける。多めとはいっても、具に衣をぼってりと付けたところで、油に入れるまでにある程度は流れてしまう。また天丼の衣は横に広がるように付けたい。そこで、「散らし天ぷら」といって、衣を付けたらやや低めの油に入れて、衣が固まるまで上からさらに衣を落として足していくのである。このときのポイントは、衣を薄めに溶くこと。濃いとサクサクした口当たりにならない。また、店ではたいてい重曹やベーキングパウダーを加えている。

カツ丼は、衣を通して肉のほうまでだし味が届き、半熟卵でつながっているところがおいしい。コツは、豚肉を厚く切るのではなく、薄く広げること。肉が厚いとだしと半熟卵がなじみにくくなる。

科学の目

▼丼物は飯の重量の35～50％の具を乗せるのがふつうである。飯には味がなく具のほうに味を付けて両者を合わせ、全体が適度の濃さになるように調味料を加えなければならない。
▼親子丼の場合、具のほうに約2％の塩味を付ければ、飯と合わせた全体では塩分0・7～0・8％という、ちょうどよい味付けになる。
▼天丼は具に味付けをせずにかけ汁をこの濃度にしておき、丼の底に届いても溜まらない程度にかければよい。

寿司飯は熱々のご飯に酢を手早く回す

寿司飯を炊く場合、ふつうはご飯一粒一粒がしっかりしているのがよいので、新米は避けたい。

籾(もみ)付でしばらくおいていた米のように、ある程度水分が抜けているものがよく、米質も山間地で収穫されたやや硬めの米を使いたい。

ただ、鯖寿司のような棒寿司は、ご飯に粘りがあるほうがよいので、1割程のもち米を加えることもよい。

水の分量や炊き方は、ふつうにご飯を炊くときと変わらない。散らしや巻き寿司を作るときは昆布を加えて炊くとよいだろう。ただし握りの場合は入れない。いずれにせよ糠臭さの残っていない、芯のない米を炊くことが大切で、これについては300頁をお読みいただきたい。

炊き上がったら、蒸らしはやや短めに切り上げ、熱々のところを半切り（盤台）にあけて合わせ酢をかける。ここでもたもたしては、ご飯が冷めて酢がまんべんなく回らないので、炊飯器からそのまま山のように返したら酢を手早くかける。この時点では酢のかけ具合いにムラがあってかまわない。大切なのは、合わせ酢をかけたらすぐに切り始めること。このとき、握りや散らしを作る場合は、うちわや扇風機で風を送ってやる。

こうすると、湯気を出し切ることができるので、ご飯の表面に酢が回って入るが、米粒自体はベトついていない、粘りのない寿司飯になる。他方、押し寿司や棒寿司のような、いわゆる関西風の寿司は、ご飯一粒一粒に酢の味がしみ込んでいるのがおいしいので、自然に冷ます。

だが自然に冷ます場合でも、合わせ酢を回しながらご飯がなるべく早く冷めるようにしないと、酢の香りが飛ぶし、余分なベトつきが出てしまう。そこで大切なのは半切りの大きさである。

家庭では作る量が少ないからといって、小さい半切りを使ったのでは結局用をなさない。ご飯を手早く冷ますためには大きい半切りが必要で、半切りいっぱいにご飯を薄く広げ、酢を回していくようにする。半切りを使うときは、水で十分濡らして湿らせておくこと。乾燥したものにご飯を入れて酢を回すと、酢が半切りにどんどん吸い込まれて回りきらないばかりでなく、半切りに酢の味が染み込んでしまうからである。

科学の目

▼炊き上げた米飯は水加減が理想的であれば、米粒の表面がほどよく乾いた状態になっているはずである。そういう米飯が急に冷たい空気に触れると、水蒸気が凝縮して米粒が濡れた状態になる。ここへ合わせ酢をかけてそのままおくと、水で薄まった合わせ酢が米粒内部にしみ込んでいくことになり、水っぽくベトベトした寿司飯になってしまう。

▼よく乾いた木製の半切りの表面を合わせ酢で濡らし、その中央へ飯を入れて合わせ酢をかけ、手早く広げて切り始める。こうして米粒どうしが密着しないようすき間を作って、表面への水滴の凝縮を防ぎながら冷ましていく。

▼必要に応じてうちわや扇風機で風を送るのも冷却を早めるため、また広く浅めの半切りを使うのも同じ理由である。乾いた木が余分な水蒸気を吸収してくれるので、金属製のボウルなどでは吸湿の効果がない。

巻き寿司は巻かずに重ねる

家庭でも簡単に作れる寿司といえば巻き寿司。だが意外に難しいのが巻き方である。「巻き寿司」という名に引っ張られて、巻きすでぎゅうぎゅう押さえながら巻いてはいないだろうか。巻き寿司は口に含んだときにご飯がポロッとさばけるくらいがおいしい。そこで、「巻く」のではなく、広げたご飯の手前と向こうを合わせるように重ねるのである。やり方を具体的に説明していこう。

のりの向こう側はノリシロに3cmほど残して、ご飯を手前に広げるが、いきなり全体に広げるようなことはしない。ご飯を広げる部分の真ん中に当たるところに、まず土手のように盛る。このとき、左右の端はやや多め（高め）にし、中央は少なめ（低め）に盛る。これを向こうと手前に均一に広げていくのである。このときもご飯は軽く指で押し広げる程度で、押さえつけないようにする。

次に具を乗せるが、ここからがよく勘違いされるところ。具を手前のほうに置いてクルクル巻いていこうとすると、ご飯やのりが真ん中に巻き込まれて「の」の字になり、みっともない切り口になってしまう。具は広げたご飯の中央に乗せる。このときも、具を平たく並べるのではなく、四角くまとまるように重ねて置く。そして手前の端を向こうのご飯の端に重ねて軽く押さえ、あとはノリシロにくるっと重ねて終わり

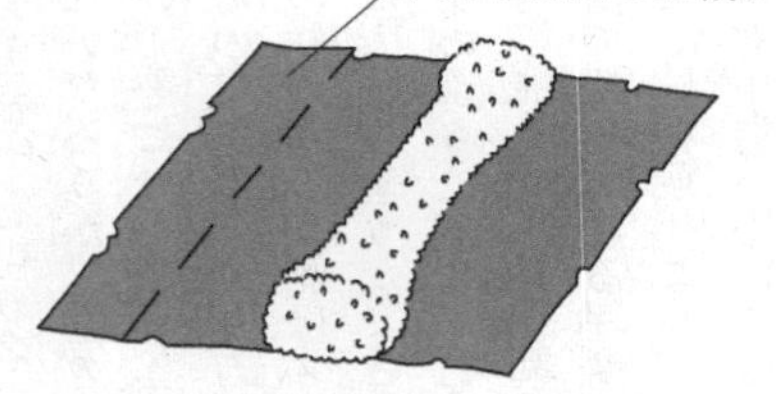

のりを広げ、ご飯を広げる部分の
中央に、ご飯を両端を多めにして
土手のように盛る

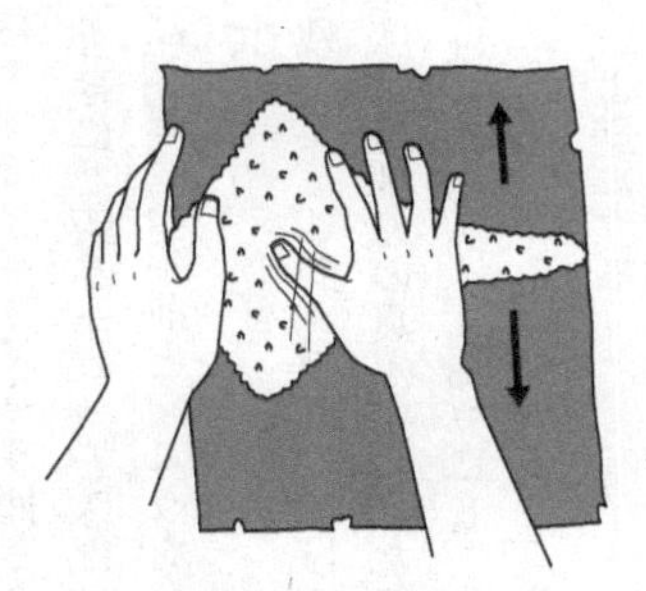

端からご飯がはみ出さないよう
に片手を添えながら、ご飯を手
前と向こうに広げる

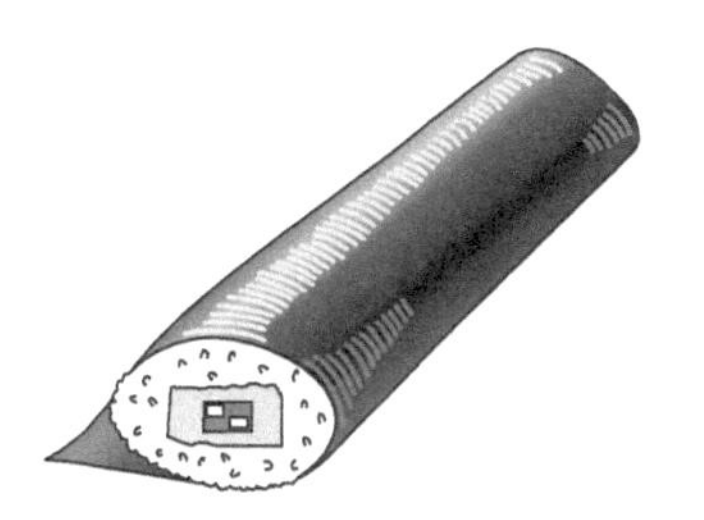

巻くときはご飯の端と端を合わせるように重ねて軽く押さえ、あとはノリシロの部分が下にくるようにすればいい

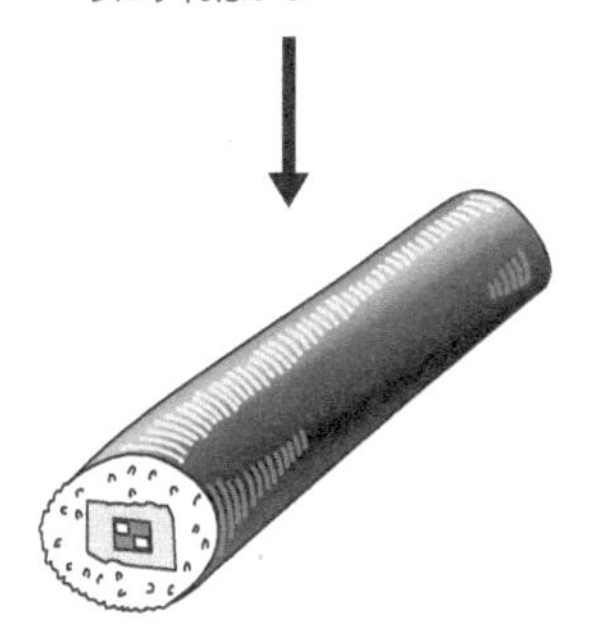

である。こうすると、具を真ん中にしてご飯が同じ厚みできれいに取り囲み、口当たりもよい巻き寿司ができ上がるのである。

鯖寿司は作ってから1日おくとおいしい

寿司といえば鮮度が大切だが、「鯖寿司」などの棒寿司は、日持ちがよいのが特徴である。それにサバのうま味が寿司飯になじんだところがおいしいので、作りたてより一日ほどおいたほうがおいしくいただける。

寿司飯は、粘りを出すためにやや軟らかめに炊く。また、サバは酢で締めているので、寿司飯は通常より少し砂糖を多めにしてもよいだろう。

炊き上がったら、練って棒状にまとめ、サバの大きさに合わせて箱形にしてゆく。寿司飯を練るのは、形崩れしないようにするとともに、米粒の間の空気を抜いて日持ちをよくするためである。

また、竹の皮で包む習わしも、竹の皮に強い殺菌作用があるためで、同時に水分も吸収してくれるので、菌の増殖を防ぐことができる。笹の葉寿司や柿の葉寿司も棒寿司を笹や柿の葉で包んだものだが、これらにも竹の皮と同様の効果があり、昔から食べ物を包むのに使われてきた。

科学の目

▼魚の寿司の始まりは「熟れ（馴れ）寿司」で、塩で雑菌の繁殖を防ぎながら魚を酸発酵させた保存食の一種であった。

▼魚を自然状態に放って置くと、腐敗菌が増殖して腐ってしまうが、乾燥や塩蔵、あるいは麹や糠などの使用により腐敗菌の繁殖を抑え、そこに乳酸菌などが繁殖すると酸のため保存が利くようになる。これを防腐成分を含むという笹の葉に包んだものが鯖寿司や鱒寿司など、さまざまな魚の押し寿司の原形である。

おかゆは行平鍋で炊くとおいしい

おかゆは病人食としてだけではなく、寒い朝には体を温め、お酒を飲んだ次の日の朝にいただくのもおいしいものだ。

ふつう白がゆといわれるのは、米１に対して水５の割合で炊いた全がゆといわれるもの。水の分量によって、七分（７倍）、五分（10倍）、三分（15倍）と薄くなる。店で出すのは七分がゆ程度のものである。

このように大量の水の中で加熱して軟らかくするものだから、なるべくゆっくり温度を上げて、米粒の芯まで一様に軟らかく煮ることが大切である。その点、土鍋はアルミ鍋などに比べて熱が急激に伝わりにくいため、ゆっくり温まる。また保温性が高く、一度温まったらその温度を保ってくれるので、火加減が楽である。しかも蓋が重いので蒸気が逃げにくく、米の芯まで十分加熱できてふっくら炊き上がる。土鍋の中でも特に行平鍋は、口のところがややすぼまっていて、容量にくらべて水分の蒸発面積が小さいので、長い時間かけて煮るおかゆに適している。

作り方は、洗った米を分量の水に漬け、夏は30分、冬は1時間ほどおいてから、始めはやや強火、沸騰したら弱火にしてゆっくりと炊く。ただ弱火といっても、鍋底の米がじっと動かないくらいに弱いと、焦げついてしまう。米が対流するくらいの火加減でなくてはいけない。吹きこぼれてくるので、そのときは蓋をずらして蒸気を逃がす。このように絶えずコトコトさせる火加減で炊き、火を止めたら、きっちりと蓋をして4～5分蒸らしてからいただく。

塩味を付けるときは、最初から入れると米が軟らかくならないので、仕上げに入れること。あんかけがゆにしてもおいしい。だしとみりん、醤油を合わせてとろみを付けたあんを、茶碗に盛ったおかゆにかけていただく。芋がゆや栗がゆにするときは、材料を最初から入れて炊く。

科学の目

▼同じ米の加熱でも、炊飯ができ上がりの粘りや弾力、米粒の状態に非常に注文が多

いのに対して、おかゆは十分な量の水中で米をなるべく軟らかく煮上げ、消化をよくするという違った目標を持っている。

▼しかし余分な水があるからといって、ぐらぐらと強熱すると米粒の破壊と汁の粘りが強くなり、吹きこぼれや焦げつきができるので、なるべくゆっくりと時間をかけて加熱することが望ましい。

▼アルミ鍋は土鍋に比べ、熱伝導率が大きく、熱源からの熱はすぐに蓋や縁など全体に伝わるが、表面から冷たい空気中に熱が逃げるのも早い。

▼アルミ鍋と容量の等しい土鍋は、アルミ鍋より数倍も厚手で質量が大きく、芯まで十分に温まったときに保持できる熱の量は、土鍋のほうがずっと多い。つまり熱容量が大きい。そのため同じ容量ならば土鍋のほうが保温力がよく、それも寄せ鍋のように広く浅い形ではなく、行平（ゆきひら）鍋のように深くて縁が狭いほうがおかゆには向いているのである。

雑炊を冷やご飯で作るときはさっと洗う

寒い日はもちろん、鍋料理のあと雑炊でもう一度楽しむのもうれしいもの。残った冷やご飯も、雑炊にすればおいしくいただけるが、冷やご飯は粘りが出てしまう。おじや風に、とろっとした舌ざわりが好みであれば、そのまま使ってもよいが、さらさらといただきたいときは、水でサッと洗って表面のぬめりを洗い流すこと。こうすれば、粘りのない雑炊ができ上がる。もっと味にこだわるなら、炊きたてのご飯を使うのがいちばんである。

だしは一番だしのほか、煮干しや鶏のだしでもよいだろう。具は淡白な材料が合い、白身魚やエビ、カニ、牡蠣、鶏などがよく使われる。もちろん、のりと卵だけのシンプルな雑炊もおいしい。

味付けは塩、醤油、また味噌も好みで。ご飯一粒一粒がしっかりとしてさらっとした口当たりに仕上げたいときは、調味料は最初から加えておく。

逆に、軟らかい雑炊にしたいときは、だしだけで煮ておいて、仕上げに塩や醤油などを加えて味付けする。

科学の目

▼すべて粘りは低温で強くなる性質があるので、炊き上げた米飯は放置すると粘りが強まる。これをそのまま雑炊にすれば温まるまでの長い加熱の間に、デンプンの粘りが汁のほうに溶け出すので全体が粘ってくる。

▼水でサッと洗って表面のデンプン糊を流すだけで、かなりさらりとした雑炊になる。炊きたてのご飯は表面の水気があまりなく、ある程度乾いた状態になっており、しか

も熱いご飯なら長く煮る必要がないので、粘りが出ないうちに食べられる。また冷たいご飯でも電子レンジで温め、熱い汁に入れてからの加熱時間を短縮すれば、かなりさらりとした雑炊になるはずである。

もち米は蒸す途中で振り水をする

毎日食べる米はうるち米、赤飯や餅を作るときに使うのはもち米。うるち米は炊くが、もち米は蒸す。これはデンプンの構造の違いによる。もち米はうるち米と違って、粘りの強いデンプンのみで構成されているので、もち米に水分を含ませて加熱すると、強い粘りが生じる。もち米を炊飯のように水に浸して加熱しようとしても、粘りが出て全体が固まり、水がまんべんなくゆきわたることができないため、うまく炊けない。そこで蒸気で加熱するという方法を取る。

もち米は洗って2〜3時間水に浸し、米粒に十分水分を吸収させてから蒸す。洗い方は米と同じだが（300頁参照）、軟らかいのでややソフトに洗う。洗ってから水に浸す時間が長いのは、飽和状態になるまで十分水を吸わせておかないと上手に蒸せないため。前の晩に準備して、一晩水に漬けておいてもよい。

蒸すときは、目の粗い網布巾を使って蒸す。網布巾がなければさらしでもよいが、さらしは目が細かいので蒸気で目がつまり、火の通りが悪くなりがちである。むしろザルのほうが適当かもしれない。ただし金ザルではなく、竹ザルを使うこと。金のザルだと温度が高くなってしまうからである。

蒸し器に網布巾を敷いて、蒸気がよく上がったところで米を入れるが、このときドーナツ状に真ん中をあけて蒸気の通りをよくしておくこと。そして蓋には厚手の布をかませて水滴が落ちないようにする。

始終強火にして、およそ30分で蒸し上がる。蒸している間にも水蒸気を吸収するが、あらかじめ吸収していた水分とこの水蒸気だけでは、もち米を軟らかく蒸し上げるには不十分で、そのままだと表面の米はパリパリになってしまう。そこで、蒸している途中、何回か振り水をし、水分を補う必要がある。振り水をするタイミングは、蒸しの後半、表面が乾き始めたら、霧吹きなどで水かあるいは酒をかける。さらにしばらく蒸し、また表面が乾き始めたらかける。3、4回かければよいだろう。

科学の目

▼米には含まれているデンプンの違いにより、うるち米ともち米の2種がある。うるち米のデンプンは分子に枝分かれのないアミロースという部分が約20％含まれ、残りの80％は枝分かれがあって粘りの原因になるアミロペクチンという部分である。一方、もち米のデンプンは100％がアミロペクチンである。したがってもち米はふつうの

うるち米に比べて粘り、弾力が強い。
▼うるち米は洗ってよく吸収させた米に1・4〜1・5倍の重量（容量で1・2倍）の水を加えて炊飯する。もち米はそれよりやや少ない水（重量で0・6〜0・9倍）でよいが、米粒が粘るためこの水量では水が十分には対流せず、うるち米のような炊飯は困難である。
▼そこで長時間かけて吸水させたものを蒸すことになるが、一晩水に浸しておいても加熱前の吸水量はせいぜい0・4倍程度なので、これだけでは水が足りない。それを補うため途中で振り水をしながら蒸していくのである。

赤飯の小豆（あずき）のゆで汁は玉じゃくしですくいながら冷ます

小豆は皮が硬くて中は比較的軟らかい。水に浸しておくと、へそ（胚座）のところから水を吸っていき、5〜6時間するとこのへそのところで横に切れてこれ以降吸水が早くなる。いわゆる胴割れで、おめでたに使う赤飯などは、胴割れした小豆は腹が切れるといって嫌うので、水に浸さず洗ってすぐゆでるのがよい。

水は豆の約10倍量を入れ、軽くおどるくらいの火加減にする。煮立つにつれてゆで汁が薄い紅茶色になってきて、ゆで汁を振ってみると泡が立つ。この泡はサポニンという苦味の成分で、ゆでることによって水に溶け出したのである。この時点でザルに上げて、豆を洗う。こうして豆の苦味を取り、味をよくするわけで、これを「渋切り」という。このあと豆の10倍程度の水を注ぎ、指で押さえて九分通り軟らかくつぶれるくらいまで、ゆっくりゆでる。

ゆで上がった小豆はザルに上げ、ゆで汁のほうは冷ましてからもち米を浸す。このとき、ゆで汁はボウルなどに取って冷ます。冷ますときは、泡立て器で手早くかき混ぜるか、玉じゃくしで何度かすくい上げては落としながら、空気にさらすのがコツ。こうして冷ますと小豆色が鮮やかに出て、米に色が付きやすくなる。

冷めたら2時間ほどもち米を漬け、小豆を表面に散らして蒸せばよい。

科学の目

▼豆類は内部の子葉が丈夫な表皮に包まれているが、大豆は水に浸すと表皮から吸水してやがて内部に吸水が進む。しかし、小豆は逆に内部の子葉が先に膨潤して圧力が強まるため、丈夫な表皮が内圧のため切れて胴割れを起こす。

▼洗ってすぐに加熱を始めるとむしろ皮が軟らかくなり、表皮と内部の吸水が均一に進むので、大豆と違って水に漬けておかないほうがよい。表面温度と内部温度の上昇のバランスをとるために、途中で冷水を加えるのが「びっくり水」である。この水をこぼして交換すると渋味の本体であるタンニンや、苦味の成分であるサポニンなどを

除くことができる。
▼小豆の色はアントシアン系の色素である。アントシアン系の色素は水に溶け、空気にさらすと酸化により色が鮮やかになる。色素の溶け出たゆで汁を玉じゃくしですくって空気にさらすのはこのためである。

麺をゆでるときは差し水を

うどん、そば、そうめんなど麺はどれもこしのある歯ごたえがおいしさを左右する。上手にゆでるには、いずれもまず、たっぷりの湯をぐらぐら煮立てた中に入れること。途中差し水をすること。ゆで過ぎないこと。そしてゆで上げたら水洗いして、表面のぬめりを取ることである。

たっぷりの湯でゆでるのは、十分に対流させるため。麺は常に熱湯の中でおどって

ゆで汁は玉じゃくしで何度もすくいながら冷ますと色が鮮やかになる

小豆のゆで汁

いる状態でゆでなければならないが、湯の量が少ないと、麺から出る粘りで湯の動きが妨げられ、うまくゆで上がらない。店では大鍋でゆでるが、家庭では無理なので、ある程度の量をゆでる場合は分けてゆでること。

途中で差し水をする理由として、麺の表面を締めてこしを出すためということがよくいわれている。生麺でも乾麺でも、火が通るにつれて表面が糊のようになり、そのままゆでるとヌメヌメした麺になってしまう。そこでゆでている途中で水を加え、少し温度を下げることによって表面を締め、歯ごたえを出すということと、ゆでる温度に差を出すことによって、麺が早くゆで上がることにもなる。ずっと同じ調子でゆでていくよりも、温度を上げ下げするほうが早くゆで上がるようで、うどんは太いほど3回4回と何度も差し水をする。

ゆで上げた麺は流水にさらして手早く冷まし、手でこすり合わせながらぬめりを取る。

科学の目

▼麺をゆでるとき「水の吸収」と「加熱によるデンプンの糊化」が、バランスよく起こることが大切である。特に乾麺の場合には、沸騰した湯の中で表面だけがすぐに水を吸収して粘ってしまうと、内部まで水が浸入できない。麺が太い場合にはなおさら

である。乾いた米をいきなり炊こうとするのと同じと思ってよい。
▼差し水は、ふきこぼれを防ぐのも目的の一つだが、水を差してときどき麵の表面温度を下げ、内部の吸水と温度上昇に時間的な余裕を与える一つの手段とも考えてよい。前述のように麵が湯の中で常に動いている状態が保たれていれば、終始沸騰を持続する必要はない。

ゆでたそうめんは冷めるまで手を入れない

そうめんをゆでたらすぐに流水にさらして冷やすが、このときそうめんが完全に冷めるまでは手を入れてはいけない。温かいうちは手の脂気を吸収しやすく、そうめんににおいが移ってしまうからである。

ゆでたらすぐにザルにあけてゆで汁を切り、冷水を張ったボウルにザルごと漬けて、水を出し放しにして冷ます。完全に冷めたらそうめんをひとつかみずつ手に取ってよくもみ、表面のぬめりを落とす。

ところでそうめんは「2年越しのものがよい」とか、「梅雨を2回越えたものがよい」といわれている。そうめんは冬に作るが、その年に食べるのではなく、年を越した次の夏に食べろということである。これは小麦粉のグルテンの粘りと関係がある。作りたてはグルテンの働きが強く、粘りがある。だが、ねかせることによってグルテンの働きが弱まるためこの粘りが取れていき、ぬめりがなくなって歯ごたえがしこしこしてくるので、このようにいわれているのである。

科学の目

▼油を使って作る手延べそうめんには、機械作りのそうめんと違って「厄」と呼ばれる「約6か月間ねかせる期間中に起こる変化現象」があり、寒中に作ったものを梅雨を越させてから食用にする。
▼小麦粉を少し多めの水でこねたものを棒状に延ばして渦巻き状にし、表面に綿実油を何回も何回も塗ってより合わせながら引き延ばしていく。厄というのは、これをねかせて、油脂の酸化、グルテンの変性、デンプンの性質の変化などにより油臭さが消えて、口の中でぷっつりと切れるような歯ごたえのものになる現象である。
▼このように手延べそうめんには油脂が含まれているので、ゆでたてのものに手を触れると、手の脂気を吸収しやすいのかもしれない。冷えてしまえばそうめんに手のにおいが移る心配もなく、そうめんの余分な油脂のにおいも、ゆっくりともみ出すことができる。

【十】和え物・酢の物

和え物は食べる直前に合わせる

前菜や酒の肴として欠かせない酢の物、おひたし、和え物は、食卓に季節の彩りを添える。旬の材料と、合わせ酢、和え衣を上手に組み合わせたいものだ。

和え物は簡単にできるというイメージがあるが、ただ和えればよいというものではない。

第一に、和える前に材料の水気を十分切ること。野菜でも魚介でも水気を十分ぬぐわずに和えてしまうのをよく見かけるが、下ごしらえした材料は必ず冷やして、水分の多い野菜なら水分を固く絞る。ニンジンや大根、キュウリなどは塩を振ってもみ、余分な水分を出してからよく絞る。また魚介は塩でしっかり締めて、さらに酢に浸すか昆布にはさんで昆布締めにするなどの下ごしらえが必要。

第二に、材料と和え衣は食べる直前に和えること。和えてから時間をおくと、材料から水分が出て水っぽくなったり、和え衣の味が付き過ぎたりしてしまう。さらに、色も悪くなるし、歯ごたえもぐんにゃりしたものとなって、新鮮な味わいが損なわれてしまう。

科学の目

▼和え物は、材料と加える調味料（和え衣）とを一緒にして長くおくと、脱水や調味料の浸透が起こって、素材の持ち味や歯ざわりが損なわれるので、食べる直前に和えるのが原則である。しかし素材を生かそうとするあまり、口の中で材料と調味料がまったく別々で一体感がないのも好ましくない。

▼このようなことから、和え衣とは別に、持ち味の薄い青菜に軽く下味を付けたり、茎と葉とで硬さに差があるホウレンソウの、茎のところを軽くつぶすといった工夫が経験から生まれてきた。

ホウレンソウを和えるときはすりこ木で軽くつぶす

ホウレンソウは和え物に便利な材料で、おひたし、胡麻（ごま）和え、白和えと、いろいろに使えるので家庭でも重宝されていることだろう。だが、プロの作る和え物が、家庭で作るそれとはどうも違うと首をかしげる人が少なくない。手軽なホウレンソウの和え物のどこに、プロの秘訣（ひけつ）が隠されているのだろう。

一つは、下ゆでしたあと、八方だしに漬けるか醤油で洗うかして、余分な水分を出して軽く下味を付けていること。これはホウレンソウに限らず、菊菜や小松菜などの青み野菜の和え物はみな同様である。これについては119頁で解説しているので、参照されたい。

もう一つは、和えるときに、すり鉢で軽くすりつぶすか、あるいはすりこ木で軽くたたく。こうすると茎の部分と葉の部分が同じような軟らかさになって、口当たりよくいただける。ただこれはホウレンソウのように葉が軟らかいものに限り、菊菜や小松菜のようにシャリシャリした歯ざわりが持ち味の葉菜はしないほうがよい。

インゲンは豆を取ってから和える

インゲンや絹さや（サヤエンドウ）は、中の豆ではなくさやを食べるものである。豆が育っていない、出始めのものならそのまま調理してもよいが、豆が育ってしまうと口当たりが悪い。そこで、面倒でも豆を取るというひと手間をかけてほしい。包丁で縦に割り、水の中でこすり合わせれば、簡単に取れる。これは、和え物に限らずどんな料理にも当てはまることである。

また豆が大きくなったインゲンは、筋も硬くなっている。特にまっすぐになっている側の筋が硬く口に残るので、必ず取り除いておく。

豆の取り方

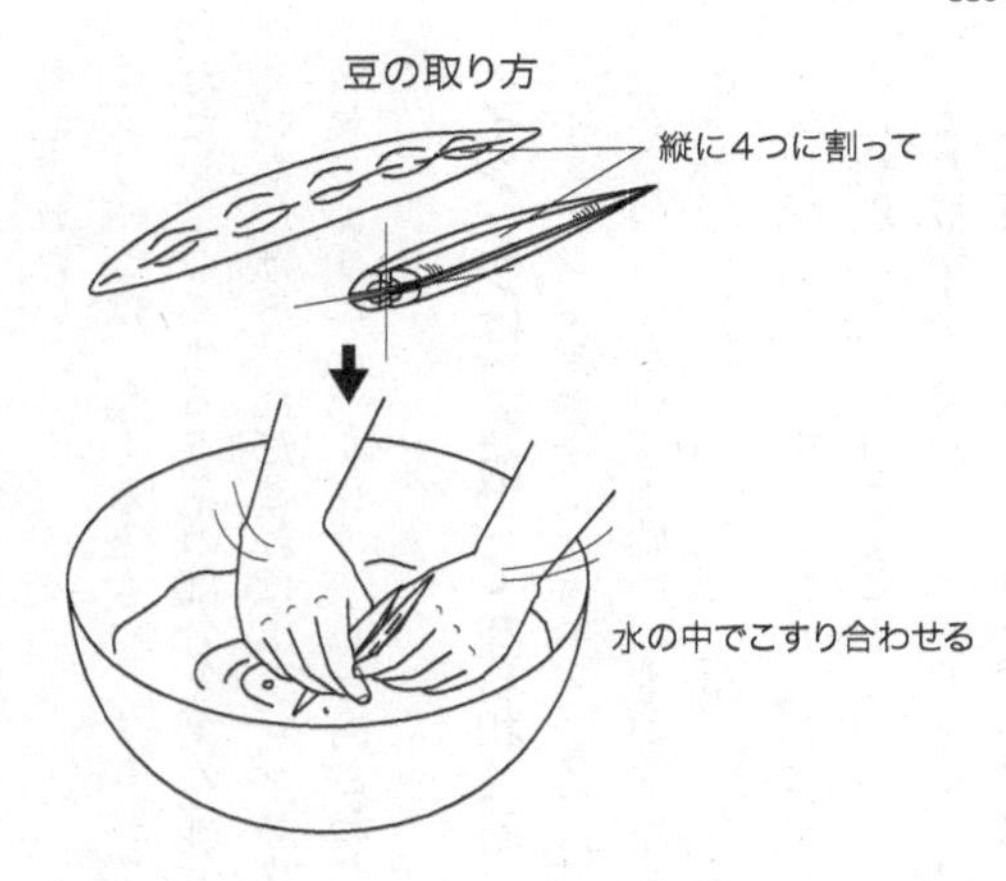

ぬたに使うワケギはぬめりをしごき取る

さっとゆでて和え物にすることが多いワケギ。魚介類と合わせて酢味噌で和えるのが代表的である。

青ネギの一種でシャキッとした歯ごたえが特徴であるが、青い葉の部分にドロッとしたぬめりがある。

このぬめりには独特のくせがあって口当たりの悪さの原因となるので、高級な店なら青い部分は使わないくらいである。お客に提供するのなら、少なくとも先のほうは和え物には使わず、刻みネギにして薬味などに用いたいが、全部使うのであれば、ぬめりを取り除いておかなければならない。

そのやり方を次に述べていこう。

ワケギはまず、根と葉先を切り落とし、

青い部分に麺棒を転がしてぬめりを押し出す

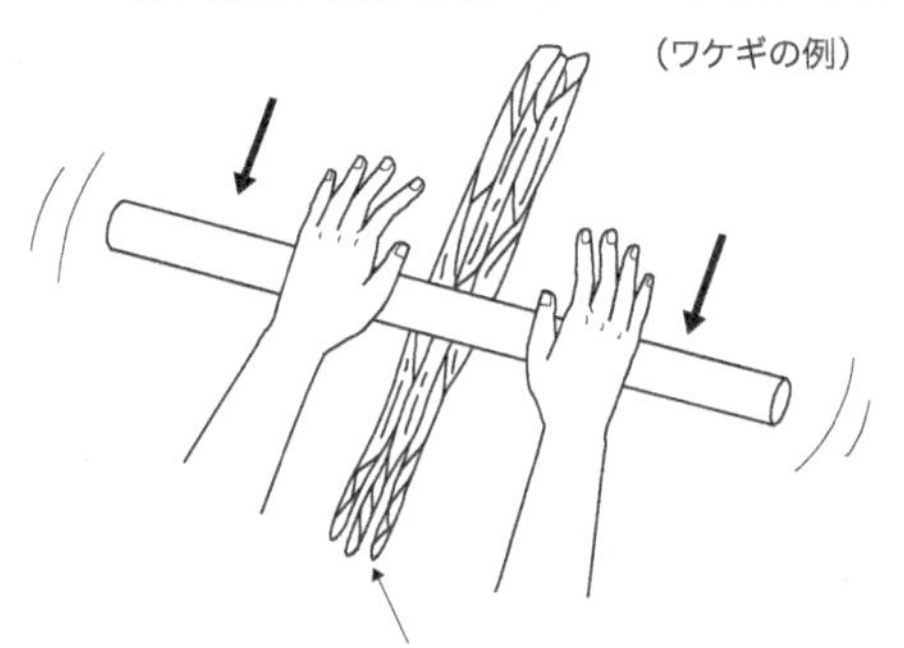

たっぷりの水の中でよく振り洗いする。熱湯に根のほうから入れ、葉先まで沈めたらすぐに引き上げるくらいのつもりで、硬めにゆでる。このとき根の部分をそろえて、細くさいた竹の皮などで2か所ほど結んでおくと、ばらばらにならず均等にゆでることができる。熱湯から上げたら、竹の皮をはずして広げ、軽く塩を振ってうちわで手早く冷ます。

ぬたに限らずネギ類は、ゆでたあと冷水に落とすと水っぽくなるので、おか上げして冷ます。そのため、ゆでるときに塩は加えない。というのは、おか上げして冷ますと水分が湯気になって抜けていくが、塩でゆでると水分が抜けたあと繊維が目立ってしまうからである。

冷めたら、ワケギの青くなり始めている

ところに麺棒などを置いて、葉先に向かって押さえながら転がす。葉先にぬめりが押し出されてくるので、先にたまったぬめりを布巾などでぬぐう。

紅白なますのニンジンは大根より細く切る

おせち料理に欠かせない紅白なます。この酢の物を歯ざわりよく、美しく仕上げるために、大根やニンジンをせん切りにするときのポイントが二つある。

一つは、大根もニンジンも繊維に沿ってせん切りにすること。いずれも縦に繊維が走っているから、4cmくらいの幅に桂むきにして、小口からせん切りにしていけばよいわけである。よくやる間違いは、輪切りにしてせん切りにしていくことで、こうすると繊維を断ち切ってしまうため、歯ごたえが悪くなる。それに長さがばらばらになって見栄えも悪い。

もう一つは、ニンジンを大根より細く切ること。大根は透明感があるので、ニンジンの赤い色が映ってただでさえ全体が赤っぽく見えやすいうえに、ニンジンのような赤い色は目につきやすくほかの材料より大きく見える。だから同じ大きさに切ったのでは、ニンジンばかりが目立ってしまう。またいずれも塩を振ってもみ、余分な水分を取るが、大根は水気が多いので、塩を当てるとやせる。その分、ニンジンを細めに切っておくことが、バランスを取る上で必要でもある。

大根とニンジンの切り方

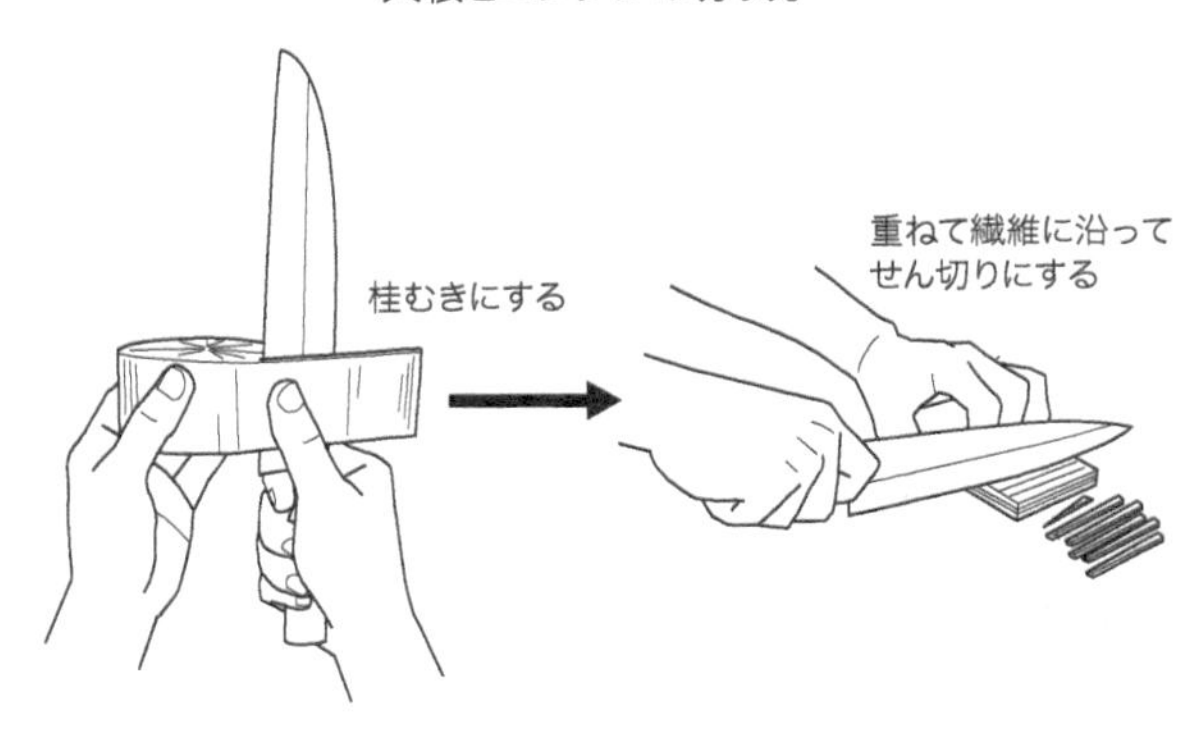

合わせる量も、大根７に対してニンジン３でほぼ同量に見えるので、この場合はニンジンをせいぜい１〜２割程度にとどめるのが上品でよい。

塩もみするときは、別々の器に入れて行うこと。ニンジンを塩でもむと赤い汁が出るので、一緒に入れると大根が赤くなる。

塩を当てたあと、やはり別々に酢洗いするが、このとき塩辛ければ水でさっと洗う。酢洗いしたあと初めて合わせ、甘酢に漬ける。甘酢には昆布とカツオ節の一番だしを使わず、水で割る。だし昆布を入れて、うま味を補えばよい。

白和えは豆腐を十分水切りする

豆腐を衣に用いる白和え。豆腐と具は別々に味を入れておき、仕上げに和える。

白和えのポイントは豆腐をよく水切りすることで、豆腐に味を付けるためには豆腐自身の水分は邪魔。豆腐は砂糖と醬油で味を調えるが、このとき豆腐の水分が切れていないと味がしみ込みにくく、水っぽい仕上がりになってしまうのである。

豆腐の水切りは、布巾でくるんで重しを乗せ、しばらく置いておけばよいのだが、実はどんな豆腐でもよく水が切れるというわけではない。

まず気を付けたいのは、質のよい豆腐を使うこと。たとえばパック入りの豆腐の中には、運搬時に形崩れさせないこととき め細かく見せるために、寒天が加えてあるものがある。このような豆腐は水が切れない。

次に絹ごしではなく木綿豆腐を使う。凝固剤の違いや、重しをかけて脱水するかしないかによって、絹ごしと木綿の違いが出るのだが、絹ごしは保水性があって、水が切れにくい。また大豆の味がよく出ているのも木綿のほうである。

水が十分切れたかどうかは手でつぶしてみて判断する。グチャグチャとつぶれるようであれば、まだ不十分。手でパカッと割れるような感じであれば、よく水が切れている。

豆腐の味付けは、先に述べたように砂糖と醬油が基本で、場合によっては塩を加えてもよい。豆腐にできるだけ色をつけたくないので、醬油は薄口を用いたい。またゴマを加えると風味が増す。これらで豆腐の味を調えたら、だしでのばす。

衣をここまで準備したら、すぐに具と合わせず、しばらく冷蔵庫でねかせて味をなじませるようにしたい。

具には魚介、鶏肉、乾物などたいていのものが合わせられる。ホウレンソウのような青ものでもよい。

ただし、すべて調理して味を付けておく。具の味付けはやや薄めに。白和えは、衣と具半々の味で食べるので、どちらかの味が勝ち過ぎないようにするのがおいしくいただくコツである。

また衣は、ホウレンソウのような野菜と合わせるときはやや硬めに、コンニャクや乾物と合わせるときは軟らかめに仕上げておくようにする。

科学の目

▼最近の豆腐は木綿も絹ごしも厳密な区別がなくなってきたが、本来は蒸し大豆に水を加えて煮沸したものを搾った豆乳に、凝固剤を加えてできた固まりを集めて、重しをかけ水切りしたものが木綿豆腐、水切りせず全体を固めたものを絹ごしという。

▼白和えのように豆腐を水切りして使うときは、すでに絞ってある木綿豆腐のほうがよい。木綿の水分は86・8％、タンパク質６・６％、絹ごしは水分89・４％、タンパク質４・９％で（七訂 日本食品標準成分表）一見大差ないようだが、豆腐のように水

分の多いものではこの差は無視できない。

酢の物にする魚は昆布締めしておく

魚介類は酢の物にしてもおいしい。料理店ならタイやカレイ、ヒラメといった白身魚を土佐酢（三杯酢にみりんと削りガツオを加えてひと煮立ちさせたもの）や酢味噌と合わせて、酒の肴として出す。家庭ではタイを酢の物にすることはあまりないだろうが、アジなどは酢の物にポピュラーな魚だし、エビ、イカ、タコ、それに貝類ならたいていのものが使える。イカや貝類を和え物にする場合のポイントは次項で述べるとして、魚の場合の下ごしらえについてここで述べていこう。

魚を酢の物にするときは、塩を当てたあと必ず酢締めして、さらに昆布で締めることを覚えておいてほしい。

まず塩を当てて余分な水分とともに魚のくせを取り除く。そして表面をきれいに洗ってから、割り酢に漬ける。割り酢は、酢を水で割ったものでよいが、ここにだし昆布を入れ、少量の砂糖を加えておく。この昆布は、あとで昆布締めに使うもので、割り酢にうま味を与えると同時に、ここで水分を含ませておくのである。また砂糖は塩で硬くなった魚の表面を軟らかくする働きがある。

白身なら10分くらい。表面が白くなったところで引き上げる。サバやアジなどの背の青いものなら30分から1時間くらいは漬けておくようにする。このように酢で締めることによって肉質を固め、身を引き締める。また酢には強い殺菌作用があることも見逃せない。

酢締めにしたあとは、ザルに上げて斜めに立てかけるようにし、酢を自然に流す。これは「酢切り」といって、酢締めにしたあとの大切なポイント。酢を自然に流すことによって臭みを抜くためであり、表面にやや湿り気が残る程度まで酢切りする。

以上のように酢締め、酢切りという手順を踏んだあと、次に行うのは昆布締めという仕事。昆布で挟んで昆布のうま味を魚に移し、まろやかな味わいにするのである。先ほど酢締めのときに加えておいた昆布の水気をよくふいて、魚を挟み、ラップをして冷蔵庫に入れておく。白身魚で2～3時間、背の青い魚で5、6時間から一晩。時間を短縮したければ、身を薄く切って挟むと半分の時間で済む。

また白身の場合は昆布で長く挟むとどうしても色が付くので、それを避けようと思えば少々高いが白板昆布を使えばよい。

科学の目

▼酢の物または酢締めというと、主に酢で味付けをするように受け取れるが、実際は「塩締めのあと酢で味付け」と考えたほうがよい。

▼食塩はまず筋肉のミオシンというタンパク質の溶解性を高めて軟らかく吸水しやすくする。この水を保持する性質を保水性という。つまり食塩は魚肉タンパク質の保水性を高める。そのあとで酢を加えるとタンパク質は変性して身が引き締まる。
▼塩なしでいきなり酢を加えると、こういう経過なしでいきなりタンパク質が固まってしまう。すなわち保水性が低下し、これを溶解させるために味付けの適量以上に塩が必要になる。このことから魚の酢の物は、塩と酢がリレー式に共同作用で進むことがわかる。昆布で締めるのは、うま味成分を魚に移すと同時に余分な水を吸収する役にも立つ。

貝やイカ、エビの和え物は酒煎りしておく

魚を酢の物にするときは酢締めにすることを前項で述べたが、貝類の場合は酢に漬けるとうま味が抜けてしまうので酢でさっと洗う程度でよい。特に貝柱や赤貝、アワビといった強いくせがあまりない貝は、塩を当てたり酢洗いする必要もほとんどないくらいである。

貝類やイカ、エビなどを酢の物や和え物にするときは、むしろ、酒で煎りつけることが多い。

例えばイカを味噌で和えるとき、生のまま和えようとしてもイカから出る水分で味

噌が流れてしまう。こんなとき、少量の酒で煎りつけて表面が少し白くなる程度に火を通しておくと、水分が抜けて和えやすくなるし、イカも生のときより軟らかくなって甘味も増す。

また貝柱も、生のままでは歯ごたえがないが、酒煎りすれば表面が多少締まる。和え衣が止まりやすくなって、甘味が増すのもイカと同じ。

エビは殻つきのまま酒煎りする。殻が少し赤くなればうちわなどで手早く冷まし、殻をむく。ただし冷凍ものは酒煎りではなく、塩ゆでして完全にくせを抜いておく。

科学の目

▼酢の物ばかりでなく和え物はすべて、調味料を加えたあと時間が経つと、表面に水分が引き出されて味が薄まり水っぽくなってしまう。

▼これを防ぐには、熱湯などで表面をさっと加熱して（湯引き）、タンパク質を固める方法がある。酒で煎りつけるのも同様な手段の一つで、表面の熱凝固はアルコールで促進され、さらに酒のうま味成分が材料の風味をよくする。

【十二】汁物

すまし汁は塩で決める

プロの世界には、「椀刺し」という言葉がある。椀は椀物、すなわち吸物のこと、刺しは刺身のことで、この二つが店の技量を表すという意味だ。椀物はだしの味で決まる料理だから、お椀を飲めば料理人の味付けの腕前がわかる。刺身は素材のよさが勝負なので、料理長の目利きのよしあしがわかる。この二つは店の腕前を代表する、いわば日本料理のメインディッシュで、非常に重要な位置を占めているのである。

このように、吸物は何といっても一番だしにあり、特にすまし汁はだしの味が決め手である。だしの取り方については、126頁をお読みいただきたい。次に気を付けることは、引き立てのだしで仕立てること。いくらおいしいだしを取っても、時間をおいたあと温め直して使ったのでは、せっかくのカツオ節の香りが逃げてしまう。

家庭ですましの吸物を作るときは、だしに具の材料を入れて火を通し、そのまま仕上げていることが多いのではないだろうか。だが本当においしいすまし汁を作ろうと思えば、具は別に味付けしておき、椀に入れたところに味を調えた吸地を張るのが正しいやり方。具の味は吸地より控えめにしておくことがコツで、具の味が濃いと、吸地を飲んだときに水っぽく感じてしまう。

はじめに述べたように、吸地の風味がすまし汁のできを左右するので、味付けも注意深く行わなければならない。すまし汁の吸地は8～9割方を塩で味付けし、醤油は補いに1～2滴落とす程度。まず引き立てのだしを火にかけて煮立つ直前に塩を加える。1回でちょうどよい塩加減になるのが理想的だが、入れ過ぎるとどうしようもないので、1回目はやや控えめに加え、2回で味を決めるのがよいだろう。

このとき、注意しなければならないことが一つある。それは1回目に塩を加えたあと、すぐに味をみて判断しないこと。塩を加えてさっとかき回したくらいでは、味は出てこない。しばらくそのまま火にかけたあと、飲んでみて判断する。また、味見したときにちょうどの味では濃過ぎる。味見で少量すすったときにやや物足りない塩分を足して醤油を補うのである。また仕上げに酒を少し加えると、風味が増す。

科学の目

▼一般に汁物というのは、材料の持ち味と汁に加えた調味料との、味の移行が起こることを前提にしている。スープ、煮込み、おでん、鍋料理など、すべて材料から味を

引き出して汁の味を材料にしみ込ませる。
▼ところが日本料理の吸物は、椀の中で汁と具を一緒にしながら成分の交流を避け、独立性を保ちながら互いに調和している。潮汁やすまし汁の技術はそういう状態を作り出すのを目的としている。
▼昆布のだしに含まれるグルタミン酸は、魚や貝のうま味成分であるイノシン酸やコハク酸などと、相乗効果でうま味が強まったり、複合的な風味を作り出したりする。貝にデンプン（葛粉）をまぶして加熱しておくのも、貝の味が汁のほうへ流出するのを防ぐ一つの手段である。

潮汁の決め手は塩加減と火の通し方

魚介そのもののおいしさを味わう潮汁。もともとれ立ての魚介を海水で煮て食べたのが始まりで、代表的なのはタイやハマグリの潮汁。魚自身のおいしさを大事にするので、味付けは塩だけ。だしも昆布だしかあるいは水でよく、余分な味は加えない。

ポイントは、素材のよさ、塩加減、それと火の通し方である。生臭みが残ったり身がパサついたりしておいしく仕上がらないといった声を質問コーナーなどでよく聞かされるが、この三つのポイントのどれかに原因がある。

ここでは「鯛の潮汁」について、作り方をポイントを押さえながら述べていこう。

素材のよさということからいえば、当然新鮮なもので、天然ものがベスト。養殖のタイは特有のにおいがあるが、天然ものはくせがなく身も締まり、味の違いは歴然である。養殖か天然かを見分けるのはそんなに難しくない。養殖ものは色が黒っぽくすんでいるものが多く、脂が多いため太って胴短かの形をしている。それに対して天然ものはピンク色が鮮やかで、スマートな細身の体形。尾びれを見るとよりわかりやすい。天然ものはよく活動しているので尾びれが発達して大きいが、養殖ものはからだの大きさに比べるとずいぶん小さい。

潮汁は、骨からうま味を出したいのでたいていアラを使う。さて、よいタイを手に入れたら、頭の部分を梨割り、つまり縦半分に切って、それらを目の部分と口、かまの部分に三つに割る。1尾で6人分とれる計算だ。あとの中骨はだし用に用いるので、適当な大きさにたたき切る。

次にこれらに塩を当てるが、これが難しい。この塩はくせを抜くと同時に、吸物に仕上げたときの塩味にもなるので、あとで塩を加えなくてもいいようにちょうどの塩加減に回しておくのが理想的。これは何度か作ってみて経験で修得するしかないところで、残念ながらタイのアラ何gに対して塩がどれくらい、と示せるようなものではない。というのは、タイの鮮度のよしあし、天然か養殖か、またアラの大きさ、そして暑い時期か寒い時期かなどさまざまな条件でずいぶん違ってくるからだ。あえていうなら、くせを抜くために当てる塩よりやや濃いめといったところ。塩を回しておく時間は40分から1時間程度。鮮度のよいものほど、塩は薄く時間も短くてよい。また天然ものも、養殖に比べて薄めにする。いずれにせよ、塩がきき過ぎてあとで水を足して薄めるよりも、塩を足すほうが味が損なわれないから、最初は控えめにしておいたほうが安全である。

塩を回したタイは霜降りにして、残ったうろこ、血の気、表面の余分な塩気を除く。これに爪昆布と水を加え、火にかける。ふつう1・2㎏のタイで、アラが450gぐらい取れるので、これに対して爪昆布1枚と水は1・2L。1尾のアラで6人分取れるから、汁の量が1人180～200㎖の6倍分の計算である。

だし昆布ではなく爪昆布を使うのには理由がある。爪昆布とは昆布の根の部分で、だし昆布より硬く煮てもすぐに軟らかくならないので、徐々にうま味が出てくる。と同時に、ぬめりもゆっくり出て、このぬめりがタイから出るアクをどんどんからめ取っていくため、取りきれないアクが汁に戻ってしまうことがない。

火にかけたら沸騰するまでは強火で、沸騰し始めたら2～3か所からゆるやかに泡がわき上がる程度の火加減で7～8分煮てでき上がりである。

最初に述べたように、火の通し加減もポイントの一つで、火の通し過ぎは身がパサつく元である。失敗を防ぐには、コツが二つある。一つは目玉で、白くなれば火が通った合図。もう一つはアクの出具合い。最初はやや色の付いたアクが出る。養殖もののほうがその色は灰色がかっている。火が通ってくるにつれて、アクの量は少なくなり、白くなってくる。汁も最初は濁っているが、アクが出るにしたがって澄んでくる。アクが白くなり、汁が澄めば火からおろせばよい。爪昆布は、最後まで入れたままにしていると昆布のにおいが出るので、アクが白っぽくなってきた時点で引き上げる。

このようにして汁をきれいに澄ませたら、盛りつけにも気を配るのがプロの仕事。汁はネル地で別鍋に漉して温め直し、ここで味をみて、塩が足りなければ足す。また酒を少量、大さじ1～2ほどたらすと香りが増す。そして椀に頭を入れてから、この汁を張る。

「鯛の潮汁」のためのアラの準備

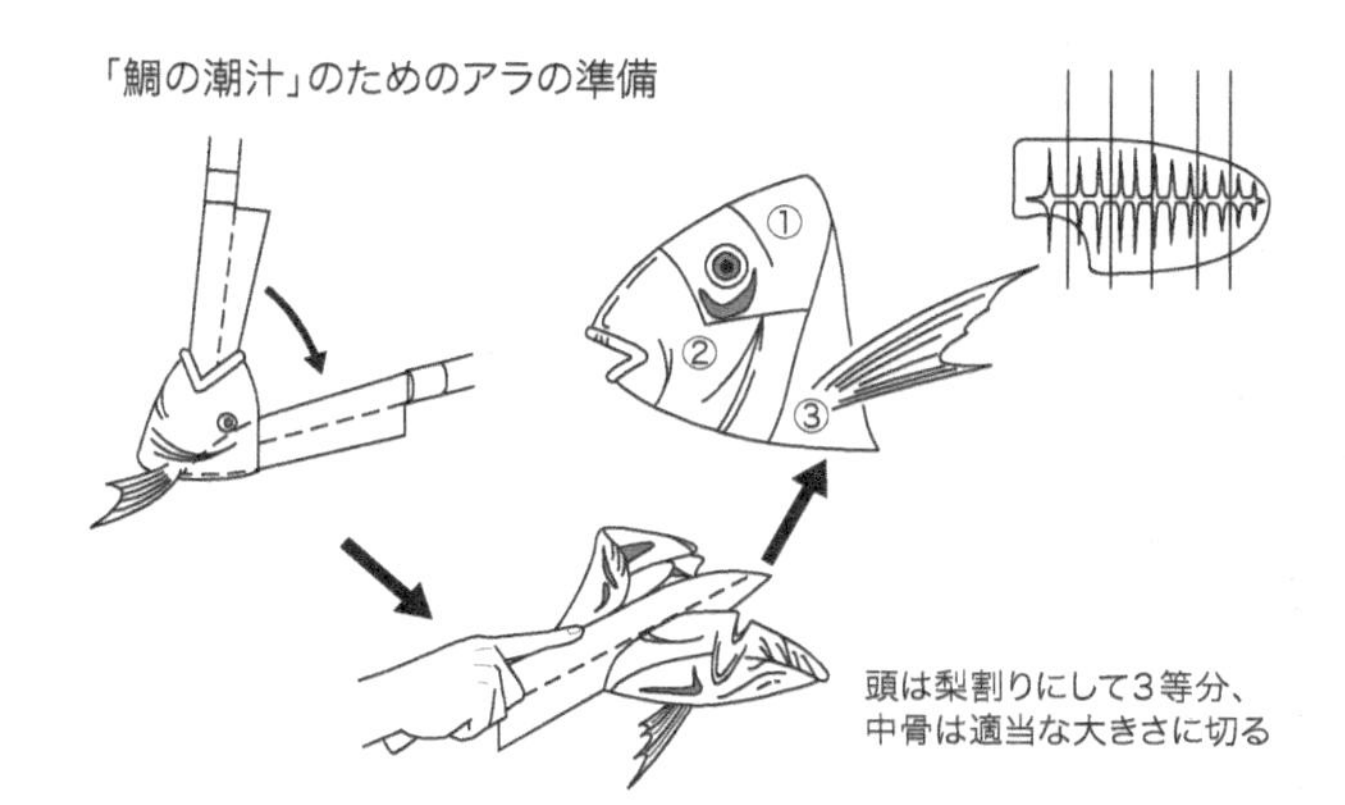

椀づまにはウドや大根などくせのないものを、吸口には木の芽やユズなど香りのやわらかいものを添えるのがよい。

ハマグリの吸物は捨てハマグリでだしを取る

前項でタイの潮汁について述べたが、もう一つ、代表的な潮汁にハマグリがある。ハマグリの場合は、基本的にはハマグリ自身の塩気だけで仕立て、余分に塩は使わない。作り方は、砂出ししてきれいに洗ったハマグリに、水とだし昆布を加えて火にかけると、いたって簡単。

だが難しいのは火の通し方で、貝は火を通すほどに身が硬くなってしまうが、ある程度煮ないとだしにハマグリのおいしい味が出ない。そこでプロは「捨てハマグリ」というテクニックを使う。

まず、上等でない安いハマグリを用意して、これに昆布と水を加えて味が十分出るまで煮る。椀種にするハマグリのほうは、質のよいものを別に用意しておく。こちらは身を生のまま殻から取り出し、大きければ横半分に切って、身の部分にのれん状に切り込みを入れて軟らかくし、食べやすくしておく。これに葛粉をまぶし、熱湯でさっと火が通るくらいに加熱する。これを椀に盛り、先ほど煮出した汁を張る。この隠し技で、身が軟らかく、おいしい吸物ができ上がる。

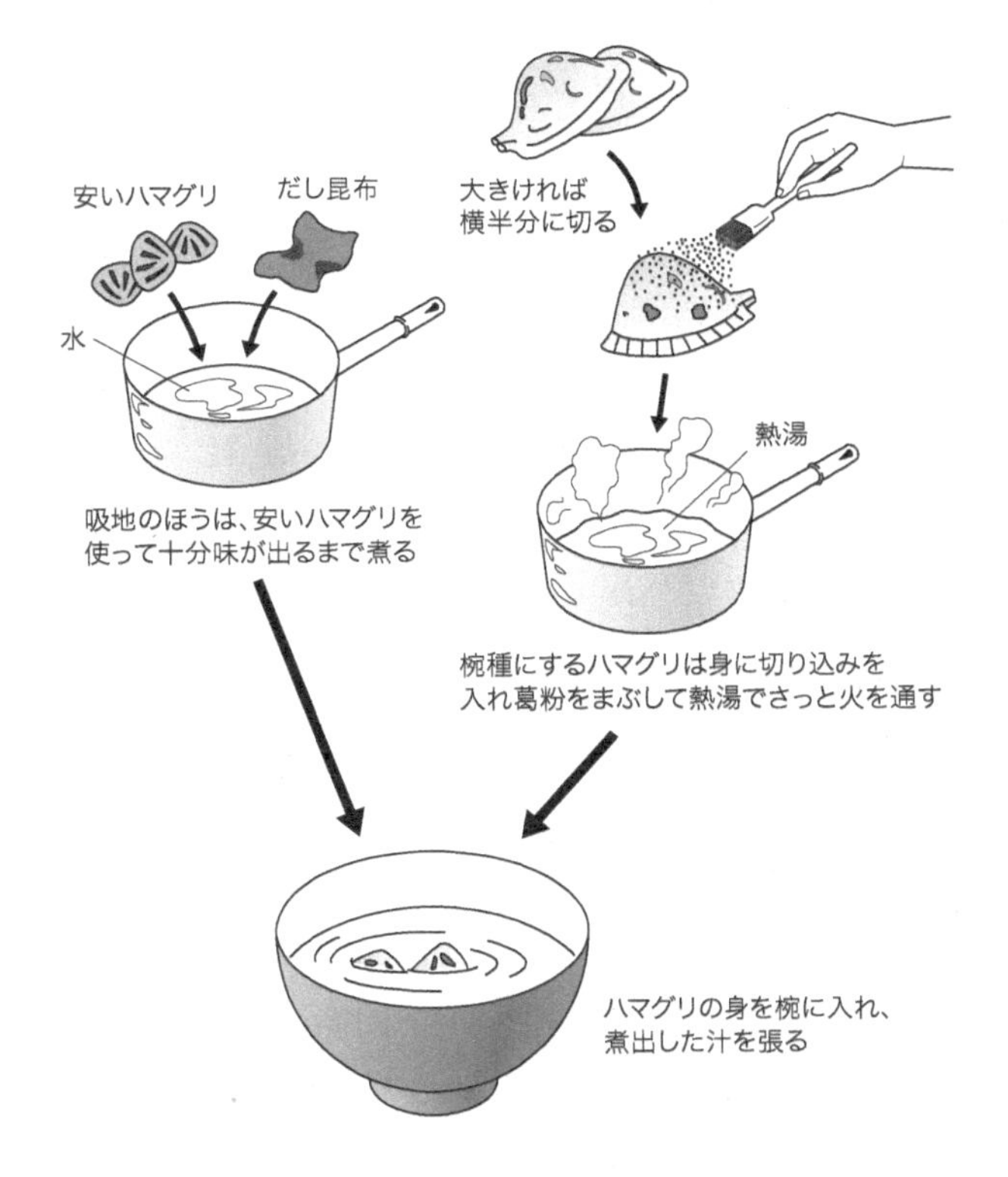
安いハマグリ
だし昆布
水
大きければ
横半分に切る
熱湯
吸地のほうは、安いハマグリを
使って十分味が出るまで煮る
椀種にするハマグリは身に切り込みを
入れ葛粉をまぶして熱湯でさっと火を通す
ハマグリの身を椀に入れ、
煮出した汁を張る

煮干しだしは水出ししてから煮出す

味噌汁や煮物のだしには、カツオ節より濃厚な味が出る煮干しを使ってもよい。料理店では頻繁に使うことはないが、味噌汁や煮っころがしなど家庭料理には向いている。ただすましの吸物には適していない。

煮干しは色が白く、腹の割れていないものを買う。買ったらすぐに頭と内臓を取ってしまい、乾燥しているところに保存しておく。これは頭や内臓から傷んでくるため。またたしを取るとき、頭や内臓を付けたままだと濁りと苦味が出る原因となる。買ったときにまとめて取り除いておけば、あとは手間が省けるというものである。もし湿気てしまった場合は空鍋で軽く煎って使うことも可能だが、風味が落ちるので湿気させないことが肝要。

煮干しのだしは、一晩水に漬けてから煮出して取る。

まず昆布と一緒に水に一晩漬ける。

次に火にかけるが、昆布と違って必ず煮立たせてアクを出すこと。沸騰してくるとアクが出てくるのできれいに取り除き、ひと煮立ちしたら火を止めて、布漉しする。

科学の目

▼カツオ節のうま味成分と同様、煮干しのうま味成分も主にイノシン酸で、それに各

種アミノ酸の味が加わる。

▼煮干しは、カタクチイワシやマイワシを数分間加熱して乾燥したもので、カツオ節のように削って使うことがないので、うま味が出るのに時間がかかる。そのため、あらかじめ水に浸してうま味をある程度引き出しておき、その水ごと沸騰させる。

▼いきなり加熱を始めると、硬い組織からアク成分などが早く溶け出し、その割にうま味の溶出が少ない。水から入れて5分間沸騰させるより、30分から一晩水に浸漬したものを1分沸騰させたほうが、うま味成分の溶出量は2倍以上になる。

味噌汁はカラシで香りを付ける

「おふくろの味」といえば味噌汁。日本人は味噌汁に対する愛着が強く、それだけに味に対する目も厳しい。

わが家で作る味噌汁はどうもおいしくないと悩んでいる人も多いようだ。だが聞いてみると、だしはインスタントで済ませている、使う味噌には無頓着、そして挙げ句の果ては、味噌を溶いたあとも火にかけて放りっぱなし。これではおいしい味噌汁をと望んでも、土台無理な話である。

まず「だし」。これは一番だしでも煮干しのだしでもよい。また中の具によって、鶏肉を入れるなら鶏のだし、魚を使うときは魚のだしでもおいしい。

いずれにせよ、インスタントではなく、ちゃんとだしを取ること。まずこれで味はまったく異なってくる。

次に味噌である。米、麦、豆を用いた単品でおいしい味噌もあるが、2～3種類をブレンドすると自分なりに味の工夫ができ、独自の味わいが楽しめる。合わせ方は自由だが、初めての人のためにアドバイスするなら、甘口（白味噌）と辛口（赤味噌）の組合せを基本にすればよいだろう。

このように味噌をブレンドして使うと、季節によっても味の変化がつけられる。夏には甘味を少なめにして、塩気の勝った味噌にすればさっぱりといただけるし、冬には逆に甘めにブレンドするほうが味に丸みが出ておいしい。ただし、ブレンドする場合はせいぜい2～3種くらいにとどめた方がよい。

店で味噌汁を出す場合は、たいてい「止め椀」として、最後にご飯とともに出す。この場合は濃い味のほうが合うので、八丁味噌をベースにした赤味噌仕立てにする。最初に吸物として出す場合もあるが、このときは白味噌仕立てにする。辛味が少なく香りも強くないので、中の具となる椀種を生かしやすいからだ。

味噌の味が濃いので、具は豆腐に代表されるように淡白なものが合う。店では、具はかなり薄めの味噌汁で火を通しておき、吸地となる味噌汁のほうは別に仕上げて椀に張る。味噌汁は煮えばなを飲むといわれるように、ふわっと煮立ったところで火を止め、いただくのがおいしい。具に火を通すために汁を煮立ててしまっては、香りが飛んでしまうからだ。

家庭では、具と汁を別に用意するのが手間だというのなら、味噌汁を溶く前のだしで具にだし味を入れておき、味噌を溶いたあとは煮立てないようしばらく温めてから、仕上げにさっと軽く煮立てて火を止めるという方法でよいだろう。

ただ、豆腐のように火を通すと硬くなったり味が付きやすいものは、仕上げに加えるようにする。また、イモ類などはあらかじめ下ゆでしておくくらいの手間はかけておきたい。

そして味噌を溶くときも、グラグラ煮立ててしまっては香りがだいなしになるので、いったん火を止めて溶くくらいの気配りも必要である。

味噌汁を溶いたあとは、漉して豆かすを取り除くのがていねいな仕事。粒味噌といって、豆の粒が残っているのが特徴の味噌はその必要はないが、それ以外は米や豆のざらざらとした口当たりは、味噌汁の味わいを損なってしまうものである。

ところで、味噌汁には刻みネギで香り付けというのが定番だが、吸口としてさらに、カラシを少量溶き加えるとおいしいことをご存じだろうか。カラシのほか、七味トウガラシや粉サンショウ、あるいはショウガなど、ピリッとした香りのものが味噌汁には合う。

科学の目

▼すまし汁のように塩が味付けの主体になる汁物では、だしが決め手になるが、味噌汁は味噌自身が食塩のほかタンパク質、ペプチド、アミノ酸などのうま味成分と、糖や有機酸の味、さらに醸造で生じた香気成分を含み味が濃厚なため、だしも日常的な煮干しでよい。

▼その代り味噌の味や香りを生かすためには、加熱の仕方に注意が必要である。味噌汁を長く加熱すると粘性が低下し、しっとりした舌ざわりが損なわれる。またよい香りを失い香りのよくないアルデヒド類が増加する。さらに糖とアミノ酸がアミノカルボニル反応を起こして結合し、一部のアミノ酸のうま味が減る。

▼これらのことから、味噌は最後に加え、入れたあとは煮立てない。具に下味を付けておくと、味噌の味が具になじむまでの時間を縮めることができる。

素材別索引

【あ】

本書は一九九五年に（株）学習研究社から刊行されたものに、加筆、修正して文庫化したものです。なお食品の成分値等については、最新版の「七訂 日本食品標準成分表」に基づいて数値を全面的に改めました。

編集協力／林崎　豊

日本料理のコツ

杉田浩一・比護和子・畑 耕一郎

平成29年 3月25日 初版発行
令和5年 1月10日 4版発行

発行者●山下直久

発行●株式会社KADOKAWA
〒102-8177 東京都千代田区富士見2-13-3
電話 0570-002-301(ナビダイヤル)

角川文庫 20267

印刷所●株式会社KADOKAWA
製本所●株式会社KADOKAWA

表紙画●和田三造

●お問い合わせ
https://www.kadokawa.co.jp/ (「お問い合わせ」へお進みください)
※内容によっては、お答えできない場合があります。
※サポートは日本国内のみとさせていただきます。
※Japanese text only

ISBN978-4-04-400239-8 C0177

◆◆◆

角川文庫発刊に際して

角川源義

第二次世界大戦の敗北は、軍事力の敗北であった以上に、私たちの若い文化力の敗退であった。私たちの文化が戦争に対して如何に無力であり、単なるあだ花に過ぎなかったかを、私たちは身を以て体験し痛感した。西洋近代文化の摂取にとって、明治以後八十年の歳月は決して短かすぎたとは言えない。にもかかわらず、近代文化の伝統を確立し、自由な批判と柔軟な良識に富む文化層として自らを形成することに私たちは失敗して来た。そしてこれは、各層への文化の普及滲透を任務とする出版人の責任でもあった。

一九四五年以来、私たちは再び振出しに戻り、第一歩から踏み出すことを余儀なくされた。これは大きな不幸ではあるが、反面、これまでの混沌・未熟・歪曲の中にあった我が国の文化に秩序と確たる基礎を齎らすためには絶好の機会でもある。角川書店は、このような祖国の文化的危機にあたり、微力をも顧みず再建の礎石たるべき抱負と決意とをもって出発したが、ここに創立以来の念願を果すべく角川文庫を発刊する。これまで刊行されたあらゆる全集叢書文庫類の長所と短所とを検討し、古今東西の不朽の典籍を、良心的編集のもとに、廉価に、そして書架にふさわしい美本として、多くのひとびとに提供しようとする。しかし私たちは徒らに百科全書的な知識のジレッタントを作ることを目的とせず、あくまで祖国の文化に秩序と再建への道を示し、この文庫を角川書店の栄ある事業として、今後永久に継続発展せしめ、学芸と教養との殿堂として大成せんことを期したい。多くの読書子の愛情ある忠言と支持とによって、この希望と抱負とを完遂せしめられんことを願う。

一九四九年五月三日